DIFFERENT COOK

Geert Langendorff

Different Cook

Louis van Gaal in Manchester

2015
Uitgeverij Thomas Rap

1

VANCHESTER
Manchester, 11 augustus 2014

Een groep wachtende mensen bij de bushalte in Lever Street kijkt gebiologeerd naar de overkant. Een van hen wijst naar een gigantische poster met daarop een afbeelding van een juichende man. Hij draagt een strak poloshirt. Het bovenste knoopje zit los. Om de linkerpols zijn de contouren van een horloge zichtbaar. Het meest in het oog springt zijn gelaatsuitdrukking. Hij straalt plezier, autoriteit en succes uit.

De rode achtergrond en de tekst 'Welcome to Vanchester' maken het beeld compleet. Louis van Gaal krijgt in het hart van de stad een presidentieel onthaal. De boodschap laat aan duidelijkheid niets te wensen over. Manchester United heeft met de nieuwe manager een ster in handen. Met de Nederlander aan het roer gaat de club een zonnige toekomst tegemoet.

De poster, een ludieke actie van een wedkantoor, geeft de verwachtingen duidelijk weer. Zelfs het reuzenrad op Piccadilly Gardens, honderd meter verderop, en altijd goed voor een paar honderd foto's per dag, staat voor even in de schaduw van de juichende trainer. Enkele dagen voor het begin van de Premier League draait alles om Van Gaal.

De media schrijven hem een magische hand toe. Supporters lopen met hem weg. Over zijn beroemde uitbarstingen, zijn neiging alle touwtjes naar zich toe trekken en zijn polariserende karakter praat niemand. Van Gaal heeft door een glansrijk optreden met Oranje op het WK in Brazilië het laatste restje twijfel weggenomen. Het geloof in hem is groot.

Van Gaal krijgt op straat de eretitel *Dutch uncle Fergie*, want de mensen zien hem als een Nederlandse versie van sir Alex Ferguson. Meer vertrouwen kan hij niet krijgen. Een betere manager dan Ferguson, een jaar eerder met pensioen gegaan, heeft de Premier League nooit gezien. Na een seizoen afzien onder David Moyes komt zijn erfenis bij Manchester United weer in bekwame handen terecht.

Als boegbeeld van de club maakt hij indruk. Van Gaal kiest zijn woorden zorgvuldig. Hij komt ambitieus over, maar bezigt geen grootspraak. De spelers stralen weer plezier uit. Het chagrijn van de winter, toen een opstand in de kleedkamer dreigde, lijkt niet meer dan een boze droom te zijn geweest. De competitie moet nog beginnen en Van Gaal heeft in psychologisch opzicht al meer punten verzameld dan Moyes.

De bronzen medaille in zijn achterzak geeft alles wat hij doet extra glans. Net als in de rest van Engeland gaf niemand in Manchester Nederland een schijn van kans. Ze konden met eigen ogen zien hoe Van Gaal een elftal met vooral modale spelers boven zichzelf liet uitstijgen. Deze *overachievers* werden derde van de wereld. Van Gaal maakte van een drol een taartje, een kwaliteit waarnaar United snakt.

STUPID QUESTION

Hoenderloo, 7 mei 2014

'*At all?*' herhaalt Louis van Gaal als een verslaggever van Sky hem vraagt of hij iets vernomen heeft van Manchester United. De bondscoach van het Nederlands elftal kijkt verrast. De nuance van de Engelse taal ontgaat hem enigszins, althans zo lijkt het. Hij doet voorkomen alsof hij meent dat zijn kennis van de club in twijfel wordt getrokken. 'Ik denk dat ik alles weet,' klinkt het rustig.

Achter hem komen druppelsgewijs de 'stagiairs' van de eerste trainingsperiode van Oranje voorbij. Van Gaal heeft ervoor gekozen de aanloop naar het WK te beginnen met louter spelers uit de eredivisie. Voor zekerheidjes als Daley Blind en Jasper Cillessen geldt de aanloop als bezigheidstherapie. Ze lachen, maken plezier en sparen hun lijven waar mogelijk.

De rest oogt meer gespannen. Ze moeten examen doen voor Van Gaal en zijn staf. Davy Klaassen, doorgebroken bij Ajax, is een van hen. De bravoure en onbevangenheid waarmee hij een sleutelrol vervulde in het kampioensteam van Frank de Boer is verdwenen. Klaassen snakt naar vakantie, maar wil zich niet laten kennen.

De middenvelder zal een paar dagen later een gesprek met Van Gaal voeren. Daarin krijgt de vroege twintiger uit Bussum te horen wat hij zelf al wist. De slijtage na een slopend seizoen valt op. Voluit sprinten lukt niet meer. Gezien zijn historie met liesproblemen is een plek in de WK-selectie uitgesloten. Van Gaal moet hem tegen zichzelf in bescherming nemen. Klaassen knikt teleurgesteld maar begrijpend.

Voor de journalisten uit Groot-Brittannië telt het naderende lot van Klaassen niet. Ze melden zich in het afgelegen dorp in Gelderland met slechts één opdracht: Van Gaal een bevestiging ontlokken. De heren willen weten of hij de ontslagen David Moyes opvolgt als manager van Manchester United. Na een opzichtige balts wijst alles in die richting.

Van Gaal reageert ontspannen, maar neemt direct de teugels in handen. Van het spel met de media geniet hij zichtbaar. Over de onderhandelingen met United laat hij niets los. Dat mag vervelend zijn voor de vragensteller, maar is de normale gang van zaken in een dergelijk 'proces'. '*The press will al-*

ways too fast,' stelt de bondscoach. Hij moet zelf lachen om zijn Nederengels.

Als de BBC aan de beurt komt, verdwijnt de grijns op zijn gezicht. De man vraagt hem een beeld te schetsen van de club. 'Wat ik weet van Manchester United?' zegt hij. '*That is a stupid question.*' Van Gaal bouwt de spanning op. Zijn ogen priemen in die van de ondervrager. 'Ja, dat is een domme vraag,' herhaalt hij. 'Omdat het de grootste club op aarde is.' De lach keert terug. Hij plaagt slechts.

Van Gaal straalt, maar geeft aan niets te mogen zeggen. 'Dat is niet aan mij. Je moet bij de club zijn.' De reporter van Sky krijgt hem door. De vragen moeten hypothetisch van aard blijven. Dan kan en wil de Nederlander best antwoorden. 'Zou u de baan dolgraag willen hebben?' houdt hij hem voor. 'Ja,' klinkt het. '*I shall love the job.*' Hij grinnikt, alsof hij de koppen in de kranten al voor zich ziet.

Van Gaal schudt zijn hoofd als een ander probeert uit te vinden of Patrick Kluivert zijn assistent wordt. 'Je weet dat ik daarop niets kan zeggen en toch stel je die vraag,' zegt hij. De journalist verontschuldigt zich. Een collega kiest voor de bewezen veilige benadering: 'Hoe zwaar zou de klus bij United zijn?' 'Voor iedere coach zou dit een fantastische uitdaging zijn. En ik hoop dat ik de uitverkorene ben.'

Zelfverzekerd geeft hij aan niet in de war te raken van de situatie, hoezeer de interesse hem ook vleit. 'Nee, totaal niet. Ik krijg altijd aanbiedingen.' Spottend lacht hij om de opmerking dat zijn manier van trainen indruk maakt. 'Gaat u dit ook op Carrington doen?' luidt het slot. 'Wat is dat?' vraagt Van Gaal. 'Het trainingscomplex van Manchester United.' 'Oooh.' Een bulderlach volgt. 'Dat wist ik allang.'

In Engeland en Manchester komt de boodschap over. Van Gaal komt. Het spel met de media geeft de fans alvast een voorproefje van zijn karakter. Hij laat zich niet in een hoek drukken, voelt geen druk en gelooft in zichzelf. De opmerking *That is a stupid question* wordt niet negatief uitgelegd. *Dutch uncle Fergie* heeft gevoel voor humor, zij het minder subtiel dan ze gewend zijn.

Na een jaar lijden op de tribunes onder de aartstwijfelaar 'Diddering' David Moyes, de opvolger van Ferguson, komt Van Gaals zelfverzekerde optreden als geroepen. Geen gestamel, nerveus gedribbel en ogen vol paniek, maar een autoriteit die uitstraalt door niets of niemand geïmponeerd te raken. Van Gaal heeft een ego dat past bij de omvang van de club.

WELSH WIZARD
Worsley, 7 mei 2014

Tegelijkertijd bekijkt Ryan Giggs de beelden van Louis van Gaal in Hoenderloo vanaf de bank in zijn villa in Worsley, een paar kilometer ten westen van Manchester. Hij staart bewegingsloos naar het scherm. Aan zijn gezicht valt niets af te lezen. Zelfs *That is a stupid question* ontlokt geen reactie. Als hij een journalist zijn naam hoort noemen, gebeurt er ineens wat. Zijn ogen schieten heen en weer.

Voor Giggs is zo'n subtiele beweging veelzeggend. Hij heeft niet zonder reden de naam ondoorgrondelijk te zijn. Zelfs vrienden vinden het lastig om hem te peilen. Nu Van Gaal wordt gevraagd of hij hem tot staflid gaat benoemen, zakt het masker een fractie van een seconde. De Nederlander geeft overigens geen antwoord. Zolang de club zijn komst niet heeft bevestigd, kan hij niets zeggen over mogelijke assistenten.

De suggestie is niet vreemd. Giggs neemt momenteel de taken van de ontslagen Moyes waar. De veertigjarige vleugelspeler fungeert de laatste vier duels van het seizoen als speler/manager. Met steun van zijn voetbalvrienden Paul Scholes, Nicky Butt en Phil Neville probeert hij de club zijn gezicht terug te geven en het chagrijn bij de fans weg te spoelen.

Giggs en zijn maatjes behoren tot de Class of '92, voetballers die de academie van United doorliepen en het eerste elftal haalden. Gary Neville en David Beckham zijn de overige twee leden. Samen staan ze symbool voor het succes van Alex Ferguson in de jaren negentig. Giggs geldt als de beste speler van dit zestal. Zonder twijfel is hij de meest succesvolle. In vierentwintig seizoenen droeg hij 963 keer het shirt van United. Hij won onder meer dertien keer de Premier League en tweemaal de Champions League. Fans adoreren hem en zien de linkspoot als ideale opvolger van Moyes. Giggs kent de club als geen ander, beschikt over trainerspapieren en geniet onder medespelers oneindig respect. Zelf vindt hij het nog te vroeg om United te leiden.

Enkele dagen na zijn benoeming krijgt de spanning vat op hem, zo blijkt. 'Wat een zware baan,' verzucht Giggs. 'Ik heb enorm veel respect gekregen voor alle managers.' Vooral de verantwoordelijkheid vreet aan hem. 'Je moet zorg dragen voor zoveel mensen. Niet alleen de spelers maar ook de staf.'

Giggs verwoordt de verwachtingen van de supporters glashelder. 'We moeten passie tonen, een hoog tempo hanteren, acties durven maken, creatief zijn,' geeft hij aan. 'Al die dingen mag je verwachten van een United-speler. En, boven alles, ze moeten genieten.' Zijn keuze voor jeugdspelers geeft ook aan hoezeer het DNA van de club in hem zit. Hij zorgt voor continuïteit.

Op de bank in zijn villa weet Giggs al dat hij Van Gaal gaat helpen. De clubleiding wil hem in de staf hebben. Zijn kennis is van onschatbare waarde, zijn aanwezigheid stemt de achterban tevreden. Hij moet Van Gaal alleen nog ontmoeten. Gevraagd naar de Nederlander zegt hij: 'Geweldige reputatie, succesvol als manager.' Om Giggs kan Van Gaal niet heen.

Door zijn ontgroening als manager hoeft Van Gaal niet te vrezen voor hem. Een paar dagen na de nieuwsuitzending eindigt United het seizoen tegen Southampton (1-1). Giggs merkt dan wat zijn tijdelijke baan heeft teweeggebracht. Nadat hij de spelers op het vliegveld een goede zomer heeft toegewenst, barst hij in tranen uit. 'Zo ben ik helemaal niet,' stelt hij vast. Giggs constateert dat hij nog niet gereed is voor het grote werk. 'Ik was met een hoop dingen behoorlijk tevreden, maar af en toe stuitte ik op iets waarvan ik dacht: ik ben hier nog niet helemaal klaar voor. Ik kwam tot de conclusie dat wat extra ervaring opdoen geen kwaad kon.'

KAARTEN
Noordwijk, 22 december 2013

Daniel Levy, preses van Tottenham Hotspur, brengt even voor Kerstmis een bezoek aan het appartement van Louis van Gaal in Noordwijk. De club uit Londen heeft net afscheid genomen van André Villas-Boas, een zesendertigjarige Portugees die na een mislukt avontuur bij Chelsea ook bij Spurs geen jongere kopie van José Mourinho blijkt te zijn.

Diens assistent Tim Sherwood heeft weliswaar promotie gekregen en een nieuw contract, maar de wispelturige leiding wil geen onbeschreven blad als boegbeeld. De papieren constructie geeft tijdelijk rust om te onderhandelen met coaches die passen in het plaatje van de grote dromen van Levy. Van Gaal ontvangt hem beleefd, luistert aandachtig, maar bedankt (voorlopig) voor de eer, een astronomisch salaris wegwuivend.

Levy wil hem direct naar Londen halen, iets wat niet past in Van Gaals filosofie. Het Nederlands elftal geniet met het WK in Brazilië op komst zijn prioriteit. Twee broodheren dienen, zoals onder anderen Guus Hiddink ooit deed – PSV én Australië – ziet hij niet zitten. Van een deal kan hooguit pas na de zomer sprake zijn. Daarbij speelt een gezonde dosis pragmatisme een rol.

Tottenham Hotspur is een club met groeipotentie, bezien in het licht van Ajax (in de jaren negentig), Barcelona en Bayern München, zijn drie voornaamste werkgevers op clubniveau, biedt de subtopper hem echter weinig prestige. Zijn keuze voor AZ, zijn enige uitstapje buiten de Europese elite, had andere redenen. Geen eerzucht maar rancune jegens Ajax dreef hem naar de provincieclub in Alkmaar.

Van Gaal keerde in 2003 terug naar Amsterdam als technisch directeur. Een conflict met de toenmalige trainer Ronald Koeman leidde tot een vroegtijdig afscheid. Met AZ wilde hij dit gebrek aan respect afstraffen. Toen dit was gelukt – hij werd in 2009 kampioen van Nederland – vertrok hij direct naar Bayern München. Daar keerde hij terug naar de plek waar hij zich thuis voelt: de top van het mondiale voetbal. In de Premier League kan dat alleen bij United.

Zijn naam zoemt vanaf de jaarwisseling rond bij de club uit Manchester. David Moyes mag officieel nog de steun van hogerhand hebben, de haarscheurtjes groeien uit tot kloven. Publiek noch spelers kan hem waarderen. Het verklaart de visite van Levy. Hij kan het zich niet veroorloven te blijven wachten. Ondertussen heeft Van Gaal met Tottenham als alternatief een perfect stel kaarten in handen.

GEFLIRT
Londen, 20 januari 2014

Het jaarlijkse galadiner van de Football Writers' Association in het Savoy in Londen maakt duidelijk dat Van Gaal met het voorlopig afzeggen van Tottenham de ambitie om in de nazomer van zijn loopbaan in de Premier League te werken niet heeft verloren. Als spreker palmt hij alle aanwezigen met een speech aan het adres van eregast José Mourinho volledig in.

De manager van Chelsea leerde Van Gaal kennen toen die Bobby Robson in 1996 opvolgde. Mourinho, tolk en assistent, was woedend over het wegpromoveren van zijn Engelse baas tot technisch directeur en liet dit merken. Deze uiting van trouw maakte indruk op de Nederlander. 'Ik dacht dat als hij zo loyaal kon zijn aan meneer Robson, dat hij dat ook aan mij kon zijn en we goed zouden kunnen samenwerken,' vertelde Van Gaal over deze ontmoeting.

Bijna twee decennia later wil Van Gaal gezegd hebben dat zijn protegé van toen niets meer van hem kan leren. 'Ik ben altijd die arrogante Louis van Gaal,' zegt hij. 'Nu ben ik nederig. Hij [José Mourinho] is nu beter dan ik.' Betere pr kon hij zichzelf niet geven. De reacties zijn lyrisch.

Van Gaal geeft een dag later toe Tottenham-baas Levy te hebben gesproken en tijdens die ontmoeting een aanbod vriendelijk te hebben afgewezen. Een 'uitgelekt' advies van Mourinho maakt zijn beschikbaarheid nog duidelijker. De Portugees stelt dat de Premier League een type als hij goed kan gebruiken. Van Gaal moet voor zijn pensioen naar Engeland komen. In Manchester, 330 kilometer verderop, luisteren de beleidsbepalers van United aandachtig mee.

Net in die periode staat de positie van Moyes enorm onder druk. United zwalkt in de competitie, doet niet meer mee in de strijd om de FA Cup en mist overtuiging in de Champions

League. Spelers staan op het punt in opstand te komen tegen de Schot. Zijn werkwijze wordt niet gewaardeerd, zijn angstige tactiek wekt irritatie op. De ploeg voetbalt niet om te winnen, maar om niet te verliezen. Ryan Giggs, zowel assistent als speler, komt tot zijn ergernis amper meer in actie. De directie komt langzaam tot de conclusie dat naar een opvolger moet worden gezocht. En Van Gaal is, overduidelijk, beschikbaar.

Danny Blind, Van Gaals assistent bij Oranje, laat dat in dezelfde periode ook merken bij De Toekomst, de trainingsaccommodatie van Ajax. Opgewekt komt hij langs om de training van zoon Daley te bekijken. Blind senior mag tijdens de Fluwelen Revolutie van Johan Cruijff bij het 'verkeerde' kamp hebben gehoord, de poorten blijven open voor de voormalige aanvoerder van de club.

Van Gaal kwam, achter de rug van Cruijff om, met de raad van commissarissen overeen terug te keren als algemeen directeur. Blind zou het technisch pakket gaan invullen. De benoemingen werden na ingrijpen van de rechter teruggedraaid. Blind, al begonnen, leverde zijn contract bij Ajax in. Van Gaal werd bondscoach en nam Blind mee als zijn assistent.

Diezelfde Blind, een vriend van Van Gaal én trainer Frank de Boer, licht een tipje van de sluier op. Als een bekende van hem vraagt naar zijn plannen voor ná het WK, vergeet hij het volume van zijn stem te dempen. Blind zegt in een 'luxepositie' te verkeren. Hij kan met Van Gaal mee naar Engeland of in 'Zeist' blijven. Met Zeist doelt hij op een constructie waarover de KNVB vaag blijft.

Guus Hiddink zal Van Gaal opvolgen als bondscoach met Blind als zijn luitenant. Als Hiddink na het EK in 2016 terugtreedt, volgt hij hem op. Deze afspraak is dan allang gemaakt. Alleen de krabbels ontbreken nog. Blind bevestigt niets, maar doet geen moeite de schijn op te houden. Net zomin als hij schimmig doet over de wens van Van Gaal om in de Premier League te werken. Hij wacht op een betere club dan Tottenham Hotspur.

OOGAPPEL

Haarlem, 4 januari 2014

Frank de Boer laat eerder merken, zij het indirect, welke speler een telefoontje van Louis van Gaal kan verwachten als die in Engeland aan de slag gaat. Voor de traditionele nieuwjaarswedstrijd van oud-internationals op 4 januari in Haarlem geeft hij aan te verwachten dat Siem de Jong, Niklas Moisander én Daley Blind niet lang meer in De ArenA te bewonderen zullen zijn.

Het aangekondigde vertrek van De Jong (nu Newcastle United) en Moisander (die uiteindelijk besluit te blijven) komt niet uit de lucht vallen. Beiden hebben zelf al aangegeven een deur verder te willen kijken. Voor Blind, wiens contract nog twee jaar doorloopt, ligt dat anders. De vierentwintigjarige Amsterdammer reageerde tijdens het winterse trainingskamp in het Turkse Belek, kort daarna, weinig verheugd. 'Ik weet niet waarom de trainer dat zei,' vertelt hij met een verbeten gezicht. De Boer geldt als zijn beschermheer die hem in zware tijden uit de wind hield. Als zoon van Blind senior gold hij voor Cruijffs volgelingen Dennis Bergkamp en Wim Jonk als een ongewenst element. Achterdochtig geworden door de weinig fraaie strijd achter de schermen wilden ze geen speler met nauwe banden met de 'vijand'.

De Boer had geen boodschap aan deze sentimenten. Hij maakte zich sterk voor Daley Blind, die in een moeizame fase door de eigen fans werd uitgejouwd. De jongvolwassene, geestelijk en lichamelijk nog een tiener, ging bijna kapot onder de druk. Dankzij de steun van De Boer, mentale veerkracht en een bezoek aan een sportpsycholoog kwam Blind erbovenop.

Als linksback haalde hij onder Van Gaal, een bewonderaar van zijn tactisch inzicht, het Nederlands elftal. Bij Ajax sloot het publiek hem als een verloren zoon in de armen. De wantrouwende blik maakte plaats voor een zelfverzekerde, ietwat uitdagende oogopslag. Zijn jongensachtige lichaam had inmiddels plaatsgemaakt voor een meer massieve gestalte.

Toen Blind in de herfst van 2013, in De Boers vierde seizoen, doorschoof naar het middenveld, kon niemand meer om hem heen. Met de controleur als aanjager behaalde Ajax in De ArenA tegen Barcelona (2-1) een van zijn mooiste resultaten van de laatste tien jaar. Blind ontpopte zich tot een strateeg. Zijn inzicht kon zich meten met dat van Xavi en Iniesta, die beiden onder Van Gaal hun debuut maakten.

Aan de Turkse Rivièra beziet Blind de opmerking van De Boer niet in dat perspectief. 'Ik heb net bijgetekend,' reageert hij geprikkeld. 'Volgens mij zei de trainer dat ik op deze positie [die van controleur] nog veel kon leren. Dus...' Hij slikt de rest van de zin in. De opmerking voelt duidelijk als een motie van wantrouwen. Op dat moment realiseert hij zich niet dat er wellicht andere motieven een rol spelen.

Als Blind die nuancering krijgt voorgehouden en het besef doordringt dat De Boer hem mogelijk complimenteert, breekt een lach door. 'O ja, zo kán je het natuurlijk ook zien.' Het idee bevalt hem wel. Door zijn doorbraak in de as van het veld zou de bondscoach de zoon van Blind senior, als speler bij Ajax ook een van zijn oogappels, zomaar kunnen meenemen naar Groot-Brittannië.

De timing van De Boer, zo kort na het onderhoud van Van Gaal met de mensen van Tottenham, wijst in elk geval nadrukkelijk in die richting. Blind senior en hij kennen de wensen en werkwijze van hun voormalige trainer. Om zijn manier van voetbal te laten werken heeft hij multifunctionele, tactisch sterke spelers nodig. Daley Blind, later uitgeroepen tot Voetballer van het Jaar, is een typische Van Gaal-speler.

TRIBUNE
Eindhoven, 13 april 2014

Op het ereterras van het Philips Stadion kijkt Louis van Gaal ingespannen naar PSV–Feyenoord (0-2). Robin van Persie en Kevin Strootman, beiden revaliderend van knieblessures, flankeren hem. Negen dagen voor het ontslag van Moyes komt dit provocerend over. Van Persie, spits van Manchester United en bepaald geen vriend van de Schot, zit naast de voornaamste kandidaat om hem te volgen.

Strootman scheurde bij AS Roma een maand eerder zijn kruisband. Het doet Van Gaal besluiten het systeem van Oranje op de schop te gooien. De controleur is, net als Daley Blind, een echte Van Gaal-speler. In betere omstandigheden zou hij zomaar de eerste aankoop van hem kunnen zijn. De knie maakt echter alles anders. Geen club investeert tientallen miljoenen in een voetballer met een kapot gewricht.

Het onderonsje past bij Van Gaal. Van Persie is zijn aanvoerder, Strootman kan een hart onder de riem goed gebruiken en droeg bovendien het shirt van PSV. Handig is het niet. Het aanstaande ontslag van Moyes mag het slechtst bewaarde geheim binnen het voetbal zijn, officieel is er niets aan de hand. Het beeld van het trio op de tribune bevestigt, bewust of niet, een door Van Gaal hardnekkig ontkend verhaal.

Kort daarvoor verschenen berichten over een geheim onderhoud tussen mede-eigenaar Joel Glazer, algemeen directeur Ed Woodward en Van Gaal. De directie, zo blijkt later, weet dan al dat het zesjarige contract met Moyes wordt ontbonden. Het wachten is op het moment dat kwalificatie voor de Champions League mathematisch onmogelijk wordt.

Het sportieve gezichtsverlies legitimeert ontslag op staande voet. Daarbij treedt in dat scenario een clausule in het contract van Moyes in werking. Als hij het belangrijkste Europese clubtoernooi misloopt, hoeft United hem slechts één jaarsalaris mee te geven ter compensatie van het gemis aan inkomsten van minimaal 50 miljoen pond uit de Champions League en sponsordeals.

Als Moyes zich alsnog kwalificeert, wacht een (veel lastiger te verantwoorden) afscheid in de zomer. Manchester United heeft onder Moyes, op de tweede speelronde na, echter niet in de top vier gestaan, nodig om deelname aan het lucratieve toernooi veilig te stellen. De kans op een ommekeer is echter miniem. Hoe dan ook: met Moyes' opvolger kan al worden gesproken.

Aangezien Van Gaal de belangrijkste kandidaat is, wil United niet wachten. Als hij met Oranje aan de voorbereiding begint, staakt hij alle onderhandelingen tot na het WK. Het maakt het tafereel op de tribune van PSV nog saillanter. United, bekend om zijn discretie, komt door de foto vol in de wind te staan. Of de club dat uitmaakt, met het oog op de naderende transferperiode, is een ander verhaal.

Ed Woodward merkt hoezeer Moyes de kansen op het aantrekken van topspelers verkleint. Nu de Champions League niet als worst kan dienen, ligt een verdere uitholling van de ploeg op de loer. Waar zwaargewichten als Carlo Ancelotti, José Mourinho en Van Gaal, allen bewezen winnaars, supermakelaars kunnen overreden, werkt de aanwezigheid van Moyes contraproductief.

VROLIJKE MAANDAGEN
Manchester, 22 april 2014

Als Manchester United het ontslag van David Moyes wereldkundig maakt, kunnen kantoren in de stad hun deuren net zo goed sluiten. Dienstbodes raken achterop met hun werk. Vergaderingen verlopen stroef. Accountmanagers sturen mails naar elkaar in plaats van naar klanten. Lunchpauzes lopen uit. Directeuren komen warrig over. De perikelen bij United raken iedereen.

Russell Oakford, in dienst bij Peninsula, het grootste adviesbureau in Groot-Brittannië op het gebied van P&O, arbeidsrecht en veiligheid op de werkvloer, maakt het van dichtbij mee. 'Ik kreeg een mailtje van een collega tegenover me,' vertelt hij. 'Binnen mogen we officieel niet over voetbal praten. Hij is een City-fan. Op maandagochtend pesten we elkaar altijd zo'n beetje, zonder iemand lastig te vallen. Nu was het woensdag. En hij schreef: "Rottigheid op Old Trafford. Gezien?"'

De rest van de dag vult Oakford, een fanatieke United-supporter, met het afstruinen van websites op zoek naar aanvullend nieuws. 'Ik zag anderen precies hetzelfde doen. Zo gaat dat in Manchester. Alles draait om voetbal. City-fans genoten van de ellende, terwijl wij alleen maar wilden weten wie Moyes zou gaan opvolgen. We hadden beter een vrije dag kunnen opnemen.'

Oakford overdrijft niet. Peter Done, oprichter en directeur van Peninsula, speelde met de gedachte zich te voegen bij de Red Knights. Dit consortium van vermogende mensen verzette zich tegen de Amerikaanse eigenaars van United, de familie Glazer. Het was hun doel de club van hen over te kopen. Tot een deal kwam het nooit. De vraagprijs was te hoog om een overname te kunnen verantwoorden.

Done, een miljardair, dacht groter. Mocht de situatie bij United ooit penibel worden, dan wilde hij de club liever zelf kopen met zijn broer Fred. Het tweetal uit Salford paste ook niet zo goed tussen de Red Knights, chique rijkelui uit de omgeving van Manchester. Als tiener werkten ze voor hun vader, een bookmaker, toen gokken nog illegaal was en er weleens klappen vielen. Later richtten ze wedkantoor Betfred op.

Wrok koestert Done niet. Als zijn bedrijf iets te vieren heeft, huren ze een zaal op Old Trafford. Dat de Glazers daaraan verdienen, interesseert hem niet. Hij haat hen niet, maar zet vraagtekens achter hun investeringsmodel. Ze kochten United met geleend geld, waardoor de club direct diep in de rode cijfers kwam te staan. Dit verontrust hem, maar anders dan de Red Knights is hij er niet boos over.

Done, een working class hero, vormt geen uitzondering in Manchester. Om een of andere reden brengt de provinciestad van oudsher succesvolle mensen en instituten voort. De industriële revolutie ontkiemde hier. Beroemde bands als The Stone Roses, Oasis, The Smiths, de Bee Gees, de Charlatans, Take That en Simply Red komen ervandaan. Zelfs de eerste computer werd er gebouwd.

Mancunians wijzen op hun doorzettingsvermogen. Als ze iets willen, krijgen ze het voor elkaar. Minder chauvinistische stemmen geven het regionale klimaat de schuld. Om de regen en de kou te vergeten vullen inwoners van Manchester hun tijd met het bedenken van grootse plannen. Voetbal vormt de belangrijkste indicator. Van de vijf grootste clubs op aarde komen er twee uit Manchester: United en City.

De bal verbindt alle sociale groepen met elkaar. Oakford keek de Champions League-finale in 2008, gewonnen door United, bijvoorbeeld in Barça Bar, op dat moment eigendom van Mick Hucknall, voorman van Simply Red. Hucknall is een echte fan, geen ster die graag aanschurkt tegen voetbal.

Beroemdheden als hij laten niet na hun status in te zetten om druk op de club uit te oefenen.

Zangeres Rowetta Idah gebruikte een radioprogramma op de BBC om Moyes met de grond gelijk te maken. 'Hij wordt nooit sir Moyes, niemand zal een straat naar hem vernoemen,' ratelde ze. 'Hij zal nooit iets winnen. Hij verstijft als een hert voor de koplampen van een auto. Hij is niet goed genoeg. Hij moet weg.' De tirade, enkele maanden eerder uitgezonden, wordt op de dag van zijn ontslag op de website gezet.

Rowetta, zoals haar artiestennaam luidt, is achtergrondzangers van Happy Mondays, een Mancunian cultband die naam maakte door overmatig alcohol- en drugsgebruik. Zelf was ze ook niet vies van een drankje. Haar deelname aan *X-Factor* in 2004 liep uit op een farce, omdat ze voor elk optreden een fles whisky leegdronk. Die tijd ligt achter haar. Ze is nu een gerespecteerde beroemdheid.

Mark 'Bez' Berry, percussionist van Happy Mondays, leeft nog even wild. Tijdens de opname van een videoclip in Victoria Warehouse, vlak bij Old Trafford, introduceert hij zich op surrealistische wijze: 'Ik ben niet Iers, ik ben niet Schots en ik ben niet Welsh.' Zijn pupillen zijn zo klein als speldenknopjes. Wat hen bindt, behalve muziek, is een liefde voor United. Overal ter wereld zoeken ze een pub op om wedstrijden te volgen.

De bewondering is wederzijds. In de jaren negentig kwamen spelers regelmatig naar hun optredens toe. De broer van drummer Gary Whelan is een jeugdvriend van Ryan Giggs. Ze feestten met elkaar, trokken met elkaar op. Rowetta zorgde ooit voor de muzikale omlijsting van een Adidas-reclame met David Beckham in de hoofdrol. Tegenwoordig luistert ze gala's op Old Trafford op.

Rowetta leerde voetbal overigens pas op latere leeftijd appreciëren. 'Mijn zoon keek naar Leeds United,' legt ze uit. 'De vader van een vriendje speelde in het eerste elftal. Eric Cantona zat ook in dat team. Ik vond hem helemaal geweldig. Door hem ben ik van de sport gaan houden. Toen Cantona naar United kwam, werd ik obsessief fan van United. Sindsdien mis ik niets meer.'

Ze wil het niet bevestigen, maar het is overduidelijk dat haar uitbarsting op de radio werd gevoed door informatie van binnenuit. 'Ik ben blij dat Moyes nu weg is,' zegt ze met een verbeten trekje op haar gezicht. 'Hij won niets.' Louis van Gaal, straks zijn opvolger naar het zich laat aanzien, ziet ze wel zitten. 'Een geweldige manager. Geen Alex Ferguson, die ik verafgoodde. Maar wel een echte manager.'

Oakford knikt enthousiast als Rowetta ter sprake komt. 'Alles draait hier om voetbal,' geeft hij nogmaals aan. 'Als Van Gaal komt – anders dan Moyes een bewezen winnaar – zal hij dat snel genoeg merken. United is ongelooflijk groot. Hij heeft één voordeel: de fans klagen niet snel. Zelfs onder Moyes bleven ze de ploeg steunen. Maar de Class of '92 heeft macht. Die moet hij te vriend houden, Giggs voorop.'

EIGENGEREID
Hilversum, 19 mei 2014

Enkele intimi van Louis van Gaal zien hun telefoon oplichten. Zijn nummer, het best bewaarde geheim in de voetbalwereld, is in het bezit van zo weinigen dat een sms van de Amsterdammer als vanzelf het gewicht krijgt van een brief voorzien van een koninklijk zegel. De inhoud ervan stelt niet teleur. Van Gaal laat hun weten na het WK in Brazilië de nieuwe manager van Manchester United te zijn.

Per omgaande post reageert een Portugese vriend met een

voorliefde voor peperdure kleding met een felicitatie. José Mourinho, kennelijk met zijn mobiel in de weer, pakt uit. 'Hij was jaloers op mijn lijstje,' zegt Van Gaal later die dag in een uitzending van het programma RTL *Late Night*. 'Daarmee doelde hij op de clubs waar ik had gewerkt. "*Also the great AZ*." Een schaterlach volgt.

Ongeveer drie kwartier later maakt Manchester United zijn komst wereldkundig. In een verklaring omschrijft Ed Woodward hem als een droomkandidaat met een erelijst die past bij de historie en de ambitie van de club. Zijn polemiserende karakter wordt omzeild met een slimme frase. De tirades en soms tenenkrommende scènes worden verpakt in de typering *larger than life character*.

Van Gaal valt deze subtiele woordkeuze niet op. Hij glimt van trots bij de rest van de zin, waarin Woodward zijn intelligentie, bedachtzame aanpak en zorgvuldige manier van werken benoemt. Met een lichte blos op de wangen geeft hij aan daar niet van op te kijken. Zijn verhaal, een gedetailleerde uiteenzetting van zijn visie, zorgt wel vaker voor open monden, stelt hij tevreden vast in de tv-studio.

Woodward complimenteert hem met de benoeming van Ryan Giggs tot zijn assistent. 'De verbondenheid van Ryan met de club omspant ruim twee decennia, zijn kennis en statuur zullen van grote waarde voor Louis zijn. Daarbij is dit een fantastische gelegenheid voor Ryan om het vak te leren naast een toptrainer wiens aanvallende instincten en geloof in de jeugd naadloos aansluiten bij Manchester United.'

De aanstelling van Giggs, die Moyes na diens ontslag als interim opvolgde, was al in een vroeg stadium duidelijk. De Welshman, net afgezwaaid als voetballer, reisde een paar dagen eerder naar Noordwijk voor een onderhoud met Van Gaal. Zijn kledij – een blauw overhemd, een blazer, een spijkerbroek, sportschoenen en een hippe tas als accessoire –

wekte niet de indruk dat hij op sollicitatiegesprek moest.

De Welsh Wizard draagt zo'n outfit ook als hij met vrienden een biertje gaat drinken. Een geheim bezoek was het allerminst. De gereedstaande taxi, de meest protserige Mercedes uit de vloot, maakte dat inzichtelijk. Giggs wilde en hoefde zich niet te verschuilen. Een gesprek over zijn rol in de staf en een handdruk scheiden hem van een akkoord.

'De ontmoeting verliep heel goed,' vertelt Giggs later. 'Ik mocht hem onmiddellijk. Ik kijk ernaar uit met hem aan de slag te gaan en van hem te leren. Het is een win-winsituatie. Ik kom zo beter voor de dag als het nog een keer gebeurt.' Daarmee doelt hij op een functie als zelfstandig manager, iets waaraan hij enkele weken kon ruiken. Van Gaal gaat hem verder begeleiden.

Van Gaal moest hem opnemen in zijn staf. Anders zou Patrick Kluivert of iemand anders uit zijn eigen kring een belletje hebben gekregen. Het misstaat hem overigens niet. Bij Barcelona hield hij in Mourinho een vriend van de spelers en kenner van de club in dienst. Giggs valt in dezelfde categorie, al legt hij door zijn carrière veel meer gewicht in de schaal.

In de setting van *RTL Late Night* krijgt Van Gaal geen kritische vragen. Als een filmpje met fragmenten van journaals uit Groot-Brittannië, de Verenigde Staten en Nederland eindigt, klapt het publiek voor een dankbaar knikkende Van Gaal. Vrouw Truus zit op de voorste rij. Ze toont meer emotie dan haar man die opvallend rustig en bijna onaangedaan overkomt.

Van Gaal kiest niet zonder reden voor de talkshow geleid door ex-sportverslaggever Humberto Tan. Het programma is lichtvoetig en probeert niet al te journalistiek over te komen. De presentator laat gasten hun verhaal doen zonder hun nadrukkelijk het vuur na aan de schenen te leggen. Ongemakkelijk wordt het voor Van Gaal daarom niet. De toon blijft vriendelijk en er wordt, volgens afspraak, een blok ingeruimd voor de stichting Spieren voor Spieren waarvan hij jarenlang het gezicht was.

Redenen om door te vragen zijn er wel degelijk. Zo mogen spelers zich bij Oranje niet laten afleiden door transferperikelen. Dat zorgt in zijn visie voor een verlies van focus. Uitgerekend de bondscoach zelf creëert ruis op de lijn door te onderhandelen met Manchester United. Van Gaal komt vervolgens met een rammelende uitleg over het verschil tussen voetballers en coaches. 'Ik deed dit in mijn vrije tijd.'

Van Gaal meldt met droge ogen dat United zich pas na het ontslag van David Moyes meldde. Het ging allemaal heel snel, in elk geval veel sneller dan de saga rond zijn eigen opvolging, stelt hij. Als Tan uiterst voorzichtig oppert dat Van Gaal zijn eigen regels heeft overtreden, schudt hij zijn hoofd. 'Dat heb ik net uitgelegd.' Spelers en trainers verhouden zich volgens hem als appels tot peren.

Tan kijkt wel uit het beroemde citaat 'Alle dieren zijn gelijk, maar sommige zijn meer gelijk dan andere' uit *Animal Farm* af te stoffen om Van Gaal op zijn inconsequentie te wijzen. Evenmin houdt hij hem voor dat de deal op vrijdag 25 april al in grote lijnen rondkwam. Dat nieuws lekte uit, waarop Van Gaal de boodschappers van fabuleren betichtte.

Zijn besluit niet naar Manchester op en neer te vliegen om op Old Trafford zijn komst toe te lichten, krijgt de goedkeuring van Tan, die geen kans krijgt te vragen of die keus tot stand kwam op uitdrukkelijk verzoek van de KNVB. Die indruk wekt Van Gaal wel als hij weinig overtuigend aangeeft druk te zijn geweest met het monteren van beelden van het duel met sparringpartner Ecuador (1-1) van twee dagen eerder.

Over imagoschade in Manchester hoeft hij zich geen zorgen te maken. Op YouTube, Twitter, Facebook en blogs heten fans uit alle hoeken van de wereld hem welkom. In voorstad

Salford, een bolwerk van United-fans, trekken mensen voor het eerst in maanden hun replicashirt weer met trots aan. In Nederland mag Van Gaal al tijden op de pijnbank liggen – enkele media bekritiseren onafgebroken zowel zijn beleid bij Oranje als zijn presentatie – maar in Engeland wordt reikhalzend uitgekeken naar zijn komst.

ARGENTINIË
Manaus, 14 juni 2014

Bondscoach Roy Hodgson wil één stad in Brazilië vermijden. Met de beste wil van de wereld kan in Manaus volgens hem geen voetbal worden gespeeld. De tropische temperatuur en de luchtvochtigheid maken het geschikt voor een openluchtsauna, maar niet voor een WK. Engeland heeft pech. De nationale ploeg moet zijn eerste duel afwerken in Manaus, dat ooit bekendstond als het Parijs van de tropen.

Voor de voetballers mag dit vervelend zijn, voor de fans is het een ramp. Manaus ligt in het hart van de jungle. Met een huurauto ernaartoe rijden is bijna onmogelijk. Op de kaart staan wel wegen getekend, maar het onderhoud ervan laat te wensen over. Het houdt niet op bij omgevallen bomen, kuilen en modderpoelen. Na een regenbui is een weg soms compleet weggevaagd.

Voor een appel en een ei een bezoek brengen aan de Arena da Amazônia zit er niet in. Wie Engeland tegen Italië in actie wil zien, moet vliegtickets aanschaffen. Een flink aantal mensen besluit de portemonnee te trekken. Veel plezier beleven ze niet aan hun investering. Engeland kan niet tegen de hitte, speelt naïef en verliest met 2-1. Het WK begint direct met een kater.

Onder de teleurgestelde wereldreizigers zitten opmerkelijk weinig fans van United. In hun stamkroegen in Manchester maken ze zich vrolijk om de afgang. Ze klappen voor Andrea Pirlo, de vedette van Italië, en jouwen Steven Gerrard uit. Dat Wayne Rooney en Danny Welbeck op het veld staan, maakt het leedvermaak niet minder groot. Op het WK telt het niet dat beiden voor United uitkomen.

De aversie tegen Engeland zit diep. Op Old Trafford hangen om die reden Argentijnse vlaggen. Niet om spelers uit dat land te steunen, maar om fans van het nationale team te sarren. Sinds de Falklandoorlog wordt Argentinië gehaat door supporters van de *Three Lions*. De *Hand of God* van Diego Maradona op het WK van 1986 zette de verhoudingen nog meer op scherp.

In United-kringen wordt niet zwaar getild aan het tikje met de hand van de ster van het Zuid-Amerikaanse land, de latere wereldkampioen, in de verloren kwartfinale (2-1) dat doelman Peter Shilton kansloos liet. Het zorgt voor net zoveel plezier als de afgang in Manaus. Andersom kan United op weinig applaus rekenen. Toen Engeland nog af en toe op Old Trafford speelde, zongen de toeschouwers '*Stand Up If You Hate Man U*'.

United-fans maken Engeland wekelijks belachelijk. Het arsenaal aan haatliederen is groot. '*We won it two times, we won it two times, once more than England, we won it two times,*' klinkt in pubs en op de tribune. Daarmee wrijven ze zout in de wonden van de natie. Engeland won alleen in 1966 het WK. Manchester United lukte het twee keer om bezit te nemen van de wereldbeker.

Over de aanleiding van de vete zijn de meningen verdeeld. Alex Ferguson hielp in elk geval niet om de boel te sussen. Meerdere malen haalde hij hard uit naar voetbalbond FA, die in zijn ogen United als een 'stuk stront' behandelde. De haatcampagne tegen David Beckham – met rood van het veld gestuurd op het WK '98 tegen Argentinië – vormt een ander element. Beckham was destijds een speler van United.

Louis van Gaal hoeft niet bang te zijn Engeland tegen te komen in de knock-outfase van het toernooi. Mocht het team van Roy Hodgson Oranje treffen, dan staan United-fans massaal achter hem. Bij winst kan hij een heldenonthaal tegemoetzien. Cristiano Ronaldo overkwam dit eerder, nadat Portugal Engeland had uitgeschakeld op het EK van 2004 en het WK van 2006.

Zo'n scenario zit er niet in voor Van Gaal. Engeland verliest ook van Uruguay (2-1). Na een gelijkspel tegen Costa Rica (0-0) in het laatste groepsduel kan de ploeg naar huis. De vroege uitschakeling moet enkele Mancunians flink veel geld opgeleverd hebben. Anders dan de miljoenen volwassen mannen die voor Kerstmis een shirt van Engeland krijgen, durven zij te gokken op een miskleun van het team.

HOLLANDSE MAGIËR

Brasilia, 12 juli 2014

Het chauvinisme in Engeland verdwijnt met de uitschakeling van de nationale ploeg. De voetballiefhebbers kiezen een nieuwe favoriet om aan te moedigen. Oranje krijgt bijna zonder uitzondering de voorkeur. Bondscoach Louis van Gaal verklaart een deel van de aantrekkingskracht. Dat Nederland over weinig sterren uit grote competities beschikt, helpt ook. Britten hebben van nature een zwak voor underdogs.

De media zijn ook geïntrigeerd. Net als hun Nederlandse collega's geven ze het team geen kans. Het WK moet haast wel op een deceptie uitlopen. In een poule met wereldkampioen Spanje, Chili en Australië kan alleen een wonder een totale afgang voorkomen. De doelstelling van de KNVB om te reiken tot de halve finales wordt niet serieus genomen, totdat de bal gaat rollen.

Nederland verbaast meteen door Spanje in het openingsduel met 5-1 te verslaan. De geniale zweefkopbal van Robin van Persie en de show van Arjen Robben maken veel indruk. Wat meer opvalt dan de klasse van dit duo is het optreden van de rest van de ploeg. Onbekende spelers uit de eredivisie met vreemd in het gehoor liggende achternamen als De Vrij en Cillessen lopen de vedettes van Barcelona en Real Madrid overhoop.

Van Gaal wordt daarom onder het vergrootglas gelegd. Als hij van een stel voetballers uit een als inferieur beoordeelde competitie de verrassing van het WK kan maken, dan wacht Manchester United een mooie toekomst. Op Old Trafford krijgt hij een budget van 200 miljoen euro. De Premier League kan een nieuwe topattractie tegemoet zien.

Hoe verder Nederland komt, hoe meer speciale krachten Van Gaal worden toegedicht. Het spel mag vaak slecht zijn, de tactiek defensief, maar Oranje blijft in het toernooi. De ingevingen van de bondscoach maken het verschil. In de achtste finale overleeft het team door een tactische wijziging in het slot. 3-5-2 maakt plaats voor 4-3-3. Mexico, gesloopt door de hitte, weet zich geen raad met spel over de vleugels (2-1).

Nog verrassender is de zege op Costa Rica. Nederland bereikt de halve eindstrijd op wonderlijke wijze. Het voetbal verveelt, niets lukt. Ook in de verlenging gebeurt er weinig verheffends. Tot ineens reservedoelman Tim Krul klaarstaat om in te vallen, vlak voor de beslissende strafschoppenserie. Eerste keeper Jasper Cillessen, niet op de hoogte van het plan, komt hoofdschuddend naar de kant. De truc werkt.

Krul, in dienst van Newcastle United, provoceert de strafschoppennemers van Costa Rica schaamteloos. Om deze reden kwam hij ook het veld in. Assistent Frans Hoek, die met

Van Gaal meekomt naar United, beoordeelde dat hij beter dan Cillessen de kunst van de psychologische oorlogsvoering verstond. Nederland gaat door. Van Gaal gaat in Engelse kranten door het leven als de 'Hollandse Magiër'.

In Manchester gaan de laatste twijfelaars om. Een flink deel wilde liever Jürgen Klopp als opvolger van Moyes. De trainer van Borussia Dortmund leek een Duitse versie van José Mourinho te zijn. De Portugees was en is bijzonder populair op Old Trafford. Het WK doet die wens verdampen. Van Gaal wordt in staat geacht United direct terug te brengen naar de top.

De soms keiharde kritiek in Nederland op Van Gaal bereikt Manchester niet. De opmerkingen van Johan Derksen en René van der Gijp in het programma *Voetbal International* komen niet over. Het duo plakt hem het predicaat 'psychopaat' en 'enge man' op. Derksen is nooit een liefhebber van de mens Van Gaal geweest. Diens rol tijdens de revolutie bij Ajax maakt dit er niet beter op.

Derksen heeft nauwe banden met Johan Cruijff, de hoofdrolspeler tijdens de omwenteling. Van Gaals poging om achter de rug van Cruijff om algemeen directeur te worden, werd hem door de invloedrijke journalist niet in dank afgenomen. Met zijn prikkelende commentaar op de handelswijze van de bondscoach in de aanloop naar het WK staat hij overigens niet alleen. Ook andere media sparen hem niet. Het besluit om voormalig aanvoerder Wesley Sneijder lang in onzekerheid te laten, zorgt bijvoorbeeld voor hoge golven. In Engeland weet niemand dit. Ze zien alleen het resultaat in Brazilië. En dat is uitzonderlijk goed.

Nederland bereikt de finale niet. Argentinië wint na strafschoppen. In de strijd om de derde plaats besluit Oranje in stijl. Gastland Brazilië wordt met 3-0 verslagen. Van Gaal gaat met een bronzen medaille in zijn zak naar Manchester. Een beter begin kan hij zich niet wensen. Dat hij met zijn prestatie Engeland in zijn schaduw stelt, bezorgt hem op Old Trafford extra krediet. De verwachtingen zijn hoog.

2

KLEURENBLIND
Manchester, 16 juli 2014

Een privéjet landt om 8.40 uur in de ochtend op Engelse bodem. Het vliegtuigje, een Cessna Citation CJ3, taxiet langs de terminals van Manchester Airport richting een hangar. Een zwarte Chevrolet van de club staat al klaar. Als de deur opengaat en het trapje wordt neergelaten, komt een zongebruinde zestiger naar buiten. Louis van Gaal, net terug uit Zuid-Amerika, meldt zich voor zijn eerste werkdag.

De exclusieve manier van reizen zorgt bij supporters van Manchester United voor instemmend geknik. Niemand spreekt van spilzucht of patserig gedrag. Van Gaal wordt geacht in stijl te arriveren. Zuinigheid of een bescheiden levensstijl kunnen worden uitgelegd als een teken van zwakte. De nieuwe manager laat zien zich thuis te voelen in een wereld waarin geld geen rol speelt.

Zijn voorganger David Moyes kwam soms over als een kruidenier. Zo vloog hij ooit met een budgetmaatschappij naar Scandinavië om een speler te scouten. De Schot zou zijn geschrokken van de huursom van een privétoestel en zijn secretaresse hebben gevraagd een stoeltje bij een prijsvechter te reserveren. Deze uitleg, al dan niet verzonnen, ging een eigen leven leiden. Moyes dacht te klein voor United.

Die indruk wekt Van Gaal niet. Zijn deal met de club gaf dit al aan. Met hulp van vrienden met verstand van zaken regelde hij een contract voor drie seizoenen en een jaarsalaris van ongeveer tien miljoen euro. Het maakt hem tot een van de bestbetaalde managers in de Premier League. Alleen José Mourinho verdient meer bij Chelsea. Op nederigheid laat hij zich niet betrappen.

Een manager van Manchester United geldt onder fans min of meer als burgemeester of onderkoning van de stad; het tonen van rijkdom geeft die eretitel extra gewicht. In het centrum speelt een gokkantoor hierop in door Van Gaal te eren met een mozaïek. 25.000 tulpen vormen in Cathedral Gardens – een modern plein met onder meer een grasveld – een portret van hem.

De locatie van het eerbetoon is niet toevallig gekozen. De 'tuinen' liggen achter de kathedraal en de bibliotheek waar Karl Marx en Friedrich Engels anderhalve eeuw geleden veel tijd doorbrachten, maar vormen vooral de entree tot het National Football Museum, een van de belangrijkste toeristische trekpleisters in Manchester. Het hoofd van Van Gaal misstaat daar niet.

Waar de makers van het mozaïek hoofdzakelijk voor rode bloemen hebben gekozen, komt Van Gaal op trainingscomplex Carrington tevoorschijn in een chic lichtblauw pak met bijpassende das. De man die in Hoenderloo zei alles te weten van United, laat zich met Ryan Giggs en Ed Woodward fotograferen in de clubkleuren van City. De vergissing deert hem niet. Van Gaal straalt in de camera. Op social media komt hij ermee weg, een enkele milde grap daargelaten. Zijn harde, zelfverzekerde uitstraling leidt de aandacht af. Wedkantoor Paddy Power, waaraan oud-speler Paul Scholes is verbonden, vergelijkt hem met 'een slager in een trouwkostuum'.

Tijd om te mijmeren over kleuren ontbreekt. Om 13.00 uur begint de gezamenlijke lunch, waarbij Van Gaal de selectie van spelers die niet aan het WK meededen, toespreekt. De maaltijd maakt deel uit van het nieuwe regime. Samen eten, zo vindt hij, vergroot de onderlinge saamhorigheid. Daarbij is het noodzakelijk. De spelers trainen sinds zijn benoeming niet één maar twee keer op een dag. 's Ochtends en 's middags of in de vroege avond.

Na zijn introductie laat hij zich bijpraten door zijn staf. Voormalig bondscoach van Jong Oranje Albert Stuivenberg, Marcel Bout – die bij Bayern München al deel van zijn entourage was – en Giggs lichten hem in over de vorderingen. Meteen wordt duidelijk dat Giggs een serieuze rol bekleedt. De oud-vedette krijgt de eer de eerste peptalk te houden. Giggs, officieel Van Gaals rechterhand, zal in de komende maanden merken minder invloedrijk te zijn dan de titel *number two* impliceert. De Nederlanders lijken vaak een streepje voor te hebben, op het veld en in de dug-out.

Stuivenberg en Bout vormen niet de enige Hollandse inbreng. Keepertrainer Frans Hoek, zijn vaste data-analist Max Reckers en conditietrainer Jos van Dijk maken zijn team compleet. Van deze groep geniet alleen Hoek, net als Van Dijk met Oranje op pad in Brazilië, enige bekendheid in Engeland.

Van Gaal laat meteen zien wie de baas is. Om 17.30 uur leidt hij de tweede oefensessie van de dag, zijn eerste in dienst van United.

ZWARE KLUS

Old Trafford, 17 juli 2014

Geflankeerd door Bobby Charlton wandelt Van Gaal naar de krap bemeten persruimte van Old Trafford. In zijn hand houdt hij een thuisshirt van Manchester United. Achterop staan zijn naam en rugnummer 1. Zijn haren, strak achterovergekamd, zijn nog nat. Hij draagt een grijs pak, een wit overhemd en een clubdas. Het officiële kostuum, door designer Paul Smith ontworpen, is nog niet gereed.

Voor het eerst in lange tijd oogt Van Gaal vermoeid en een tikkeltje nerveus. Stress is hem minder vreemd dan hij wil doen voorkomen. De confrontatie met de Engelse media zorgt voor lichte podiumvrees. Aan alles valt af te lezen dat persvoorlichtster Karen Shotbolt en hoofd communicatie Phil Townsend hem hebben volgestouwd met informatie.

'Om te beginnen wil ik Bobby Charlton bedanken,' zegt hij. 'Sir Bobby Charlton. Het is een grote eer naar dit stadion te komen en dan te worden rondgeleid door sir Bobby Charlton bij mijn eerste schreden hier.' Dan stopt hij; hij lijkt zich te realiseren dat de tekst feitelijk niet helemaal juist is.

'Oké,' herstelt hij zich. 'Mijn eerste stappen hier zette ik met Bayern München en Barcelona. *I know that.* Oké. Maar als trainer/coach van Manchester United waren dit mijn eerste schreden en ik was heel trots om die te maken met sir Bobby Charlton. Ik heb de leeftijd om hem nog te hebben zien spelen. Dus ik weet wat hij betekent voor United maar óók voor het Engelse voetbal.'

Even verliest Van Gaal zijn concentratie. Daarom herhaalt hij voor de zekerheid de rode draad van zijn introductie. 'Het was een grote eer dat met hem te doen.' Dan draait hij zijn hoofd richting Charlton, die doodstil heeft staan luisteren. Van Gaal knikt respectvol naar de man, alvorens hem met twee woorden te bedanken. *'Thank you.'* Charlton knikt beleefd terug.

Shotbolt geeft de aanwezigen in de zaal na deze proloog enkele aanwijzingen. Alle vragen moeten worden gesteld in het Engels. Het biedt Van Gaal de kans een slokje water te nemen. Hij oogt getekend. De zomergloed van de Braziliaanse zon heeft de vermoeienissen van het WK lang verborgen kunnen houden. Nu komen ze aan de oppervlakte.

Een verslaggever van *The Sun* begint. Wat voor impact wil hij maken? Van Gaal spitst zijn oren en kijkt de man vorsend aan. 'Ik ga mijn uiterste best doen,' antwoordt hij. 'Voorspellingen kan ik niet doen. Je weet het immers maar nooit. Dit is de grootste club van de wereld. In twee dagen ben ik erachter gekomen hoe belangrijk Manchester United is. En de sponsors zijn...'

'Ik moet een team voorbereiden en me aanpassen aan deze grote club,' vervolgt hij. 'Het zal niet makkelijk worden, maar ik ga mijn uiterste best doen. Maar als je mijn loopbaan in ogenschouw neemt, kun je zien wat ik heb gewonnen. Dat kan ik zeggen. De toekomst moet uitwijzen of ik dat nogmaals voor elkaar kan krijgen.' Het zinnetje over de sponsors blijft hangen. Er zit hem iets dwars.

Later blijkt wat. Het zint hem niet dat Manchester United een toer door Amerika moet maken om de geldschieters te plezieren. De vlieguren, de geringe hersteltijd tussen de oefenduels en de jetlags passen in zijn visie niet bij een topsportklimaat. Alles moet in het teken staan van presteren in de Premier League. Door de selectie als een circusact te gebruiken kan hij minder kneden dan hij wil.

Van Gaal houdt zich in om dan alsnog voorzichtig uit te halen. 'Het is niet altijd mogelijk om zowel aan de commerciële als aan de sportieve verwachtingen te voldoen,' geeft hij aan. 'Misschien verandert dat na de toer door de VS. Ik denk van niet.' De spanning is duidelijk van hem afgevallen. Nog geen dag na zijn aankomst in Manchester schuwt hij de confrontatie met zijn bazen niet.

Eenmaal op dreef maakt Van Gaal van de gelegenheid gebruik de positie van United van enige nuances te voorzien. 'Door de bekendheid over de hele wereld is dit de grootste club,' doceert hij. 'Op sportief vlak ben je dat nooit. Elk seizoen moet je je opnieuw bewijzen. Manchester United eindigde in de competitie als zevende. Dan ben je dus niet de grootste club.'

Erg onder de indruk van de Premier League is hij evenmin. 'In mijn tijd bij Barcelona was de Spaanse competitie naar mijn mening de beste,' stelt hij. 'Toen ik in Duitsland werkte, *I am sorry*, was de Bundesliga de beste. Misschien, als ik hier aan de slag ga, groeit de Premier League uit tot de beste liga.' Een lachje volgt. Van Gaal heeft tot zijn schik het Britse chauvinisme een tik in het gezicht gegeven.

Als het ijs langzaam smelt, laten de journalisten hun aftastende houding gaan en worden de meer uitdagende vragen gesteld. Het eerste schot komt van *The Times*. Of Van Gaal zichzelf een autocratische leider vindt? 'Dat is niet eerlijk,' reageert hij rustig. 'Omdat de media dat deel van mijn karakter altijd belichten. Maar dat deel' – hij brengt zijn duim en wijsvinger dicht bij elkaar – 'is zó.'

Van Gaal komt los. 'Veel mensen denken dat een sterke persoonlijkheid en een autocratische manier van werken op hetzelfde neerkomen. Dat is niet zo. Ik heb een sterke filosofie, waarvan de meerwaarde zich telkens heeft bewezen. Sir Alec had ook een sterke filosofie.' De zaal kijkt verbaast op. Sir Alec? O, sir Alex. Van Gaal snapt de vragende blikken niet. Hij denkt dat de voornaam van Ferguson niet bekend is. 'Yeah? Oké!'

Met dezelfde vastberadenheid reageert hij op een vervolgvraag. Ja, hij heeft al met Ferguson gesproken. 'Natuurlijk, ik ben democratisch ingesteld. Hij belde me op om me te feliciteren. We spraken af om een keer samen koffie gaan te drinken of iets te eten.' Ferguson en hij, zo voegt Van Gaal toe, kwamen elkaar op elitebijeenkomsten van de UEFA regelmatig tegen.

'*We did always the light out with a glass of wine*,' stelt hij. 'We kennen elkaar zeer goed en ik zal koffie en wijn met hem drinken. Ik schat zo een van de betere wijnen.' Deze opmerking is slim. Er werd gespeculeerd over de relatie tussen beiden. Ferguson zou, na het afserveren van zijn protegé Moyes, een gevaar voor hem kunnen vormen. Van Gaal drukt die insinuaties de kop in.

Als het transferbeleid ter sprake komt, toont hij zijn geloof in eigen kunnen. Hij geeft de twijfelgevallen een maand om zijn 'filosofie' op te pakken. Daarna bekijkt hij of na Luke Shaw en Ander Herrera nog meer spelers moeten komen. Wayne Rooney, op een voetstuk gezet door Moyes, krijgt ook een boodschap. Het vertrek van Ferdinand, Vidić en Evra betekent niet automatisch dat hij de nieuwe aanvoerder wordt.

Sterren zeggen hem niets, ervaring nog minder. 'Neem iemand als Clarence Seedorf,' vertelt hij. 'Ik liet hem op zijn zestiende zijn debuut maken bij Ajax. Met zijn zestien jaar was hij soms meer gelouterd dan een speler van dertig. Dat hangt samen met persoonlijkheid.' In de huidige selectie, zo merkt hij fijntjes op, zit eigenlijk maar één speler die aan alle criteria voldoet: Michael Carrick.

'Die is net geblesseerd geraakt,' legt hij uit. 'Dat is een grote klap. Omdat hij een ervaren speler is; zo iemand moet je er altijd bij hebben. Niet alleen qua leeftijd of voetbaljaren, maar ook qua ontwikkeling als mens. In mijn filosofie kijk ik naar het totale plaatje. En dan blijven er weinig ervaren spelers over. *I am sorry*.' Opvallend genoeg noemt hij Robin van Persie, zijn aanvoerder in Brazilië, niet.

GRAUW

Manchester, 18 juli 2014

Tijd om kennis te maken met Manchester en de omgeving van de stad krijgt Louis van Gaal niet. Een dag na zijn presentatie stapt hij met een vijfentwintigkoppige selectie in het vliegtuig naar Los Angeles. Beverly Hills, waar de ploeg een paar nachten verblijft, lijkt in niets op zijn nieuwe woonplaats. De palmbomen, het strand en de zee bereiden hem niet voor op Noordwest-Engeland.

Manchester is geen traditioneel vakantieoord of plek voor een culturele stedentrip. Edurne Garcia, de vriendin van keeper David de Gea, omschreef de weinig zachte trekken ervan treffend. De Spaanse zangeres, presentatrice en actrice vergeleek de stad met de achterkant van een ijskast. Zuid-Engelsen typeren heel Noord-Engeland graag in vergelijkbare bewoordingen.

Verlaten fabriekspanden, gesloten mijnen, koude winters, regen, slecht onderhouden wegen en eindeloze rijen met *council houses*, eenvormige sociale woningbouw waarin duizenden werklozen op kosten van de staat te veel bier drinken. In de volksmond wordt deze deprimerende reeks stereotyperingen afgekort tot *The Grim North*, wat zich het best laat vertalen als 'het onherbergzame Noorden'.

En zo was Manchester ook lange tijd een grauwe industriestad. De filosoof Friedrich Engels baseerde zijn boek *De toestand van de arbeidersklasse in Engeland* op zijn observaties in de sloppenwijken van Manchester. Met Karl Marx schreef hij in Chetham's Library het Communistisch Manifest. Ziekte, hoge sterftecijfers en erbarmelijke leefomstandigheden van de arbeiders in de fabrieken: de textielstad leverde hun alle inspiratie.

Manchester was de eerste industriestad ter wereld. De industriële revolutie kwam hier op gang. Het was een experiment, waarvan gaandeweg werd geleerd. De katoenfabrieken trokken arme immigranten uit alle windstreken aan. Ze hokten samen in ondeugdelijke woningen en stierven bij bosjes aan epidemieën. Met de introductie van huizen met sanitaire voorzieningen rond 1900 verbeterde hun toestand flink.

Het beeld van de naargeestige buurten vol schrijnende armoede bleef hangen in het collectieve geheugen. En dat terwijl de stad aan het begin van de twintigste eeuw een indrukwekkende groei doormaakte. De aanleg van spoorwegen en kanalen, de innovatie, de stijgende welvaart onder een flink deel van de bevolking en de ontwikkeling van Manchester tot centrum van handel lijkt men haast te zijn vergeten. De stad maakte tot het begin van de Eerste Wereldoorlog een gouden periode door.

De katoenproductie verplaatste zich langzaam naar andere delen van de wereld. Na de Tweede Wereldoorlog, waarin de Duitsers het centrum platbombardeerden, werd de situatie steeds slechter. Fabrieken sloten. De haven kon geen containerschepen herbergen en ging in 1982 dicht. De zware industrie kon de buitenlandse concurrentie niet meer aan en vroeg Downing Street om hulp. Maar de ultraliberale premier Thatcher weigerde de helpende hand uit te steken. Een tijdlang leek het Noorden hopeloos verloren.

Manchester veranderde, net als de mijnstreken in het Noorden, in een achtergesteld gebied. Gehavende gebouwen, kapotte straten en honderdduizenden werklozen waren het visitekaartje van de stad. De omschrijving 'achterkant van een ijskast' zou nog te vriendelijk zijn geweest. Eind jaren tachtig, omstreeks het vertrek van Thatcher, werd begonnen aan een opknapbeurt. Het resultaat mag er zijn.

Ancoats, voorheen een van de ergste gribusbuurten, geldt nu als cultureel erfgoed. De katoenfabrieken zijn gerenoveerd, de pakhuizen zijn omgebouwd tot woningen en de arbeidershuisjes komen voor grof geld in handen van welgestelde mensen. Stank en overlast behoren tot het verleden. En zo werd de ene na de andere wijk nieuw leven ingeblazen.

Manchester is nog altijd geen Rome of Madrid, maar wel een van de fraaiste steden in Noord-Engeland. De historie van de industrie geeft de stad zijn eigen karakter. De architectuur van de nieuwbouw sluit aan op de vormgeving van de katoenfabrieken en pakhuizen van weleer. Een tramlijn in alle windrichtingen, een snelle verbinding naar Londen en een internationaal vliegveld maken het tot een ontsloten metropool.

De muziekscene, clubs, honderden kroegen en hippe restaurants doen niet onder voor die van Amsterdam of Berlijn. Manchester trekt ook geld aan. Op Londen na wonen hier nergens meer miljonairs. De lucht is er schoner dan in de hoofdstad, het verkeer beter en de prijzen zijn een stuk lager. Steeds meer grote bedrijven kiezen er om deze redenen voor hun hoofdkantoor naar Manchester te verplaatsen.

Voetbal vormt een trekpleister op zich. Met United, City, Rochdale, Bury, Bolton Wanderers, Oldham Athletic en Wigan Athletic beschikt (Greater) Manchester over zeven clubs in het betaalde voetbal. Dertien ploegen, waaronder Altrincham, FC United of Manchester en Salford City, schurken tegen het profniveau aan. Wat betreft toeschouwersaantallen zou het merendeel niet misstaan in de Football League.

Van Gaal moet zich met andere zaken bezighouden. Van de vijfentwintig spelers in het vliegtuig staat achter minimaal tien namen een vraagteken. Van voetballers als Tom Cleverley, Nani, Danny Welbeck, Shinji Kagawa, Wilfried Zaha, Valencia en Ashley Young blijven er hooguit één of twee over. Het regelen van vervanging wordt een monsterklus. Manchester mag dan zijn uitgegroeid tot de parel van het Noorden, inmiddels speelt United geen Champions League meer.

Behalve Daley Blind lijkt vooralsnog alleen Marcos Rojo voor de transferdeadline te komen. De één kent hij persoonlijk en staat al langer op zijn lijst. Rojo zag hij in Brazilië in actie met Argentinië. De Zuid-Amerikaan (Sporting Lissabon) kan op meerdere posities in de achterhoede uit de voeten. Om een (vleugel)spits en een centrale verdediger te halen moet directeur Woodward nog flink aan de bak.

De Engelse media hebben intussen niet stilgezeten. Als Van Gaal op het vliegveld een kiosk is binnen gestapt, kan hij het tijdschrift *FourFourTwo* niet over het hoofd hebben gezien. In een rij met managers onder wie Wenger en Mourinho staat hij prominent vooraan. De titel 'Year of the Boss' maakt het af. In de Premier League zijn dit seizoen geen spelers, maar de trainers de attractie. En Van Gaal is de grootste van allemaal.

Binnenin pakt het blad groots uit met een verhaal over zijn stormachtige periode bij Bayern München om de lezers een inkijkje te geven in zijn werkwijze. Niets blijft onvermeld. Van de balkonscène tot het laten zakken van zijn broek in de kleedkamer. Ook directeur Uli Hoeneß, die Van Gaal megalomane trekjes verweet, ontbreekt niet. Van Gaal traint geen club, zo meende de Duitser, hij neemt hem over.

In Manchester geldt dit als een voordeel. United heeft behoefte aan een sterke leider die directeur Ed Woodward aankan. Moyes kon dit niet en beleefde een desastreus seizoen. Daarbij zijn de fans niet anders gewend. Ferguson bepaalde alles. Van vreemde types kijken ze evenmin op. Niet zonder reden zitten alle realityseries vol met *Mancs*. Van onaangepaste figuren heeft de stad er bovengemiddeld veel.

NIET FIT

Pasadena, 23 juli 2014

Op straat in Los Angeles laat Louis van Gaal de kracht van charisma zien. Weinig andere zestigers zouden met zijn outfit – polo, korte broek, witte sokken en slippers – ongestraft zijn weggekomen. Een dergelijke kledingkeuze past meer bij pensionado's in Florida. De frisse, zelfverzekerde blik van Van Gaal redt het geheel. Zijn lijf, rank en redelijk strak, kan de jeugdige look goed hebben.

In Manchester kijkt niemand op van zo'n kledingkeuze. Zodra de temperatuur boven de tien graden stijgt, komen de strandkleren uit de kast. Een waterig zonnetje is een geldig excuus om een zonnebril op te zetten. Anders dan Van Gaal dragen ze geen koord om hun hals waaraan een fluit bungelt. De indringende blik en het parmantige loopje etaleren ze evenmin.

Van een vakantie in Californië is geen sprake. Van Gaal verordonneerde tijdens het WK per telefoon aan zijn staf in Engeland de werklast op te schroeven. Een van de uitgangspunten van zijn visie is om een bovengemiddelde fitheid te kweken. In LA draait hij niet bij. Alleen Robin van Persie en enkele WK-gangers ontsnappen aan het nieuwe regime. Ze hebben nog vrij.

Alexander Büttner was graag meegegaan, maar kreeg geen kans daartoe. De linksback uit Doetinchem, door Ferguson overgenomen van Vitesse om op termijn Patrice Evra op te volgen, verruilde Noord-Engeland eind juni voor Rusland. Van Gaal hoefde hem niet in actie te zien. Zijn scouts bij Oranje hadden hem eerder al te licht bevonden. Büttner werd voor 4,4 miljoen pond verkocht aan Dinamo Moskou.

Een opmerking van Ed Woodward op de eigen zender MUTV benadrukt de noodzaak voor de meegereisde spelers Van Gaal van hun kwaliteiten te overtuigen. 'We zijn bereid te investeren,' vertelt de directeur. 'Er is geen budget vastgesteld. Financieel zijn we extreem sterk en er zijn fondsen beschikbaar.' Woodward heeft wat goed te maken. Onder Moyes kreeg hij weinig voor elkaar.

Van Gaal heeft hem direct een boodschappenlijstje gegeven. Allereerst mist het hoofdveld van trainingscomplex Carrington intimiteit. Een rij bomen moet voor beschutting gaan zorgen. Verder geeft hij opdracht tot het ophangen van een camerasysteem om alles te kunnen analyseren, wil hij nieuwe grasvelden en vraagt hij om lichtmasten. 's Avonds moet ook goed getraind kunnen worden.

In de VS heeft hij minder in te brengen. De zomertoer staat in het teken van geld verdienen en sponsors behagen. Chevrolet komt als eerste aan de beurt. Aan de westkust organiseert de *automotive partner* en fabrikant van de Corvette zijn eigen Cup. LA Galaxy en United moeten daarvoor opdraven. Woodward heeft commerciële belangen voorrang gegeven boven de filosofie van Van Gaal. Dat wekt wrevel.

'We moeten hier veel dingen doen die ik normaal niet toesta,' vertelt Van Gaal tijdens zijn eerste persconferentie in het land van de eigenaars van United, de familie Glazer. 'Ik moet me aanpassen aan deze grote club, maar ik denk dat deze grote club zich ook aan Louis van Gaal moet aanpassen. Ik hoop dat we daarin een balans kunnen vinden.'

Woodward merkt dat hij de manager niet nog een keer met zo'n programma moet opzadelen. Moyes was dan wel buigzaam, Van Gaal zit heel anders in elkaar. De geldschieter merkt niets van de onvrede. United wint met 7-0 in de Rose Bowl, waarin 86.432 mensen zitten. Chevrolet, de komende zeven seizoenen shirtsponsor, kan tevreden zijn.

De speelwijze zorgt wel voor vragen. United speelt van oudsher 4-4-2. Van Gaal kiest voor zijn WK-systeem (5-3-2). 'Ik heb voor deze tactiek gekozen op basis van de kwaliteiten van de spelers,' legt Van Gaal uit. Als een totale opschoning van het elftal uitblijft, gaat United vanaf nu zo voor de dag komen. Achterin heeft de ploeg geen vet op de botten, de linies ervoor puilen uit. Van Gaal spreekt van 'disbalans'.

Het reisschema is moordend. United vliegt direct door naar Denver, waar een ander lucratief evenement begint: de International Champions Cup. United speelt daar tegen AS Roma (3-2-zege). Drie dagen later wordt de ploeg in Washington DC verwacht voor een ontmoeting met Internazionale. De Italianen worden verslagen na het nemen van strafschoppen.

De overwinning en de opperbeste stemming bij United blijven minder hangen dan de soap rond Luke Shaw. De negentienjarige linksback, voor bijna 38 miljoen euro gekocht van Southampton, valt tegen. De duurste Britse tiener ooit presteert ondermaats tijdens de fysieke tests. 'Luke moet fit zijn en dat is hij niet,' vertelt Van Gaal. Shaw moet een individueel programma afdraaien.

Van Gaal doet, gedwongen door een paar blessuregevallen, toch een beroep op hem. Shaw ontloopt zo een nog grotere vernedering. De verdediger bekent schuld. 'Ik dacht niet dat het veel zwaarder zou zijn [dan bij Southampton],' zegt hij. 'Dat was een inschattingsfout.' Hij geeft toe tijdens zijn vakantie na het WK zijn conditie niet op peil te hebben gehouden. Hijgend en puffend loopt hij in de VS achteraan.

Bondscoach Roy Hodgson meldt later niet op te kijken van deze constatering. Shaw zou in Brazilië eenzelfde lakse houding hebben getoond. Van Gaal neemt zijn speler in bescherming en haalt flink uit. 'Roy Hodgson kan niet over hem oordelen, omdat hij hem hier nooit in actie heeft gezien tijdens een training,' zegt hij. 'Shaw traint fantastisch.' Hodgson en Van Gaal sluiten uiteindelijk vrede.

VOLLE BAK
Ann Arbor, 2 augustus 2014

Na een vlucht van anderhalf uur arriveert Louis van Gaal met Manchester United in Ann Arbor, een stadje nabij de metropool Detroit in de staat Michigan. Er staat meer dan een oefenduel met Real Madrid op het programma. De trainer en zijn spelers wachten net als bij eerdere haltes tussen de bedrijven door een handvol commerciële activiteiten.

Van Gaal mag zich dan tijdens de energie vretende reis door de VS onderdeel voelen van een moderne versie van de Harlem Globetrotters, de oefentrip krijgt allesbehalve de status van een veredelde circusact. Amerika neemt *soccer* serieus. Een tv-deal ter waarde van 250 miljoen dollar om duels uit de Premier League uit te zenden gaf daar al een eerste indicatie van.

Voetbal vindt zijn weg in de hoofden en de huiskamers van een groep jonge, tamelijk vermogende Amerikanen. De politiek haakte tijdens het WK slim op deze trend in. President Obama liet zich in het Eisenhower Executive Office fotograferen, waar hij de achtste finale tussen België en de VS ingespannen volgde. Zijn land verloor, maar hij won de harten van de natie.

Obama belde later vanuit The Oval Office met Clint Dempsey en Tim Howard om hen te complimenteren met hun heldhaftige optreden. Vooral doelman Howard, ooit op de loonlijst van Manchester United, kreeg verbale schouderklopjes. Dankzij zijn reflexen en dappere safes zaten miljoenen mensen met zweet in de handen te kijken. Voetbal heeft iets cools.

De exponentieel gestegen populariteit krijgt in Ann Arbor een tastbaar resultaat voor marketeers en sportbazen. The Big House trekt 109.318 toeschouwers voor de ontmoeting tussen United en Real Madrid, de twee grootste en rijkste clubs op aarde. Nooit eerder kochten zoveel Amerikanen een kaartje voor het zien van een voetbalwedstrijd.

De locatie maakt de uitpuilende tribunes nog indrukwekkender. Voetbal gold lang als een hobby van immigranten uit Latijns-Amerika en inwoners met Italiaanse wortels. In Ann Arbor vormen deze twee groepen geen meerderheid. United verslaat Madrid met 3-1. Op de grote schermen verschijnt 'Glory Glory Man United', een slimmigheidje van Woodward.

Ondertussen krijgt de 'filosofie' van Van Gaal steeds meer aanhangers. Assistent Ryan Giggs spreekt als een van de eersten zijn waardering uit. 'In de korte tijd dat ik met hem werk, heb ik gezien waarom hij zo succesvol is,' stelt hij. 'Zijn enthousiasme is besmettelijk. Hij wil dat alles van de eerste tot de laatste minuut van een training perfect verloopt.'

Giggs ziet gelijkenissen met Ferguson, die in Amerika ook zijn opwachting maakt. 'Mannen als hij en Alex Ferguson hebben een bepaald aura om zich heen, dat is voortgekomen uit het behalen van succes,' geeft hij aan. In Manchester zuigen fans de woorden op. Giggs komt authentiek over. Van Gaal, die al weinig verkeerd kon doen, moet wel goed zijn.

In Miami houdt de voorspoed aan. United verslaat in het Sun Life Stadium in de finale van de International Champions Cup Liverpool met 3-1. United wist daarmee nog voor het begin van de Premier League een vervelende herinnering uit. Onder Moyes werd in maart op Old Trafford nog met 3-0 van de ploeg verloren. Van Gaal heeft in rap tempo Manchester zich voor gewonnen.

ROLLENDE OGEN

Manchester, 10 augustus 2014

'Hij maakt indruk op me, ik vind zijn imperfecte Engels geweldig,' zegt Andy Mitten, hoofdredacteur van *United We Stand* (UWS), het belangrijkste en meest toonaangevende tijdschrift voor fans van Manchester United. 'Voetbal is entertainment. De wereldvrede staat niet op het spel. Ik zie een man die met rollende ogen reageert op vragen van journalisten. Hij is best grappig. Ik mocht hem meteen.'

Mittens mening telt onder supporters in Manchester. Hij praat als zij, denkt hetzelfde en ziet eruit als een Manc. In de perszaal van Old Trafford verschijnt hij geregeld in een trainingspak en rode sportschoenen. Zijn leven mag een vlucht hebben genomen, in de kern is hij nog steeds de jongen die in 1989 op zijn vijftiende UWS begon. 'Ik was een angry young man,' vertelt hij over zijn begintijd.

De woede over de verzakelijking en de behandeling van de fans zette hij op papier. Met twintig pond van zijn moeder werd het eerste nummer gekopieerd en in elkaar geniet. Tot zijn eigen verbazing verkocht hij vijftig stuks. In korte tijd steeg de oplage enorm. De aantallen liepen al snel in de duizenden. UWS groeide uit tot een fraai vormgegeven blad met stevige opinies en verhalen van professionele auteurs.

Mitten leidt UWS letterlijk op afstand. Hij heeft een huis in Manchester, maar woont het merendeel van het jaar in het centrum van Barcelona. Van daaruit volgt hij het Spaanse voetbal voor een aantal kranten en websites. Tussendoor vliegt hij op en neer om United te volgen. Soms als journalist, meestal tussen de supporters bij wie hij zich het prettigst voelt.

Van Gaal kende hij al. Mitten maakte hem mee toen hij Barcelona onder zijn hoede had. Mitten was toen al enthousiast over Van Gaal, anders dan de meeste Catalanen, die onder aanvoering van Cruijff niet zeer te spreken waren over Van Gaal. In alle delen van Spanje kunnen mensen nog altijd feilloos zijn uitbarstingen citeren. Van Gaal geldt daar nog steeds als een van de minst geliefde trainers ooit.

Mitten is niet verspaanst. Hij spreekt de taal met een Mancunian accent, tot hilariteit van zijn vrienden, en heeft zijn Britse blik nooit verloren. Van Gaal riep geen aversie bij hem op. 'Ik zag hem een heel goed team trainen,' vertelt hij. 'Met Guardiola, Luis Enrique, Rivaldo en Figo. Daarna ben ik hem blijven volgen. Hij deed het goed bij AZ en Bayern, waarmee hij United uitschakelde in de Champions League.'

Om zijn aparte relatie met de media moet hij grinniken. 'Engelse collega's van mij kregen in zijn Spaanse tijd weleens een belletje van hem,' zegt hij. 'Dan wilde hij weten waarom een verhaal op pagina 9 stond en niet, zoals afgesproken, op pagina 6. Ik vond het geweldig om te merken dat zulke dingen belangrijk voor hem waren. En nu ben ik mee geweest naar de VS. Ik mag hem wel.'

Mitten is niet zomaar een voetbalschrijver. Zijn oudoom Charlie was vleugelspits van United in het eerste grote naoorlogse team van Matt Busby. Hij speelde kortstondig voor veel geld voor het Colombiaanse Independiente Santa Fe, als een van de eerste Engelse profs in het buitenland, werd begeerd door Real Madrid en maakte later naam als manager van onder meer Newcastle United. 'Hij is de beroemdste van de familie,' legt Mitten uit. 'Mijn vader en al mijn andere ooms waren ook prof of semiprof. Mijn jongste broertje zat in de jeugdopleiding van United, totdat hij een kruisband afscheurde. Ik ben het zwarte schaap van de familie.'

Door deze achtergrond en zijn werk voor *UWS* heeft hij overal contacten op Old Trafford. De val van David Moyes zag hij al lang aankomen. Niettemin respecteerde de Schot hem, ondanks de soms negatieve teneur van zijn verhalen.

Na zijn ontslag kreeg Mitten ook uit het niets een sms van hem met de vraag of hij een boodschap kon doorgeven aan de fans. Die luidde alsvolgt: 'Andy. Wil je alsjeblieft naar buiten brengen hoezeer ik de steun van de echte United-fans waardeerde. Ze waren ongelooflijk. Het spijt me dat ik hun niet de resultaten kon geven waaraan ze gewend waren. Dank je. D. Moyes.' Het contact bleef nadien warm.

Alex Ferguson mocht hem ook, zij het om andere redenen. Als zeventienjarige kreeg Mitten toestemming hem te interviewen in Trondheim. 'Ik mocht hem spreken na een oefenduel. Ik wandelde in een United-shirt naar het hotel waar het team verbleef. En ik had een vriend meegenomen, ik had geen idee dat journalisten dat niet hoorden te doen.'

Ferguson nam geen aanstoot aan zijn verschijning. Totdat Mitten zijn recorder pakte, een knalrode gettoblaster. 'Ferguson kwam niet meer bij van het lachen. Hij riep zijn aanvoerder Steve Bruce bij zich en zei: "*Look at this f***ing idiot here.*" Later kregen we ook weleens ruzie. Het is behoorlijk intimiderend als iemand als hij je recht in je gezicht uitscheldt. De beste manager ooit, al was ik het vaak oneens met hem.'

Met Van Gaal zit een interview er dit seizoen niet in. De trainer doet alleen wat hij contractueel verplicht is om te doen. Vooralsnog kan Mitten teren op de manier waarop hij vragen op persconferenties beantwoordt. 'Hij keek me recht aan en vertelde over van alles, behalve wat ik wilde weten. Fantastisch. Hij had net zo goed over de prijs van kaas in Groningen kunnen vertellen. Hij laat zich niets opleggen.'

Van Gaal hoeft zich volgens Mitten geen zorgen te maken. Witte zakdoekjes, zoals in Spanje, krijgt hij hier niet te zien. 'Manchester leunt op een fundament van industrie en de immigratie van Ieren en Vlaamse wevers. Er heerst een tolerant klimaat. De mensen zijn ruige *working class*-types, maar vriendelijk. Ze respecteren zijn cv en zullen hem de tijd geven. Hij kan genieten van lange wittebroodsweken.'

Mitten geeft wel een waarschuwing. Het defensieve WK-systeem kan zich tegen hem keren. 'Het gaat de fans niet alleen om het resultaat. Voetbal is vooral entertainment. Ze willen worden vermaakt. Hij moet hun meer bieden dan vorig seizoen. Doet hij dat niet, dan kunnen de wittebroodsweken ineens afgelopen zijn.' Ook voor *UWS*, zoals Moyes merkte. 'Ik mocht hem, maar zijn voetbal was ondermaats.'

Als deeltijdinwoner van Barcelona denkt Mitten, die als tiener nog voetbalde tegen Ryan Giggs, dat Van Gaal United niet moet onderschatten. 'Barça mag groot zijn in Barcelona, in elke *fish and chips shop* in Engeland kun je vragen wat er gebeurt bij United. De club is in alles groter. Nergens vind je meer toeristen, vermogende fans én hooligans. United mag zacht en lief willen overkomen, de realiteit is anders.'

Van Gaal moet zich vooral één ding realiseren. United-fans willen avontuurlijk, snel en aanvallend voetballend zien. De huisstijl is 4-4-2. Het aankoopbeleid in de zomer geldt in dit verband als een eerste belangrijke indicator. Herrera en Shaw stonden al onder Moyes op de radar en tellen daarom niet. Van Gaal moet enkele spectaculaire spelers aantrekken.

INSTELLING
Manchester, 12 augustus 2014

Met een blocnote in de hand komt Louis van Gaal uit de tunnel van Old Trafford. Manchester United speelt, voor de competitie in het weekeinde begint, een oefenduel met Valencia. Hij wandelt rustig, scant onopvallend de tribunes af en geeft de mascotte een high five. In een rechte lijn loopt hij naar zijn stoel. Ryan Giggs volgt op enkele meters afstand. Hij zwaait af en toe naar supporters die zijn naam roepen. Eenmaal naast zijn baas slokt zijn nieuwe rol hem direct op.

Van Gaal bekent later kippenvel op zijn arm te hebben gevoeld, maar buiten hemzelf merkte niemand dat. Zijn optreden tijdens zijn officieuze debuut in het Theatre of Dreams verschilt in niets van zijn rol als bondscoach tijdens het WK in Brazilië. Zo kort voor de start van de Premier League gunt hij zich geen tijd om te genieten. Voor het duel met Swansea, ook op Old Trafford, moet alles kloppen.

Erg gerust op de ouverture van de competitie kan hij niet zijn. Swansea mag gelden als een ideale tegenstander om warm te draaien, zijn selectie lijkt de inspanningen tijdens de toer door de VS slecht te hebben verteerd. Vooral de verdediging kwakkelt. Jonny Evans, Luis Valencia én Luke Shaw ontbreken. Alle drie kampen met blessures die duiden op overbelasting.

Van Gaal noemt zes redenen voor de kwetsuren, waarbij de sponsortrip de rode draad vormt. Aan zichzelf, zo schat hij in, ligt het niet. 'We deden half zoveel als wat ik bij andere clubs gewend was. Dáár kan het niet aan liggen.' United wint van Valencia (2-1), maar de blessures werpen hun schaduw vooruit. Van Gaal zit in de problemen. Hij kan nauwelijks een representatief elftal op de been brengen.

'Ik ben niet nerveus,' stelt hij op vaderlijke toon tegen een vrouwelijke journalist. 'Zie je dat? We missen negen spelers – in werkelijkheid slechts acht, van wie drie "ritme" missen en niet geblesseerd zijn – en ik ben niet nerveus.' Hij spert zijn ogen wijd open. 'Tot nu toe hebben we iedereen verslagen.' Na een perfect verlopen zomer durft niemand hem tegen te spreken.

Belangwekkender is de beslissing Wayne Rooney tot aanvoerder te benoemen. Darren Fletcher geldt als zijn plaatsvervanger. Michael Carrick staat derde op de lijst. Robin van Persie, captain onder Van Gaal bij het Nederlands elftal, staat minder hoog in de pikorde dan vooraf werd aangenomen. Nog niet zo lang geleden gold de aanvaller als de beste speler van United.

De keuze voor Rooney is niet vreemd. Hij speelt sinds 2004 voor de club, heeft de Britse nationaliteit, staat op het punt aanvoerder van Engeland te worden, beschikt over een langlopend contract (2019) en staat relatief weinig langs de kant met blessures. Onomstreden onder de fans is hij niet. In 2010 dreigde 'Wazza' naar City over te stappen. Vorig jaar vertrok hij bijna naar Chelsea.

Zijn spel houdt de laatste seizoenen niet over. Op achtentwintigjarige leeftijd liggen zijn beste jaren, mede dankzij zijn levensstijl, al achter hem. Clublegende Paul Scholes raadde bondscoach Roy Hodgson om die reden aan hem niet mee te nemen naar het WK. Hodgson nam hem wel mee, maar zag Rooney worstelen. Hij oogde uitgeblust. Van Gaal kreeg een andere kant van hem te zien. In de VS liep de spits meer dan ooit.

'Vanwege zijn instelling natuurlijk,' verklaart Van Gaal zijn beslissing. 'Wat meer op het veld en tijdens trainingen iets minder erbuiten.' Daarmee verwijst hij subtiel naar vroegere escapades van de speler in het uitgaansleven. 'Ook dat is belangrijk voor mij. Ik heb hem dat uitgelegd en hij accepteerde de verantwoordelijkheid. Ik ben zeer op hem gesteld. Hoe hij traint en omgaat met collega's...' Maar om een ware leider te worden moet Rooney wel beter spelen dan tegen Valencia.

Van Gaal herkent in de overspannen manier van spelen een voetballer die de juiste balans nog moet vinden. 'Ik zei: "Misschien was het te veel voor je. *Let it fly*. Laat het maar waaien. In de VS scoorde je veel goals en gaf je veel assists. Die Wayne wil ik zien."' Van Gaal heeft hem voor zich gewonnen door in te spelen op zijn eergevoel. En het klikt tussen de twee.

VALSE START
Manchester Airport, 16 augustus 2014

Vier Hagenaars voegen zich in de aankomsthal van het vliegveld bij een lange stoet United-fans uit alle windstreken die zijn gekomen voor de eerste wedstrijd van het seizoen. Ze moeten rond de vijftig jaar zijn. Door een gebrek aan slaap en een voorkeur voor lange nachten is het lastig hun leeftijden exact te duiden. Zwijgend sloffen ze richting het station om een trein naar het centrum van de stad te pakken.

Een verslaggever van Fox, toevallig op dezelfde vlucht, krijgt uit het niets een reprimande. De zender had, zo blijkt, een tijd geleden het duel Manchester United-Norwich City boven in het scherm tot MUNICH afgekort. In 1958 verongelukte in München een toestel met aan boord de *Busby Babes*, een United-elftal van wie acht leden de ramp niet overleefden. De heren wijzen de man vriendelijk op de vermeende fout, maar menen wat ze zeggen: iets beter nadenken de volgende keer.

Het kwartet baart in de drukte nauwelijks opzien. Een koppel uit Jamaica wel. De man en de vrouw van middelbare leeftijd dragen beiden het nieuwe tenue, maar vallen door hun deftige manier van lopen en uitgestreken gezichten behoorlijk uit de toon.

Wat hen bindt met de meer doorsneesupporters is een blinde liefde voor de club en een brandende nieuwsgierigheid naar de staat van Manchester United. Van Gaal gaat in diverse talen en accenten over de tong. De stemming is opgetogen. Met de komst van Van Gaal keren de gouden tijden snel terug, zo klinkt het vol vertrouwen. Ze zouden het zichzelf nooit hebben vergeven niet bij zijn eerste duel aanwezig te zijn geweest.

Van Gaal herenigt zonder het te weten families. In de tram richting het stadion sluiten twee neven elkaar in de armen.

De oorlog in voormalig Joegoslavië heeft het contact verbroken. De één bleef met zijn ouders in Macedonië en belandde uiteindelijk voor zijn studie in Engeland. De ander trok naar Sydney en keerde nooit meer terug naar Europa.

De naderende vuurdoop van Van Gaal zette een kettingreactie in gang. De neven besloten samen naar de wedstrijd tegen Swansea City te gaan. De ontmoeting in Manchester vormt het sluitstuk van een maandenlange planning. Engels is, zo bepalen ze na een paar tellen, de voertaal. 'Sorry maat,' verontschuldigt de Australiër zich voor zijn onvermogen de klanken van de Balkan te begrijpen. 'Ik spreek het niet meer.'

Van Gaal heeft een beduidend kortere reis achter de rug. Met de selectie vertrok hij in de ochtend vanuit het Lowry Hotel per bus naar het stadion. De vaste verzamelplaats voor thuiswedstrijden is tevens zijn tijdelijke adres. Tot zijn vrouw Truus een huis heeft gevonden in Cheshire, een graafschap ten noorden van Manchester, verblijven ze daar in een luxe suite. Het enthousiasme kan hem niet zijn ontgaan. Fans stonden met camera's te wachten bij de ingang.

Deze groep toeristen en jonge bewonderaars vormt het glimmende omhulsel van een minder eenvoudig te plezieren kern. Ze lopen niet rond met selfiesticks, kopen geen *half-and-half scarves*, spugen op mensen die voor 200 pond een kaartje op de zwarte markt kopen, dragen geen plastic tas van de fanshop bij zich en lopen tot diep in de herfst in een korte broek en een T-shirt rond.

Voor deze seizoenkaarthouders tellen alleen de club en de authenticiteit ervan. Lachen mag, maar liever niet in het stadion. Daar bekijken ze de verrichtingen op het veld als een jury bij een moordrechtszaak: koel, met een zweempje verbetenheid rond de lippen. Ze zingen als een legereenheid tijdens een mars, niet als een *happy-clappy* gospelkoor. Van Gaal moet hén nog voor zich winnen.

Zijn opmerkingen over de sponsorverplichtingen tijdens de trip in de VS stemden hen alvast mild. Van Gaal sprak zich uit tegen de directie en de eigenaars. Zijn ergernis sloot naadloos aan bij een breder gedragen afkeer tegen de bedrijfsvoering. 'Als de club haar ogen richt op de rest van de wereld laat ze de fans en de gemeenschap in Manchester te vaak links liggen,' schreef een redacteur van fanzine *Red News*.

Van Gaal ziet als hij de tunnel uit komt voor zijn eerste officiële optreden op Old Trafford geen cynische maar een euforische menigte. Het applaus en gejuich komt uit alle hoeken van het stadion. Als hij richting de dug-out loopt, roepen mensen zijn naam. Eenmaal in zijn stoel krijgt zijn blik iets onheilspellends, alsof hij een naderend ongeluk voorvoelt.

De opstelling geeft een verklaring. Jonkies Jesse Lingard en Tyler Blackett maken hun debuut. Beiden mogen uit de beroemde jeugdopleiding komen, zonder bescherming van capabele ploeggenoten ligt een uitglijder op de loer. Op veel hulp hoeven ze niet te rekenen. Behalve Rooney staan er vrijwel alleen veredelde reserves en voetballers met een krasje binnen de lijnen.

Lingard begint fris als *wingback*, maar loopt zich letterlijk kapot. Een onzachte aanraking met Ashley Williams, een kolos van een kerel, betekent binnen een halfuur het einde. De mismatch staat niet op zichzelf. Swansea City, een team dat is samengesteld met louter uit beton opgetrokken voetballers, komt op voorsprong. United schrikt van het fysieke geweld en vergeet alle tactische lessen van Van Gaal.

Rooney maakt na rust nog gelijk met een vliegende omhaal, maar een ommekeer zit er niet in. Gylfi Sigurdsson bezorgt Swansea de zege (2-1). Terwijl het uitvak Van Gaal plaagt met gezang (*You're getting sacked in the morning*, morgenochtend word je ontslagen), komt United met een harde klap terug op aarde. Zonder grote investeringen in de selectie mag van dit team geen wonderen worden verwacht.

Van Gaal baalt zichtbaar, maar toont een ontspannen lach als een cameraploeg hem opvangt. Onaangedaan is hij niet. Het taalcentrum in zijn hoofd moet tijdens het duel een optater hebben gekregen. '*On the first plaats,*' begint hij. Als de formulering zijn gehoor bereikt, schrikt hij wakker. Het schuifje 'Engels' gaat open. '*We don't reach our level.*'

Drie kwartier later herhaalt hij zijn analyse. 'Zeer teleurstellend. *That you know*. In de voorbereiding win je alles. Dan ga je onderuit in de eerste wedstrijd. Slechter kan niet. Ook voor het proces waarin we zitten. *Not good*. Je bouwt vertrouwen op. In één klap is dat aan gruzelementen geslagen, door dit resultaat.' Hij besluit in stijl. 'Je wordt nu geen kampioen. *You shall be the champion in May*.'

De houtrot in zijn selectie laat hij vrijwel ongemoeid. Ja, een extra verdediger zou meer dan welkom zijn, maar de bijl hanteren zit niet in zijn aard. Overbodige spelers zullen niet weggepest worden. 'Het is aan die spelers om te besluiten [hun heil elders te zoeken]. Ze hebben immers een contract.' Wel zal hij de zwakke broeders vertellen waar ze staan. '*I shall say the players*.'

Een gebrek aan kwaliteit (en blessures) mag dan de reden van de valse start tegen Swansea zijn, de reacties zijn niet mals. De fans hadden meer van Van Gaal verwacht. De euforische stemming verdwijnt en slaat bij sommigen door naar een zomerdepressie. Een oververhitte supporter met een kanaal op YouTube schetst de teneur scherp. 'Alsof Moyes nooit is weggegaan.'

3

DRIE MAANDEN

Carrington, 22 augustus 2014

De kalme manier van spreken van Louis van Gaal na de nederlaag tegen Swansea City sluit niet geheel aan bij zijn natuur. Bij verlies kan de trainer meestal zijn boosheid moeilijk verbergen. Kritische vragen van journalisten duwen hem dan over het randje. Vooral als verslaggevers beurtelings proberen hem een reactie te ontlokken. Bij Manchester United laat woordvoerster Karen Shotbolt het zover niet komen.

'*Laatste vraag*,' interrumpeert ze steevast als de gevoelstemperatuur het kookpunt dreigt te naderen. Vliegensvlug wordt hem dan gevraagd naar de beschikbaarheid van twijfelgevallen. Shotbolt wacht als een havik tot Van Gaal stilvalt: '*Thank you guys*.' Anders dan haar collega's bij zijn vorige clubs voelt Shotbolt geen verplichting naar de media toe.

Shotbolt, klein van stuk met halflang blond haar, trekt zich samen met Van Gaal graag terug in haar burcht om af en toe de loopbrug neer te laten over de brede slotgracht die haar scheidt van de schrijvende pers. Dan trekt ze een grimas als Van Gaal een stokpaardje berijdt of zucht ze theatraal. Haar ogen lachen amper mee. Die blijven koel de omgeving scannen, als een agent in burgerkloffie.

Ze laat zich evenmin verleiden met gunsten. Toen een journalist haar vroeg of ze een lift wilde naar uitduels, stemde ze gretig toe. Tot een tegenprestatie leidde dit nooit. Interviewverzoeken werden rit na rit resoluut geweigerd. Na een seizoen vond de chauffeur het wel genoeg. Shotbolt moest in het vervolg haar eigen vervoer maar regelen.

Met de komst van Van Gaal veranderde haar status. Na een kennismakingsperiode gaf hij aan haar te vertrouwen. Ze kreeg toegang tot het binnenste van Manchester United. Als vertrouweling van de manager mocht ze met het team meereizen. Een enorme promotie. Volgens ingewijden stond haar baan onder Moyes op de tocht. Als lid van de entourage van Van Gaal verdween haar laatste restje loyaliteit naar de pers toe.

Shotbolt mag haar stembanden nooit forceren, ze schroomt niet op fluistertoon te straffen. Als *The Sun*, vaak het stoutste jongetje van de klas, een tendentieuze kop op de achterpagina zet, schrapt ze privileges voor onbepaalde tijd. Rumoer blijft uit. Net als op basisscholen van de oude stempel betekent zeuren langer in de hoek staan. Ze is, zonder daar moeilijk over te doen, een van de mannen van de president, niet een van de jongens.

Van Gaal maakt slim gebruik van haar dienstbaarheid. Verzoeken uit Nederland om zijn debuut op de bank bij te mogen wonen, gaan op één na de papierversnipperaar in. De karaktermoord van vóór het WK is hij duidelijk niet vergeten. Waar Ronald Koeman, die in de zomer Feyenoord verruilde voor subtopper Southampton, de deur wagenwijd openzet voor landgenoten, gooit Van Gaal die in het slot.

Heel rancuneus is hij niet. Journalisten die hun best doen en een officiële Premier League-kaart regelen, stuiten niet op obstakels. De media-afdeling, die steevast meer aanvragen voor persplaatsen krijgt dan er plek is op de tribune, heeft geen opdracht gekregen ook hen te dwarsbomen. Ze krijgen hem niet apart te spreken, maar hoeven niet te vrezen voor een uitval of een boycot.

Engelse verslaggevers behandelt hij niet anders. Van Gaal werkt alleen mee aan verzoeken waar hij niet onderuit kan. Het zorgt nauwelijks voor rumoer. United houdt al jaren de luiken zoveel mogelijk gesloten. Van Gaal heeft één zwakke plek. Voor ex-profvoetballers en mensen met een trainersachtergrond wil hij nog weleens een uitzondering maken.

De Britten onderkennen de waarde van deze gunfactor voor vakbroeders. Zo trekt *The Telegraph* direct de joker uit hun pak kaarten. Gary Neville, door de krant ingehuurd als interviewer, wordt naar Carrington gestuurd om Van Gaal te ontmoeten. Als lid van de Class of '92, de met sterren gelardeerde lichting van de academie Manchester United, moet hij het ijs kunnen breken.

De weerslag van het gesprek mag met recht als hilarisch worden betiteld. Met een tas vol journalistieke opdrachten gaat Neville naar het trainingscomplex, maar laat die na de eerste handdruk van schrik uit zijn handen vallen. De back die onder Ferguson alles won, voelt zich oog in oog met de Hollandse trainer een pupil. Althans, zo doet hij het voorkomen.

Van Gaal neemt, gewoontegetrouw, direct het heft in handen. Op het complex waar Neville de weg kan dromen en ontelbare uren doorbracht, moet hij zich bewijzen. Hij mag luisteren naar een college, maar om dieper op de materie te mogen ingaan, moet hij eerst een test doorstaan. Van Gaal maant hem de speelwijze op een stuk papier te tekenen. 'Of ben je soms verlegen?' vraagt hij plagerig.

Als Neville slaagt voor de test, volgt een vermakelijk steekspel. Neville legt hem zijn reserves voor, maar krijgt geen voet aan de grond. De ex-speler mag vinden dat de huidige selectie ervaring mist, Van Gaal denkt van niet. Won hij in 1995 met Ajax niet de Champions League met tieners? Leeftijd speelt geen rol. Alles draait om de filosofie waarin eenieder moet passen.

Wel geeft hij aan dat zijn filosofie tijd vergt. Twee tot drie maanden. Van Gaal zegt tijdens het 'proces' naar bloei geen concessies te doen. Na de nederlaag tegen Swansea krijgen de middenvelders en de defensie bijles. Ze moeten leren samen te werken. Instinctief voetbal moet plaatsmaken voor beredeneerd spel. Neville, assistent-bondscoach van Engeland, knikt en luistert ademloos.

Zonder het te beseffen krijgt hij een bevestiging van wat via het geruchtencircuit al naar buiten kwam. Van Gaal zou na de trainingsstage in de VS bij Woodward hebben aangedrongen op verversingen met zijn handtekening eronder. Shaw en Herrera, zoals al werd vermoed, zijn dat niet direct. United heeft behoefte aan voetballers die het team meteen naar een hoger plan kunnen tillen.

Marcos Rojo, voor 20 miljoen euro overgenomen van Sporting Lissabon, voldoet wel aan de eisen van de manager. De Argentijnse verdediger, vier dagen na de wedstrijd met Swansea vastgelegd, past in zijn profiel. 'Je moet alleen kopen als dat de ploeg sterker maakt. Daarom kocht ik Rojo. Omdat hij op twee posities uit de voeten kan. Dat is heel goed voor ons.'

Bij diens presentatie drukt Van Gaal zich krachtiger uit. Rojo heeft hij op het WK in actie gezien. De spierbundel met een tatoeage van een diamant in zijn nek acht hij in staat alle voorname facetten van het spel te beheersen. Alleen zijn agressie moet de man uit La Plata beter leren beteugelen. 'Dat moet beter worden. Misschien kan ik hem daarbij helpen.'

De opmerking heeft een ironische lading. Het verkrijgen van een werkvergunning laat even op zich wachten door een justitieel onderzoek naar Rojo in zijn vaderland. Hij zou in 2010 in Buenos Aires een buurman met een fles hebben geslagen. Rojo, de Engelse taal niet machtig, krijgt er niets van mee. Van Gaal geeft ook geen reden tot achterdocht. Rojo krijgt een warme blik toegeworpen.

Met dezelfde losse benadering accepteert Van Gaal de eerste morrende geluiden. 'Twee weken geleden was ik nog de koning van Manchester,' begint hij zijn duidelijk vooraf bedachte grap. 'Nu ben ik de duivel.' De aanloopproblemen komen voor hem niet als een verrassing en zorgen niet voor schrik. 'Ik ben niet *hired to be fired*, maar aangesteld vanwege mijn filosofie en ingehuurd om een ploeg op te bouwen.'

Voor afwijkende stemmen ruimt hij geen plek in. Nani, lang getipt als de opvolger van Cristiano Ronaldo, dient als wisselgeld voor Rojo. De Portugees gaat op huurbasis naar Sporting Lissabon. Shinji Kagawa staat op het punt naar Borussia Dortmund te vertrekken. Danny Welbeck heeft ook slecht nieuws gekregen, al houdt Van Gaal zich nog op de vlakte. 'Het was een privéonderhoud.'

OLIJFBOMEN

Beetham Tower, 25 augustus 2014

De zomer houdt lang aan in. De zonnestralen geven de gevels van Manchester een gouden glans. Zonder regen, grauw wolkendek en zwarte plassen komt de architectuur van de stad pas goed tot zijn recht. Op zulke dagen, waarin het licht wordt weerkaatst op de oranje terracotta en rode bakstenen, komt de voorspoed van weleer aan de oppervlakte. Het weer is Louis van Gaal gunstig gezind.

Het statige stadhuis, Albert Hall, de centrale bibliotheek, John Rylands Library en de pakhuizen, die zijn omgetoverd tot appartementen, brengen de glorietijd van de industriële revolutie naar boven. De mozaïeken aan de muren op Tib Street in het Northern Quarter vervallen dan niet in een treurige achtergrond van mensen met uitgeklapte paraplu's en opspattend water van passerende dubbeldekkers.

Als de lucht en het klimaat hun normale gedaante aannemen, kan Manchester minder zacht en vriendelijk overkomen. De treinrit van het vliegveld, opgekalefaterd omwille van de Commonwealth Games in 2002, naar Piccadilly Station krijgt dan een sinister karakter. Vuilnisbelten, dichtgetimmerde ramen, vergane panden en roetvlekken op muren langs het spoor geven de eerste kennismaking iets apocalyptisch.

Voor mensen op zoek naar hel en verdoemenis kan het weekeinde bij slecht weer het best als debuut dienen. Tussen het begin van de eerste kantoorborrel op vrijdag en de laatste dj-set in de clubs zesendertig uur later verandert de stad in een vrijstaat, opgedeeld in een klasseloos deel en een gebied waar uitsmijters de kleding van hun gasten keuren om een bepaalde standaard te handhaven.

Gerekend vanaf Piccadilly splitst de massa zich direct in tweeën. De loopbrug naar de Gay Village, een met regenboogvlaggen omgord gebied schuin links van het station, geldt als eerste afslag. Vanuit alle delen van Noord-Engeland komen homoseksuelen, lesbiennes en transgenders naar de kleurrijke vrijhaven. In de zomer reikt de lokroep van de cafés, in de vorm van muziek van Eurythmics, tot op de perrons.

Het andere, veel grotere deel marcheert in hoog tempo richting de clubs, muziekcafés of tramhaltes om hen daarnaartoe te brengen. De snelheid en het gebrek aan elegantie waarmee deze operatie zich voltrekt, vormen een attractie op zich. In Manchester schrijden mensen niet. Ze slalommen op hoge snelheid om elkaar heen, onderwijl levenloze objecten als bushokjes en borden omzeilend.

Voor deze mierenkolonie telt symmetrie niet. Niemand loopt er in een rechte lijn. Wie niet oplet, botst al snel tegen een ander op. Verkeerslichten worden door de meeste voetgangers genegeerd. Zowel groen als rood betekent oversteken. Wie niet meegaat in deze anarchistische stroom en stilvalt, wordt het doelwit van gesnuif en blikken van onbegrip.

Als het reuzenrad op Piccadilly Gardens opdoemt, haakt een deel van de voetgangers af, het Northern Quarter in. Deze wijk biedt plaats aan hipsters, muzikanten, kunstenaars en studenten. Achter afgebladderde façades gaan trendy cafés en restaurants schuil. De politieke oriëntatie is links met een rauw randje. Rond Kerstmis maakt een muurschildering van een kip vretende Kerstman, een karikatuur van het kapitalisme, dit duidelijk. Alles kan hier, of bijna alles: de grens wordt getrokken bij oud geld. Geaffecteerde accenten en kostschoolkapsels wekken agressie op.

De overblijvers trekken via Market Street naar Deansgate, op zoek naar glamour en lange nachten in de clubs. Opgeschoten tieners en vroege twintigers kleden zich over het algemeen als de cast van *Geordie Shore*, een realityshow op MTV rondom een stel jonge, grofgebekte inwoners uit Newcastle. Deze dresscode bestaat uit: strak, kort en bloot. Tatoeages en spieren dan wel *spray tan* en flamboyante accessoires maken het af.

De geroutineerde feestvierders, die overal binnenkomen, zoeven ondertussen in taxi's en bolides voorbij. Zulke avonden maken veel slachtoffers: trillend op een bankje, overgevend boven een vuilnisbak, verdwaasd rondwaggelend of in comateuze toestand. Kapotte flessen, afgebroken hakken, een urinelucht en de half opgedroogde maaginhoud van ongelukkige zielen vervolmaken het beeld van een oorlogsgebied.

Deze combinatie van uitersten zorgt niet voor een nare sfeer. Integendeel, uitgaan in Manchester heeft iets magisch. Wildvreemden slaan je op de schouders alsof je samen met hen bent opgegroeid. Niemand kijkt raar op als volwassen mannen de moonwalk uitproberen op de dansvloer. Anders dan in Londen voelt niemand zich geremd om gek tot bijzonder maf te doen.

Noel Gallagher, een van de oprichters van de band Oasis, beschreef het uitgaanspubliek in zijn geboortestad als volgt: ‘Er is daar een ander soort mafketel. Daar op stap gaan is als tijdens een safari uit het busje stappen, terwijl ze je vooraf waarschuwen: *Voer die rotbeesten niet*, en ik denk: *Je kunt me wat, ik ga me vermaken met de apen en de leeuwen*. Ik beleef daar altijd idiote, totaal bizarre avonden met volslagen vreemden die je ervan overtuigen dat je hen kent.’

De Beetham Tower, het hoogste gebouw in Manchester, sluit zich af van deze gekte. Het weer en het jaargetijde spelen daar geen rol. Het uitzicht door de ramen van de appartementen en hotelkamers van het inpandige Hilton Hotel is altijd spectaculair. Op een gunstige dag kan zelfs Liverpool aan de horizon worden ontwaard. Kou krijgt geen vat op deze wereld op zich. Binnen is het steevast aangenaam warm.

In dit project van architect Ian Simpson wonen *young urban professionals*, huizen snelle makelaars, overnachten internationale sterren en komen voetballers met enige regelmaat over de vloer. Simpson resideert op de bovenste twee verdiepingen in een penthouse met een binnentuin. Tussen de eiken, citroen- en olijfbomen ontvangt hij daar notabelen. Lokale bands, het liefst met Italiaanse wortels, verzorgen de muziek.

De tamelijk tot zeer gefortuneerde inwoners van de Beetham Tower mogen wat betreft levensstijl mijlenver af staan van de supporters op de Stretford End-tribune, een flink deel heeft de spelers van Manchester United ontmoet zonder dranghekken of stewards die de afstand moeten bewaren. In de chique clubs in de omgeving lopen ze hen met enige regelmaat tegen het lijf.

James, een fanatieke United-fan, is een van hen. Onderuitgezakt op de bank in de woonkamer aan de zuidkant van de zesentwintigste verdieping zegt de Brit met Japanse ouders Shinji Kagawa recentelijk bij een garderobe te hebben gesproken, in diens moedertaal. 'Ik spreek Japans, Spaans en Engels vloeiend,' vertelt hij met een air dat een leven vol gemakken verraadt. 'Een aardige kerel, net als Juan Mata met wie ik ook nog even praatte.'

Met trots geeft James aan een halfjaar in het Hilton te hebben gewoond en zijn auto voor bijna duizend pond per maand te parkeren in de buurt. 'Niet voor lang meer. Ik ga naar Londen. Mijn ouders hebben een woning in Kensington. Daar trek ik tijdelijk in, totdat ik wat beters heb gevonden.' Zijn snoeverij maakt hem niet tot een onaangenaam persoon. Ondanks zijn ijdelheid is hij aardig, op het aandoenlijke af.

De berichten over de aanstaande komst van Ángel di Maria naar Manchester United stemmen hem somber. De club staat op het punt de Argentijn voor 59,7 miljoen pond over te nemen van Real Madrid, een Brits record. De vleugelspeler, uitgeroepen tot beste speler van de Champions League-finale tussen Real en Atlético Madrid, geldt voor velen als een baken van hoop. Maar niet voor James.

'Dan gaat Shinji hier weg,' treurt hij. Huisgenoot Tola, zo denkt hij, zal er minder mee zitten. 'Die is helemaal gek van United.' Tola kan dit zelf niet bevestigen. Hij is weg, voor zaken. Wat de man, met wie James in zijn studietijd rugbyde, doet, blijft schimmig. Heel schimmig. 'Een soort persoonlijk assistent. Hij ruimt de rommel op van zijn cliënten, als ze in de problemen komen,' legt James uit.

Over de details wil en kan hij niets loslaten. 'Tola werkt op basis van vertrouwen. Met wie hij werkt, blijft geheim. Beroemde voetballers horen tot zijn klantenkring. Voor hem is uitgaan in de exclusieve clubs onderdeel van zijn werk. Hij kent daar iedereen.' Een grijns volgt. 'Hij regelt veel voor hen, zoals tickets voor concerten en het wegpoetsen van vervelende dingen. Niet alles komt in de krant.' Een knipoog volgt.

POKERFACE
Milton Keynes, 26 augustus 2014

Manchester United arriveert in Milton Keynes, negentig kilometer ten noordwesten van Londen, met veel nieuwe gezichten. Geen escapades in het nachtleven, interne relletjes of woede over het gelijkspel tegen Sunderland (1-1) hebben Van Gaal doen besluiten zijn A-selectie voor het grootste deel niet mee te nemen. Met het handboek fysiologie in de hand wijst hij op de kalender. Binnen achtenveertig uur tweemaal voetballen is onverantwoord. Reserves en amper geteste jeugdspelers moeten daarom mee naar de slaapstad voor een ontmoeting in de strijd om de League Cup met MK Dons.

De tweede tegenvaller op rij in de competitie, ditmaal niet op Old Trafford maar in het Stadium of Light, het stadion van Sunderland, gaf de broosheid van het gestutte elftal onbarmhartig weer. Robin van Persie, voor het eerst van de partij na zijn verlengde zomerpauze, kan in zijn eentje de gaten van de hardnekkige blessuregolf niet dichtplamuren. Daarbij oogt de spits onwennig en traag, alsof hij betonblokken in zijn kousen meezeult.

Van Gaal ziet geen beren op de weg. De kwetsuren en het stroperige spel komen deels voort uit de hectische voorbereiding. In de VS kon hij door het drukke reisschema niet of nauwelijks aan krachttraining doen. Terug op Engelse bodem zette hij het fysieke aspect van voetbal boven aan de lijst met prioriteiten. Hopelijk, zo waarschuwde hij alvast, zou dat niet te veel punten gaan kosten.

Deze wens kon direct de prullenbak in. De relatief geringe

arbeid, in de ogen van Van Gaal althans, zorgde voor spierproblemen. Het noopt hem onervaren dan wel te licht bevonden spelers een rij door te schuiven. Darren Fletcher mag viceaanvoerder zijn; na zijn zeer ingrijpende darmoperatie heeft de middenvelder zijn frisheid verloren. Jeugdspelers lopen hem op de training links en rechts voorbij. Michael Keane en Tom Cleverley tikken het gewenste niveau nauwelijks of niet meer aan.

Tyler Blackett is een ander verhaal. De verdediger maakt indruk op Van Gaal. Het heeft er alle schijn van dat hij in de tiener uit Hulme, een voorstad van Manchester, een toekomstige ster ziet. Tegen Sunderland redt hij een punt door een bal van de lijn te halen. Na aardige optredens tegen Valencia en Swansea City maakt hij voorzichtig naam, al kan Blackett het vertrek van Vidić en Ferdinand in zijn eentje niet opvangen.

Voor zijn debuut in het Engelse bekervoetbal laat Van Gaal hem thuis, net als het gros van de meer gewaardeerde en tegen Sunderland gebruikte krachten. De selectie voor het League Cup-duel met MK Dons bestaat hoofdzakelijk uit spelers die een exit alleen met een glansoptreden kunnen voorkomen. Op keeper David de Gea en Jonny Evans na verschijnen louter misfits aan de aftrap, ondersteund door enkele talenten.

De beslissing van Van Gaal zijn belangrijkste voetballers te sparen, was er één met een hoog risicogehalte. Bij tegenslag zou de halve wereld over hem heen vallen. Een noviteit was het echter niet. De League Cup, door fans in het verleden omgedoopt tot 'Worthless Cup,' een ludieke verwijzing naar de toenmalige sponsor Worthington van het toernooi, werd door topteams regelmatig als een verplicht bijnummer beschouwd.

Voor Manchester United voelde de instroming in de tweede ronde van het derderangstoernooi als een pijnlijke en tastbare herinnering aan de bijgestelde status. Premier League-clubs met een ticket voor Europees voetbal op zak gaan pas bij de volgende schifting in de pot. De laatste maal dat United niet bij deze groep geprivilegieerde teams hoorde, was in het seizoen 1995/1996.

De loting kon, bezien vanuit een romantisch perspectief, niet treuriger uitvallen. MK Dons had nooit het levenslicht mogen zien. Eigenaar Pete Winkelman werkte in Milton Keynes aan een plan met IKEA en supermarktketen Asda om de forenzenstad te verblijden met een stadion in de wijk Denbigh North. Hotels en winkelketens moesten verrijzen in de schaduw hiervan.

Winkelman en zijn vrienden trokken langs Londense clubs met financiële problemen om hun een voorstel te doen dat ze niet konden weigeren. Zij zouden alle zorgen doen verdwijnen in ruil voor een handtekening. Het voorstel had veel weg van een pact met de duivel. Als tegenprestatie moest de gelukkige zijn ziel overhandigen. De nieuwe speellocatie zou Milton Keynes worden.

Wimbledon FC viel uiteindelijk voor het gewapper met cheques, tot grote woede van de supporters. De verplaatsing, kunstmatig, zoals alles in Milton Keynes, moest al snel cosmetisch worden aangepast. Na één seizoen veranderde de club de naam in 2004 in MK Dons. Boze fans uit Londen hadden inmiddels al AFC Wimbledon opgericht, als reactie op de onzalige ontwikkelingen.

Deze voortzetting schreef snel nieuwe geschiedenis. The Wombles of The Dons, een bijnaam die Winkelman jatte voor zijn project, zetten een recordreeks neer van 78 duels zonder nederlaag. Nog knapper en belangrijker was de toetreding tot de Football League. Wimbledon mag zich de eerste nieuw opgezette club van het millennium noemen die hierin slaagde.

MK Dons kent geen traditie. De omgeving rondom het stadion heeft dezelfde warme uitstraling als een crematorium op een regenachtige dag. Rotondes, industrieterreinen en parkeerplaatsen bepalen het uitzicht. Op deze droeve plek maakt Van Gaal voor het eerst kennis met Engels bekervoetbal. Ondanks de breed gedragen aversie tegen de club uit League One valt op het niveau van het elftal weinig aan te merken. Fout maakt niet per definitie slecht.

De reserves van Manchester United krijgen een lesje in nederigheid. MK Dons walst over hen heen (4-0). Geen van de 'grote' namen kan voor een kentering zorgen. Shinji Kagawa valt geblesseerd uit, zijn vervanger Javier Hernández speelt zijn eigen duel, Danny Welbeck laat zich aftroeven. Anderson, ooit gezien als toptalent, sjokt, terwijl de jonkies hopeloos falen. Alleen de Belgisch-Braziliaanse debutant Andreas Pereira, opgeleid bij PSV, geeft een teken van leven.

Meegereisde fans staren verstard voor zich uit bij het zien van zoveel lamlendigheid en onkunde. En Van Gaal? Die verbergt zijn woede achter een pokerface. 'Het was een kwestie van fouten maken op het verkeerde moment,' stelt hij kalm. 'In de tweede helft creëerden we veel kansen. Het ontbrak ons aan geluk bij de afronding. Iedereen deed zijn uiterste best.'

'*We were running behind the facts*,' concludeert hij. De fans vraagt hij om begrip. 'Ze moeten geloven in onze filosofie, we zijn bezig een ploeg op te bouwen. Dat lukt niet in een maand of een jaar.' De wanprestatie noemt hij niettemin 'zeer teleurstellend'. 'Ik hoop dat de spelers vertrouwen houden. In de filosofie.' Goed nieuws is er ook. Ángel di Maria treedt in dienst van United.

'Hij kan veel gaan bijdragen aan ons spel,' verduidelijkt een opgetogen Van Gaal over de Argentijn die voor 59,7 miljoen pond overkomt van Real Madrid. 'Met hem erbij kan ik van systeem wisselen.' 'Maar,' zo klinkt het waarschuwend, 'dat mag je niet vanaf morgen van hem verwachten. Hij moet zich ook aanpassen. Aan Engeland en aan de Premier League. We weten exact waarmee we bezig zijn. Dat kost tijd.'

Van Gaals keuze om met een B-team naar MK Dons te gaan, wordt in Manchester met de nodige scepsis ontvangen. Het voetbaljaar moet nog op gang komen als de eerste kans op een prijs al om zeep is geholpen. Was dat nodig? En zo ja, waarom dan? Als de trainer zegt alles onder controle te hebben, wat bedoelt hij dan precies? Zo'n vernedering roept immers alleen maar vragen op.

Zijn mysterieuze, bijna bezwerende reactie past niet bij de werkelijkheid, tenzij die van hem een diepere laag heeft. Hij houdt zijn bazen een spiegel voor. Zonder aanwinsten kan de fragiele selectie geen dubbel programma aan. Van de reserves, hoe beroemd ze ook zijn en hoeveel salaris ze ook opstrijken, kan Manchester United niet op aan. De heren moeten actie ondernemen op de transfermarkt. En snel!

Hoezeer deze machtspolitieke ondertoon daadwerkelijk speelt, wordt in de dagen en maanden erna duidelijk. Een voor een verdwijnen de leden van de wedstrijdselectie van MK Dons uit Manchester. Javier Hernández, het wonderkind van weleer wordt aan Real Madrid uitgeleend. Borussia Dortmund haalt Shinji Kagawa voor een zacht prijsje op. Miskoop Wilfried Zaha gaat naar Crystal Palace.

Over de toekomst van Anderson, door sir Alex Ferguson ooit getipt als een sensatie, bestond al geen twijfel meer. De Braziliaan, die tegen MK Dons onzichtbaar bleef, moet weg. Helaas voor United heeft hij zijn imago tegen. Geen club wil hem overnemen. Uiteindelijk lukt het de middenvelder in de winterse transferperiode onderdak te vinden in zijn geboorteland bij Internacional.

De laatste hardnekkige *believers* vallen dan abrupt van hun geloof af. Alle verhalen over zijn vermeende luiheid en weinig uitgebalanceerde diëten kunnen vanaf zijn tweede optreden in Zuid-Amerika niet meer worden ontkend. Anderson, door ex-United-speler Wes Brown de 'domste medespeler ooit' genoemd, ademt na 36 minuten spelen in La Paz op de bank door een zuurstofmasker.

Het (tijdelijke) afscheid van zelfopgeleide spelers als Tom Cleverley (Aston Villa), Michael Keane (Burnley) en Danny Welbeck (Arsenal) roept meer weerstand op. United laat zich erop voorstaan eigen kweek een kans te geven. De historie bewijst het succes van deze insteek. Van Gaal lijkt daar anders over te denken: het vertrek van de jonge locals wordt door de fans met argusogen bekeken.

Vooral de verkoop van Welbeck doet pijn. Anders dan Nani, kort voor de ontmoeting met MK Dons verhuurd aan Sporting Lissabon, wordt hij door vrijwel iedereen omarmd. De aanvaller, opgegroeid in de rauwe buurt Longsight in Manchester, geldt als een van hen. Zijn flair, snelheid en techniek passen bij de club. Hij komt bovendien voor Engeland uit. Waarom moet uitgerekend Welbeck weg?

Stond Van Gaal niet bekend om zijn aandacht voor en vertrouwen in eigen jeugd? Bij Ajax, Barcelona en Bayern München stond hij aan de basis van vele carrières. Andrés Iniesta, Xavi, Víctor Valdés, Patrick Kluivert, Clarence Seedorf, Thomas Müller en nog vele anderen maakten onder hem hun debuut. Is hij, onder invloed van de hoge eisen die aan hem worden gesteld, veranderd in een pragmaticus pur sang?

Wat de supporters en een groot deel van de media vergeten, is de gevorderde leeftijd van Welbeck. Met zijn drieëntwintig jaar kan hij niet meer doorgaan voor een talent. Zijn cijfers passen niet bij die van een topper. Voor een spits scoort hij veel te weinig. Moyes posteerde hem mede hierom aan de flanken, tot diens frustratie. Welbeck wilde alleen in de punt van de aanval spelen en gaf aan zijn heil elders te willen zoeken.

Van Gaal houdt niet van zulke eisen. Wie onder hem speelt, moet bereid zijn op meerdere posities uit de voeten te kunnen of een specialist van de buitencategorie zijn. Welbeck voldeed aan geen van beide voorwaarden. Romantici of door clubliefde verblinde geesten laten zich door dergelijke zaken niet sturen. United moet nog een ster halen om het leed te verzachten.

TURF MOOR
Burnley, 30 augustus 2014

Een gezette man van middelbare leeftijd met een geel hesje gebaart een paar straten achter Turf Moor, het stadion van Burnley, met een sjekkie in zijn hand naar passerende auto's. Hij heeft het druk. United komt vandaag op bezoek in het stadje op een halfuur rijden van Manchester. Wie hem vijf pond betaalt, kan parkeren op een stuk asfalt achter een openstaande slagboom. Zodra de laatste klant uit het zicht verdwijnt, zit zijn werkdag erop. Hij rolt nog een sigaret, steekt die aan, kijkt nog één keer achterom en maakt zich haastig uit de voeten.

Gezien het straatbeeld moeten de eigenaars van de middenklassers, SUV's en enkele bolides niet klagen als ze hun wagen niet meer in de oorspronkelijke staat aantreffen. Clochards schuifelen met rinkelende plastic tassen langs huisjes waarvan de helft is dichtgetimmerd. Op de hoek spieden tieners in trainingspakken met zonnebrillen naar voorbijgangers, de capuchons over hun hoofden getrokken.

Een van deze jongens houdt zijn hand in zijn zak. Tussen de contouren van zijn vingers steekt een puntig voorwerp uit. Een telefoon of een tandenborstel is het zeker niet. Burnley mag over veel cultureel erfgoed beschikken, in de wijk rondom Turf Moor is het economische verval goed zichtbaar.

De stad draagt, ondanks vele initiatieven, nog altijd de littekens van de sluiting van de kolenmijnen en de ineenstorting van de katoenindustrie. Burnley ziet eruit als grote delen van Manchester voor de renovatie: grijs, grauw en na zonsondergang niet heel veilig. Voetbal in het gammele maar charmante stadionnetje zorgt voor afleiding in het verder onooglijke stadje.

Het uitzicht vanaf de tribunes is prachtig. Pendle Hill prijkt majestueus in de verte. De groene weiden, de bakstenen arbeidershuisjes, het kasteel met de vlag van Engeland in de top en de verweerde en in onbruik geraakte fabriekspijpen tonen een zachter beeld van Burnley. Een wedstrijd kijken op Turf Moor is geen straf. Alle plekken zijn bezet, de sfeer is prettig.

Manager Sean Dyche past in deze omgeving. Met zijn rossige haar, volle ringbaard en zware raspstem kan hij doorgaan voor een zwarthandelaar of een kroegbaas in een ruige buurt. Dyche is ook erg populair. Met een klein budget heeft hij Burnley naar de Premier League gebracht. De kans op handhaving lijkt klein, maar Dyche weigert zijn team als een degradant te laten voetballen.

In deze omgeving maakt Ángel di Maria zijn debuut voor Manchester United. De ster, in zijn eentje meer waard dan de gehele selectie van Burnley, maakt kennis met de Premier League in een krappe, krakkemikkige kleedkamer. Op Turf Moor zien ze hem graag komen, al kwam zijn transfer te laat om het affiche aan te passen. Boven de urinoirs in het stadion hangen aankondigingen met Rooney en Van Persie erop.

Het witte uittenue van United moet hem enigszins op zijn gemak stellen. In elk geval íets doet denken aan zijn oude club Real Madrid. Verder kan het contrast tussen Bernabéu en dit stadion haast niet groter zijn. Wat betreft publiek heeft hij niets te klagen. De meegereisde fans nemen een gehele zijde in beslag. Als de Argentijn het veld op komt, begroeten ze hem met applaus en gezang.

Het lawaai is zo intens dat Carry Brown van BEIN SPORTS, onderdeel van het in Qatar gevestigde *Al Jazeera*, tot haar ergernis een interview moet overdoen. De dame, een bevallige verschijning, wil van een Nederlandse journalist weten hoe Daley Blind moet worden ingeschaald. De Ajacied, zo is eerder op de dag bekend geworden, heeft een contract getekend bij United.

De vrouw in kwestie, geen kenner van het Nederlandse voetbal, wil vooral grappen maken over de naam van de aankoop. Blind, onbekend in Engeland, moet de lammen van Manchester bij de hand gaan nemen of woorden van gelijke strekking. Het gebbetje laat ze vallen als ze hoort dat de middenvelder aan de basis van een zege op Barcelona stond en tijdens het WK de architect van de wondergoal van Van Persie was.

'En hoe past Blind – hoe spreek je dat uit? – in de "filosofie" van Van Gaal?' vraagt ze spottend. Het antwoord doet haar fronsen. 'Hij moet zijn verlengstuk vormen, kan de opbouw verzorgen, zorgt voor balans en kan op drie posities spelen.' Helemaal overtuigd raakt ze niet. De transfersom van 17 miljoen euro is naar haar idee wat aan de lage kant. 'Interessant,' klinkt het cynisch.

Net als ze opnieuw begint, loopt Van Gaal achter haar langs. Hun blikken kruisen elkaar een milliseconde, genoeg om haar ogen te doen twinkelen. De grap over Blind laat ze schieten. Maanden later bekent Brown haar ongelijk. De voetballer maakt indruk. Op Turf Moor vormt de naderende komst van de international geen gespreksstof. Di Maria, aanmodderend in de felle zon, des te meer.

De buitenspeler, geen kleine jongen, moet zich midden op

de snelweg wanen – zo snel gaat het spel op en neer. Als Scott Arfield hem met een wilde tackle onderuithaalt, kijkt hij de dader verbaast aan. Het ongeloof over zoveel bruutheid straalt van hem af. Di Maria laat, zo goed en zo kwaad als het gaat, wel zien een klasbak te zijn, tot hij in de zeventigste minuut naar de kant mag.

Manchester United profiteert niet van zijn debuut, dat eindigt in 0-0. Een blamage, die Van Gaal omschrijft als 'teleurstellend'. Ondertussen is het zagen aan zijn stoelpoten begonnen. Oud-speler Paul Scholes, als analist aanwezig, vraagt zich af of de filosofie wel werkt. Daarmee haakt hij in op insinuaties over onvrede onder de spelers. De Nederlander zou met zijn instructies en tactiek voor onbegrip zorgen.

Deze speldenprikjes blijven niet hangen. Het beeld van Bertie Bee in de rust wel. De clubmascotte werd een jaar eerder tijdens een wedstrijd tegen Queens Park Rangers door de scheidsrechter van het veld gestuurd toen hij achter een grensrechter ging staan en met zijn handen een bril uitbeeldde. Ditmaal toont hij zijn nobele kant door een emmer ijskoud water over zich heen te laten gieten. Zijn 'ice bucket challenge', om geld op te halen voor onderzoek naar de dodelijke spierziekte ALS, is een succes. Veel fans hebben gedoneerd om hem een nat pak te zien halen.

TIJGER

Carrington, 1 september 2014

Rond trainingscomplex Carrington heerst een opgewonden stemming. Fans willen weten of Manchester United erin is geslaagd bij het sluiten van de transfermarkt een topspeler vast te leggen. Een glimp opvangen van een nieuwe ster geldt als een trofee. Met de komst van Louis van Gaal lijkt de kans op een geslaagde avond groot. Als iemand een vedette kan overreden om te tekenen is hij het wel, zo redeneren ze.

De afgelopen jaren is Manchester gewend geraakt aan de glitter en de glamour van de topvoetballers die de oude textielstad voor steeds hogere bedragen laat invliegen. Des te opvallender was het bliksembezoek van Daley Blind een paar dagen eerder. Met een mengeling van schaamte en verbazing werd naar de Amsterdammer gekeken. Zijn casual outfit – spijkerbroek, donkerblauwe trui met daaronder een T-shirt en reeds ingelopen witte sportschoenen – stak schril af tegen de looks van andere spelers.

Blind keek de mensen recht aan, zonder zijn ogen achter een donkere zonnebril te verbergen. Om zijn arm, waarmee hij vriendelijk zwaaide, zat geen knoeperd van een horloge; hij droeg enkel leren polsbandjes. Zijn iPhone was geen exclusief maar een gangbaar model. Hij droeg een doorzichtige plastic tas van de fanshop, geen peperduur accessoire van Louis Vuitton.

Wie zo normaal doet, kan onmogelijk goed zijn. Di Maria voldeed in dat opzicht een stuk meer aan de verwachtingen. De inkt van de handtekening onder zijn contract moest nog opdrogen toen zijn Lamborghini werd klaargezet voor transport naar Engeland. Dat sloot beter aan bij de gangbare traditie.

Jorge Mendes, zijn agent, verrichtte het voorwerk al professioneel. Op de achterbank van Louis van Gaal lachte hij zelfverzekerd, als ware de Portugees een president en geen voormalige videotheekhouder. Mendes is niet anders gewend. Clubs doen alles om hem te paaien. Wie José Mourinho, Cristiano Ronaldo, David de Gea en James Rodríguez tot zijn cliënten mag rekenen, wordt met alle egards ontvangen.

De 'supermakelaar' geldt als een van de meest invloedrijke mensen in het mondiale voetbal. De voetballers in zijn stal zijn zonder uitzondering topspelers die met zijn hulp de beste deals krijgen. Di Maria vormt hierop geen uitzondering. Boven op zijn miljoenensalaris krijgt hij het shirt met nummer 7, dat ooit toebehoorde aan Best, Cantona, Beckham en Ronaldo, de beroemdste spelers van de club

Laatstgenoemde, in 2009 weggeplukt door Real Madrid, geldt bij de moderne generatie als het toonbeeld van de ideale United-speler: extreem getalenteerd, ijdel, flamboyant én knap. Dat laatste aspect telt ook mee. Er bestaat in bepaalde subgroepen een cultus rondom de Portugees die al jaren niet meer op Old Trafford speelt. Jonge fans doen alles om het uiterlijk van de Wereldvoetballer van het Jaar te kopiëren.

Zijn loopje, kleding, haardracht en gespierde torso worden zo getrouw mogelijk overgenomen. Dit gaat ver, tot het inspuiten van steroïden aan toe. In Cornwall liep dit recentelijk slecht af voor een lookalike. Zijn gebruik van het middel leidde tot een *roid rage*, die hem ertoe dreef een raam van een apotheek kapot te slaan. Behalve een slagaderlijke bloeding en een lelijk litteken kreeg de twintiger een strafblad, ondanks zijn gelijkenis met de voetballer.

Voor de minder excentrieke fans geldt Ronaldo vooral als een standaard. Om bij de top te horen moet United over een speler met zijn klasse en uitstraling beschikken. Di Maria komt in de buurt, al mist hij het fijne sterrenstof. Maar als geheel heeft de club nu wel weer sterallure, dankzij de zomerse uitgaven van in totaal 196 miljoen euro.

Ondertussen tikt de klok verder. Nog even en de Silly Month, de transferperiode, is voorbij. Reporters hangen voor de poorten van de trainingscentra, wachtend op een seintje van de regie. Eenmaal live in de uitzending vertellen ze met overslaande stem over de laatste ontwikkelingen. Het draait in deze uren hoofdzakelijk om passerende bolides. Achter elk geblindeerd raam kan een nieuwe aanwinst zitten.

De meligheid rondom dit opgeklopte enthousiasme krijgt

vaak de overhand. Fans, die de nieuwkomers persoonlijk willen begroeten, lopen om de haverklap door het beeld, houden opblaaspoppen omhoog of heffen gezang aan. Dit jaar krijgt Alan Irwin van Sky de twijfelachtige eer een dildo tegen zijn oor gedrukt te krijgen. Ondanks de bizarre afleiding maakt hij zijn verhaal onverstoorbaar af.

De verslaggevers in Manchester slaan op *deadline day* geen modderfiguur. In de late namiddag krijgt een hardnekkig gerucht een gezicht. De Colombiaan Radamel Falcao wordt gekiekt op Manchester Airport om later in een geblindeerde Chevrolet onder de slagbomen van Carrington door te rijden. De achtentwintigjarige spits, een andere ster van Mendes, laat zich medisch keuren.

Deze scoop zorgt voor verrukking. Falcao zou eerst naar Real Madrid gaan, waar een deal op het allerlaatste moment om mysterieuze redenen niet doorging. De strijd leek vervolgens te gaan tussen Arsenal en Manchester City, met Juventus en United in het tweede wiel. Sportieve gronden speelden geen rol. Wie aan de hallucinante eisen van Mendes kon voldoen, kreeg de handtekening van de goalgetter.

City wilde hem graag, maar moest noodgedwongen afhaken. Door de straf van de UEFA voor het overtreden van de Financial Fair Play-regels mag de club in zomer slechts 49 miljoen pond uitgeven. Arsène Wenger van Arsenal had die beperking niet en maakt er geen geheim van hem graag in te lijven. Het spaarvarken stukgooien voor een huurling zit echter niet in zijn aard.

Ed Woodward, algemeen directeur van United, wil dat wel. Hij betaalt Monaco een huursom van 6 miljoen pond en gaat akkoord met een weeksalaris van 265 duizend pond. In ruil hiervoor krijgt de club het recht hem na één seizoen voor 43,5 miljoen pond vast te leggen. De groteske deal met een hoog risicogehalte wordt euforisch ontvangen. Met Falcao heeft

United eindelijk weer een speler met de x-factor. Slechts een enkeling, onder wie ex-speler en analist Gary Neville, blijft sceptisch. 'Het is niet de manier van zakendoen die ik van United had verwacht,' zegt hij. 'Ik dacht dat het meer gecontroleerd zou gaan. De club heeft te veel voor spelers betaald. Dat is zeker.'

Van Gaal krijgt uiteraard een deel van de credits. Met een opmerking kort voor de sluiting van de transfermarkt relativeert hij zijn eigen rol. 'Natuurlijk geef ik aan welke spelers ik wil en welke beter weg zouden kunnen. Ed [Woodward] doet de transfermarkt. In dat proces meng ik me niet.'

Falcao stond zeker niet boven aan Van Gaals verlanglijst. Hij had dringend behoefte aan een controlerende middenvelder en een centrale verdediger van wereldklasse. In plaats daarvan krijgt hij een aanvaller met een vraagteken achter zijn naam. Amper hersteld van een kruisbandoperatie kan alleen de tijd leren of Falcao zijn oude niveau gaat aantikken. Niemand weet hoe de knie zich gaat houden. Zijn komst vertoont de eigenschappen van een packagedeal met Mendes. United kreeg Di Maria en betaalt als dank daarvoor het salaris van Falcao.

Uiterlijk oogt de Zuid-Amerikaan hetzelfde als voor zijn blessure: onbetaalbaar. Zijn fotomoment heeft veel weg van een modeshow. Met zijn filmsterrenhoofd, brede torso en schouderpartij krijgt het rode voetbalshirt allure. Deze combinatie van kracht en elegantie maken hem op het veld tot een zeldzaam goede afmaker. Zijn bijnaam, El Tigre (De Tijger), komt hem toe, zowel op fysiek als op esthetisch vlak.

Zijn bovenlichaam en sprintersbenen maken hem tot een atleet. Daarbij kan Falcao verwoestend hard schieten, maar net zo makkelijk scoren met een stift. Koppen en vrije trappen met een krul over de muur schieten doet hij achteloos. Zijn balans maakt wellicht de meeste indruk. Niets kan hem uit zijn evenwicht brengen. Door zijn blessure, aan zijn standbeen, kan hij dit talent hebben verloren.

Of deze vermenging van gaven voldoende is om door Van Gaal in de armen te worden gesloten, valt te bezien. Falcao is een solist, geen teamspeler. In de filosofie van de Nederlander draait alles om het collectief, niet om een individu. De spits, drijvend op instincten, moet overschakelen naar het rationele spel van de Hollandse trainer. Van Gaal maakt uitzonderingen, maar alleen voor fitte topspelers in vorm. Falcao is dat (nog) niet.

Bij zijn presentatie krijgt hij indirect een voorproefje van het beleid van de manager. Falcao wordt niet exclusief onthuld, maar introduceert zich samen met Daley Blind. Van Gaal zit als een trotse vader tussen hen in. De ster is beleefd, blijft bescheiden en uit zich in het Engels. Zijn taalvaardigheid valt op. Hij kan meer dan alleen een bal in de kruising jagen.

Van Gaal komt met een verkapte waarschuwing. De aanwezigheid van topaankopen Di Maria en Falcao staat niet garant voor beter voetbal, stelt hij ijzig vast. 'Omdat ze onze filosofie moeten uitvoeren. Dat is niet eenvoudig. Dat hebben we al kunnen zien. Maar ik denk dat de spelers die we hebben geselecteerd dat beter gaan doen. Anders hadden we hen niet hoeven kopen.'

In deze zinnen vat Van Gaal beknopt een onderdeel van zijn visie samen. Hij spreekt bewust over 'selecteren,' niet over automatisch opstellen. Voetballers moeten zich op het trainingsveld bewijzen om zo een basisplaats te verdienen. Falcao noch Di Maria krijgt een voorkeursbehandeling. In het eerstvolgende thuisduel met Queens Park Rangers krijgen ze het voordeel van de twijfel. Daarna vervallen de privileges.

Van Gaal draait de temperatuur omhoog. Danny Welbeck en Hernández zouden ook zonder de komst van Falcao zijn vertrokken. Falcao hoeft geen gat op te vullen. Van Persie noemt hij 'fitter dan ooit'. Spitsen uit de opleiding – hij doelt op James Wilson – maken langzaam aanspraak op speeltijd. Van Gaal erkent onomwonden niet op zijn komst te hebben aangedrongen.

De boodschap krijgt, voor even althans, geen tijd om in te slijten. 'Als je een speler als Falcao kunt huren of kopen, dan ken ik geen twijfels,' vervolgt hij. 'Ik vind hem een van de beste spitsen ter wereld. Kijk naar zijn statistieken. Ongelooflijk. Vandaag op de training krijgt hij één bal. Gelijk raak. Hij bevestigde [zijn faam] direct. Door dit te zeggen leg ik al te veel druk op zijn schouders.'

Van Gaal vraagt om geduld. Veertien spelers gingen weg, zes kwamen binnen. Alles is anders in de kleedkamer. Welbeck krijgt een tikkie na. Hij mag een jongen uit de opleiding zijn, nooit benaderde hij het niveau van Rooney of Van Persie. 'Dat is de standaard. Daarom lieten we hem gaan.' Het woord is aan andere talenten. 'Daarom zit ik hier.' De hoeder van de jeugdopleiding spreekt hier.

En Falcao? Die krijgt complimenten voor zijn taalvaardigheid. 'Ik sprak in mijn eerste jaar in Spanje Engels. Hij komt hier en spreekt Engels, voor jullie. Oké?' In de zaal klappen enkele journalisten. De Colombiaan weet wat hem te wachten staat. Met Van Persie en Rooney boven aan de pikorde en Wilson als gezel doemen donkere wolken op aan de horizon.

4

MANCUNIUM

Manchester, 4 september 2014

Met gedragen stem geeft Earnest Wilde ongevraagd een les in lokale geschiedenis. De hoogbejaarde man uit Prestwich, even buiten Manchester, bezoekt eens in de zoveel tijd de centrale bibliotheek aan St. Peter's Square. Soms om een lezing te geven, af en toe om er een boek te lenen, maar vooral om met zijn minstens zo oude kameraden vervlogen tijden op te rakelen en te praten over United onder het genot van een groot glas bier in een naburige pub.

'Wist je dat Manchester is gesticht in het jaar dat Pompeji werd bedolven onder de as van de Vesuvius?' begint hij. Zijn fragiele gestel houdt hij met moeite in evenwicht door te leunen op een wandelstok. Het brokje kennis staat niet op zichzelf. Hij houdt van zijn stad en wil die liefde delen. Als een Jehova's getuige zet hij vriendelijk doch beslist zijn voet tussen de deur.

Wilde neemt zijn taak serieus. Over zusterstad Granada schreef hij, naar eigen zeggen, drie boeken. De val van Boabdil, de laatste islamitische leider in Andalusië, intrigeert hem het meest. 'Tot 1492 konden joden en christenen ongestraft hun geloof belijden in de moskee,' stelt hij. 'Weleens in Córdoba geweest? Ze moesten iets meer belasting betalen, maar het kon. De moslims waren zeer tolerant.'

De katholieke reconquista maakte aan deze periode voorgoed een eind. 'Jammer,' vindt Wilde, die elke avond trouw naar de Spaanse radio luistert. De restanten van de bloeiperiode zijn terug te vinden in de gitzwarte ogen van de lokale vrouwen en het Alhambra, het Moorse paleis. In Manchester ontbreekt een dergelijk monument, maar in zijn ogen ligt de grandeur van weleer besloten in de volksaard.

Louis van Gaal, zo redeneert Wilde na enkele vermakelijke zijsprongen, past daarom perfect in de stad. Zijn eigenzinnige karakter, aparte accent, tolerante grondhouding en afkeer van elke vorm van klassenjustitie doet Manchester recht. De stad heeft met hem een steviger geluid gekregen. Dat hij een buitenlander is, doet niet ter zake. 'Ach, vrijwel iedereen hier is van origine import.'

Zijn twee vrienden, al even levendig, schuifelen dichterbij. Ouderdom, zo blijkt, heeft hun reactiesnelheid niet aangetast. 'Louis van Gaal?' zegt de wakkerste van het stel. 'Mooie kerel. Uit Amsterdam, toch? Ik neem aan dat je daar niet zulke excentrieke figuren als mijn kameraad hier treft.' Als de drie zijn uitgelachen maken ze zich op voor de belangrijkste bestemming van de dag: de kroeg.

De redenatie van Wilde over de manager mag overdreven klinken, absurd is die niet. Van Gaal wekt vanaf zijn komst de indruk op familievisite te zijn. Ontspannen, vol humor en op zijn gemak. De fans geven hem daar alle reden toe. Van Gaal is voor hen een held met bijzondere krachten. Op straat lacht iedereen naar hem. Zelfs na de povere start moet hij met Jan en alleman op de foto.

Hoe diep de band gaat, moet blijken in tijden van crisis. Vooralsnog kan hij niet stuk in Manchester. Wilde plaatst hem zonder terughoudendheid in de geschiedenis van de stad, bijna tweeduizend jaar geleden door de Romeinen gesticht als Mancunium.

Terwijl Wilde, naast academicus vooral United-fan, in Van

Gaal een bloedbroeder van de noordelijke stammen herkent, zien de supporters een andere, meer aannemelijke gelijkenis. Zij zien in hem een Nederlandse versie van sir Alex Ferguson. David Moyes moet thuis groen van jaloezie zien. Van Gaal staat veertiende op de ranglijst, maar krijgt de ontvangst van een kampioen, iets wat Moyes nog geen dag lukte.

ZOETE WRAAK

Praag, 9 september 2014

Moyes is de belichaming van het type manager dat boven zijn macht reikt. Het afgelopen jaar heeft hem getekend. Het verval trad razendsnel in. Tot zijn komst naar Manchester United in de zomer van 2013 leek de Schot in het bezit van een middel voor eeuwige jeugd. Hij maakte op jonge leeftijd grote indruk bij Preston North End en bleef nadien Everton elf jaar trouw. Zijn ploegen speelden mooi voetbal en hij genoot veel respect onder collega's. Driemaal verkozen ze hem tot Manager van het Jaar. Een lijdensweg in de dug-out van Old Trafford werkte als gif. Oud, vermoeid en stram verliet Moyes, net de vijftig gepasseerd, de club eind april.

Louis van Gaal vertoont geen tekenen van vermoeidheid. Fris en gezond beëindigt hij het eerste deel van de competitie, gemarkeerd door een interlandweek. Alles verloopt volgens plan, zíjn plan. De Engelse voetbalwereld mag verbaasd zijn, voor hem is de huidige gang van zaken volstrekt logisch. 'We kunnen nog altijd kampioen worden in mijn eerste jaar,' geeft hij aan.

'Misschien moeten jullie lachen, maar ook bij mijn vorige club begon ik zo. Voor mij is dit geen groot nieuws of anders. Ik haalde dit aan, nu val ik in herhaling, tijdens de persconferenties in de VS. Toen was alles geweldig en versloegen we iedereen, maar zei ik dat het een klein beetje ongelooflijk was. Maar als manager moet je overleven. Want fans vragen tegenwoordig om resultaten.'

Van Gaal pauzeert een paar tellen. Zijn ogen twinkelen. Dan volgt de uitsmijter. 'En dat is de vraag: krijg ik voldoende tijd om alle stappen te maken die we moeten doen? Misschien kun jij' [hij kijkt de vragensteller aan als een president op campagne] 'Louis van Gaal steunen, als je in hem gelooft,' zegt hij, de nadruk leggend op het laatste woord (*'belieeeeeve'*). Er klinkt wat gemompel. 'Wat een fantastisch einde,' besluit hij.

Het plezier straalt van hem af. Hier zit geen man met hoofdpijn en een rug nat van het angstzweet. Met het klimmen der jaren heeft hij duidelijk beter leren relativeren. Van Gaal voelt bovendien dat men respect voor hem heeft. Het wonderlijk verlopen WK in Brazilië heeft hem tot een éminence grise gemaakt, net als Guus Hiddink, zijn opvolger bij het Nederlands elftal.

Hiddink maakt een beduidend minder kwieke indruk. Hij loopt lastig, torst een paar overtollige kilo's mee en mist scherpte. Zo soepel als deze voetballinguïst een paar jaar geleden nog bij Chelsea trotse mannen als Terry, Lampard en Drogba voor zich won, zo ontheemd wandelt hij vijf jaar later rond bij Oranje. Hiddinks (r)entree verloopt niet volgens plan.

De Achterhoeker verkeert in vergelijkbare omstandigheden als Moyes toen die Alex Ferguson opvolgde. Van Gaal had groot succes op het WK met een selectie waarvan een deel op zijn retour was. Ferguson, immens populair, won voor zijn pensioen de landstitel met United door het laatste restje sap uit de ploeg te persen. Van Gaal zorgde bij zijn vertrek niet meer voor frictie. De boeman was veranderd in een nationale held.

United wilde een kopie van Ferguson, terwijl het Nederlands elftal geen behoefte had aan een tegenpool van Van Gaal. De selectie nam Moyes niet serieus. Hiddink ligt op eenzelfde koers als hij. Een oefeninterland tegen Italië loopt uit op een sof (2-0). De ploeg, door Van Gaal kort gehouden, speelt ongedisciplineerd. Bruno Martins Indi krijgt een rode kaart. Hiddink verliest snel aan geloofwaardigheid.

Vijf dagen later in Praag slaat de paniek serieus toe. Hij valt ineens van zijn geloof af. Nederland speelt geen 4-3-3 maar 5-3-2, het door hem zo verfoeide WK-systeem. Het pakt niet goed uit. Tsjechië wint het eerste EK-kwalificatieduel met 2-1. Hiddink, normaliter een gewiekste bliksemafleider, reageert geagiteerd en venijnig op vragen over zijn knieval, zoals Moyes dat vorig jaar op Old Trafford deed.

Zonder iets te doen komt Van Gaal sterker uit de interlandperiode. Hij haalt een morele zege op Hiddink met wie het nooit heeft geboterd. Wayne Rooney geeft de week extra glans. De spits, ook door Roy Hodgson aangewezen als aanvoerder, speelt zijn honderdste interland voor Engeland op Wembley. Tegen Noorwegen maakt hij de enige treffer. Dat Welbeck, verkocht aan Arsenal, een paar dagen later tweemaal scoort tegen Zwitserland (2-0) kan de pret niet drukken.

RIO
Old Trafford, 14 september 2014

'Er is een tijd van komen en een tijd van gaan,' vertelt Louis van Gaal. 'Hij besloot te vertrekken. Hij was een groot speler, misschien nog steeds wel, maar er is een tijd van gaan.' Met deze zinnen, uitgesproken als een grafrede, verklaart de manager geen spijt te hebben van het afscheid van Rio Ferdinand. De verdediger verruilde in de zomer Manchester United voor Queens Park Rangers.

Van Gaal toont zich met deze omschrijving een zielsverwant van Alex Ferguson. De Schot beschermde zijn vedetten als een leeuwin haar welpen. Totdat ze zijn autoriteit aantastten, simpelweg niet meer het verschil maakten of aandrongen op een transfer. De liefde veranderde dan ineens in zakelijkheid. Met het vertrek van Ferdinand, een cultheld op Old Trafford, laat Van Gaal zien uit hetzelfde hout te zijn gesneden.

Ferdinand keert nu met Queens Park Rangers terug in Manchester. Veel fans op de Sir Matt Busby Way schudden hun hoofd. Had Van Gaal hem niet kunnen bewegen één seizoen langer te blijven? Hij erkende voor het duel geen duidelijke hiërarchie in de kleedkamer te zien. Had Rio de weifelende achterhoede niet bij de hand kunnen nemen en de jonkies hun plek kunnen wijzen?

De vertwijfeling laat zich eenvoudig verklaren. Ferdinand is geen grijze muis. In een wereld vol clichés en slappe teksten valt hij op. De geboren Londenaar beschikt over een rappe tong, straalt autoriteit uit, doet het goed bij de vrouwen en kijkt spitsen aan zoals Samuel L. Jackson in de scène van *Pulp Fiction* voordat hij met handlanger Vincent Vega (John Travolta) een student doorzeeft met kogels.

De zonnige kant van Ferdinand kreeg in de zomer een extra dimensie. Als pundit (analist voor radio en tv) voor de BBC was hij een verademing vergeleken met oud-ploeggenoot Phil Neville, die zijn werk in Brazilië teleurstellend deed. Ferdinand spatte van het scherm en sprak jongere kijkers aan met zijn enthousiasme. De ex-international wandelde als een kind zo blij rond in Maracanã, de voetbaltempel van Rio de Janeiro.

Voor de aftrap uit de Stretford End-tribune haar waardering voor Ferdinand met het lied 'Rio, Rio', gezongen als '*heigh-hó*' uit *Sneeuwwitje*. De speler zelf krijgt op het veld van Bobby Charlton een aandenken. Zijn officiële afscheid heeft minder eeuwigheidswaarde dan de eerste kennismaking van Daley Blind, Marcos Rojo, Ángel di Maria en Radamel Falcao met Old Trafford. United wint met 4-0.

Di Maria en Herrera scoren, net als Rooney en Mata. Falcao, op de bank begonnen, doet dit niet. Wel krijgt de Colombiaan het meeste applaus, als hij zich opmaakt om in te vallen. Blind imponeert, Van Persie niet. De fletse beurt van de aanvoerder van Oranje valt nauwelijks op. Manchester United speelt als vanouds. Vlammend over de vleugels, vol flair en dodelijk in de afronding.

En Ferdinand? Het spel van de centrale verdediger bevestigt het management in zijn keuze hem geen nieuw contract aan te bieden. Hij mist sprongkracht, tast meer dan eens mis en weet zich geen raad met de beweeglijke tegenstander. In het applaus na afloop zit medelijden verborgen. De trotse man had in de zomer moeten stoppen. Niemand gunt hem dit onafwendbare halfbakken laatste hoofdstuk van zijn loopbaan.

Van Gaal probeert de euforische meute ietwat te temperen. 'Fantastisch' en een 'goed begin' noemt hij de show, goed voor zijn eerste zege als manager. Echt tevreden is hij niet. Het liep aardig, maar een garantie voor meer van zulks geeft hij niet. Als een wijsgeer spreekt hij over zijn verwachtingen. Het gaat niet om de bestemming maar om de reis ernaartoe.

Zijn uitleg gaat deels verloren in Dunglish, Nederengels. 'We bouwen aan een proces en moeten in een bepaalde stijl spelen. We moeten onze kwalificaties verbeteren en aan het einde hoop ik manager te zijn van de kampioen van de Premier League. Als het niet dit jaar is, dan in mijn tweede jaar of mijn derde jaar. Maar ik wil het kampioenschap aan de fans geven.'

Di Maria, bij alle goals betrokken, krijgt een compliment, al stipt Van Gaal zijn overdaad aan balverlies aan. Hij voorziet problemen tegen sterkere tegenstanders dan Queens Park Rangers. De waarschuwing blijft verkapt. De 4-4-2-formatie, voor het eerst gekozen, zal mogelijk eenmalig blijven. Wel ziet hij de beschikbaarheid van alle nieuwkomers als een kentering. 'Ik zei: "Laat we met een schone lei beginnen."'

Ferdinand, zo blijkt een dag later, zou dit niet hebben gekund. In een voorpublicatie van zijn biografie *#2Sides: My Autobiography* haalt hij genadeloos uit naar David Moyes. Alles wat de Schot deed, was tegen het zere been van de routinier. Elke kleine verandering zag hij als een inbreuk op de traditie van United, waarvan hij zichzelf een bewaker vond.

Eén opmerking zegt alles. Het besluit van Moyes de spelers niet langer toe te staan op de avond voor een wedstrijd vetarme patat te eten was reden om direct een deel van de kleedkamer te verliezen. Want 'je zou moeite hebben een meer professionele groep spelers te vinden dan bij Manchester United in de zomer van 2013'. Eén detail laat hij echter achterwege.

Alexander Büttner vormde volgens mensen dicht bij het vuur de aanleiding. De Nederlandse back hield zich niet aan de dieetvoorschriften. Voor hem bestond een uitgebalanceerde maaltijd uit een tomaat op een broodje kebab of een hamburger. Büttner waande zich lid van een pubteam, niet van het grote United. Zo'n nuance past niet in de tirade van Ferdinand.

Zijn afkeer van aanpassingen, uitgebreid gedocumenteerd, maken hem op voorhand niet tot een ideale speler voor Van Gaal. Als Ferdinand bij hem had geklaagd over het menu of een trainingsvorm, dan zou hij een week later niet meer voor United hebben gespeeld. Net als Ferguson heeft hij geen geduld met opstandige wisselspelers, een categorie waar Ferdinand op vijfendertigjarige leeftijd toe behoort.

Blind geeft na zijn sterke debuut aan dat mensen met lange tenen een zware dobber aan Van Gaal hebben. 'Hij is niet beangstigend,' vertelt de vierentwintigjarige Amsterdammer rustig. 'Hij is slechts eerlijk. Dat kan beangstigend zijn, maar ik vind het lekker. Hij is heel eerlijk tegen iedereen, hij weet wat hij wil en kent zijn filosofie.' Niet bepaald een paradijs voor Ferdinand, die lastig met kritiek omgaat.

TAALSTRIJD
Carrington, 19 september 2014

De kiosken in het centrum van Manchester komen kranten tekort om de stroom aan klanten te kunnen voorzien. Iedereen kent de uitslag van het Schotse referendum al, maar wil graag de fijnere details tot zich nemen. Wat heeft premier David Cameron nu exact aan wisselgeld betaald? Welke beloften maakte Labour-leider Ed Miliband achter gesloten deuren aan de neecampagne?

Het Britse chauvinisme walmt van de pagina's. Vooral de tabloids zetten hun beste beentje voor. Het koninkrijk blijft intact, de koningin kan rustig slapen. De Mancunians trekken zich weinig van dit nationalisme aan. Hun argwaan ten opzichte van Westminster, zeker nu de Tory's daar de dienst uitmaken, zit ingebakken. Ze zien de nederlaag voor de 'Yessers' dan ook niet automatisch als een zege.

De inwoners van Manchester kijken zelfs met enige jaloezie naar de Schotse opstand. Ze koesteren een vergelijkbaar ideaal. De tweede stad van Engeland, als de gebieden eromheen voor het gemak worden meegeteld, wil meer autonomie. Het Noorden, lang een veronachtzaamd deel van het land, ontwikkelt zich snel. Bij deze groei passen meer dan de reeds uitgedeelde privileges.

De doemscenario's van politici uit Londen over de gevolgen bij een 'Ja' maken niet veel indruk. Als grote bedrijven en callcenters inderdaad als voorspeld halsoverkop Schotland ontvluchten, dan zouden ze mogelijk kiezen voor Manchester als alternatief om zich te vestigen. De locaties waren al met potlood omcirkeld; duurder dan Edinburgh of Glasgow, maar veel goedkoper dan de hoofdstad.

In deze periode van politisering wint Van Gaal aan geloofwaardigheid. Gevraagd naar de voertaal op het veld en in de kleedkamer rolt hij met zijn ogen. Karen Shotbolt, naast hem, schudt theatraal met haar hoofd. De blik van verstandhouding met de manager is veelzeggend. Journalisten, zo moet hij haar eerder hebben verteld, doen hun huiswerk niet of interpreteren informatie op geheel eigen wijze.

Had Van Gaal immers niet gezegd dat hij de Spaanstaligen op Engelse les zou sturen? Valencia, al jaren in Groot-Brittannië, geldt als voorbeeld. Hij krijgt van de Nederlander te horen dat het zo niet langer kan. Falcao en Di Maria, financieel in staat om de economie van een middelgrote stad draaiende te houden, krijgen eveneens orders van hogerhand.

De Zuid-Amerikanen moeten twee keer in de week plaatsnemen in de schoolbanken om onder begeleiding van een docent de beginselen van de Engelse taal onder de knie te krijgen. Van Gaal, nog vol gelukshormonen door de zege op Queens Park Rangers, maakt geen verwijten. Hij wil slechts een helpende hand toesteken, geen systeem van boetes en disciplinaire straffen in het leven roepen.

Van Gaal kan zich goed voorstellen dat nieuwkomers als vanzelf voor de taal kiezen waarin ze zich het makkelijkst uitdrukken. Begrijpelijk, maar niet handig in een grotendeels nieuw team. Uit respect voor het gastland kon een cursus evenmin kwaad. Een triomfantelijke blik volgt. Enkele journalisten kijken elkaar vragend aan. Wees de manager zojuist subtiel op het Britse onvermogen een andere taal te leren?

De terechtwijzing, mocht de analyse kloppen, zou aansluiten bij de werkwijze van een enkeling in de zaal. Door de grammaticale fouten en verkeerde woordkeuzes van Van Gaal letterlijk over te nemen, komt de trainer soms over als een personage uit een moderne versie van *'Allo 'Allo!* Terwijl de heren van de Engelse pers in Spanje, Italië en Frankrijk nog geen glas water kunnen bestellen.

Van Gaal, in de verste verte geen talenwonder, kan hiervan niet worden beschuldigd. Zijn Duits, Spaans en Engels mogen in het gehoor liggen als nagels die over een schoolbord krassen, hij kan zich erin verstaanbaar maken. Uit respect voor de cultuur en de landsaard, zijn stokpaardje, eist hij dit van zichzelf en zijn team. De boodschap, al dan niet bedoeld, vond haar weerslag in de kopij.

Zijn besluit om Carrington een meer Britse identiteit te geven, wordt gezien als een hoopvol teken. De Premier League, waarin Engelse voetballers slechts een voetnoot vormen, kan een dergelijk besluit goed gebruiken. Het sluit enigszins aan bij het streven van voetbalbond FA om de kweekvijver van het nationale elftal onder de loep te nemen.

Voorzitter Greg Dyke geeft de schuld aan buitenlanders. Zij zouden de ontwikkeling van eigen talenten in de weg staan. Hoewel de argumentatie realiteitszin mist – een quota lost het chronisch gebrek aan gediplomeerde jeugdtrainers niet op – valt voor de essentie van zijn verhaal iets te zeggen. De Premier League mag zijn wortels niet kwijtraken. Van Gaal steunt, zij het vanuit een andere invalshoek, deze campagne.

Zijn taalstrijd behoeft in Manchester geen uitleg. Micah Richards, door Manchester City verhuurd aan Fiorentina, geeft in dezelfde periode op het dakterras van een hotel in het centrum van Florence een geheim prijs. De verdediger, die als tiener debuteerde voor Engeland, doorbreekt in de Toscaanse nazomer in een staat van lichte euforie de omerta van de kleedkamer.

Turend naar de rijen voor het Uffizi, de kathedraal, de okergele gebouwen en het glooiende landschap op de achtergrond laat hij zich ontvallen nog weinig te begrijpen van de tactische besprekingen. Bij City ging het er vaak niet anders aan toe, geeft hij toe. De Spaanstaligen onderhielden zich hoofdzakelijk in hun eigen taal. Dat ging zo ver dat James Milner zich inschreef voor een cursus Spaans.

Nog bonter maakt Hatem Ben Arfa het. De middenvelder van Newcastle United wil per se naar een andere club uit onvrede over manager Alan Pardew. Op de slotdag van de transfermarkt komt het verlossende telefoontje. Zijn zaakwaarnemer meldt dat Hull City hem wil huren. Voor een speler van zijn kaliber niet het paradijs op aarde, maar hij grijpt de kans met beide handen aan.

Plankgas rijdt hij weg uit Noordoost-Engeland om op tijd de formaliteiten te kunnen afronden. Ben Arfa, al vier seizoenen in Engeland, wil zo graag van Pardew af dat hij vergeet zijn navigatiesysteem in de gaten te houden. Pas als hij het bordje York ziet, voelt hij nattigheid. De Fransman belt haastig Steve Bruce, manager van Hull City, om te vertellen dat er een kink in de kabel zit.

Bruce antwoordt kalm, herhaalt zijn boodschap, kiest voor een simplistische versie, spreekt steeds trager, maar merkt dat het niets uithaalt. Ben Arfa, in paniek, rent een hotel binnen en drukt zijn telefoon in de handen van de manager. 'Steve Bruce,' roept hij verwilderd. 'Steve Bruce.' Met opgetrokken wenkbrauwen doet de man wat van hem wordt verlangd.

Tot zijn verbazing blijkt de stem aan de andere van de lijn inderdaad die van Steve Bruce te zijn. Hij luistert, zegt af en toe 'ja' en geeft het faxnummer door. Enkele minuten later begint het apparaat te ratelen. Ben Arfa ondertekent het document, waarna de hotelier de fax vliegensvlug terugstuurt. Dankzij de interventie krijgt Hull City van de FA twee uur uitstel.

Dit geeft de voetballer precies voldoende tijd om naar de club te rijden, een medische keuring te ondergaan en het papierwerk in orde te maken. Ben Arfa ziet er geen noodzaak in zich op te sluiten in een taleninstituut. 'Ik kan nu eenmaal niet zo goed Engels,' vertelt hij zonder enig gevoel van schaamte. Een succes wordt de overgang niet.

Bezien in het licht van dit vermakelijke maar tamelijk gênante voorval geldt Van Gaal als het boegbeeld van de strijd tegen hedonisme. Een voorvechter van het herstellen van oude, bijna vergeten waarden. Deze opstelling past in de tijdgeest. De Premier League, met al zijn weelde en uiterlijk vertoon, heeft veel weg van het imago van Westminster: doof voor kritiek, blind voor de eigen fouten.

Dit beeld wordt in de dagen voor het Schotse referendum voor onafhankelijkheid uitgevent door de 'Yessers'. Alex Salmond, als premier voorganger van het ja-kamp, blaast het cliché tot immense proporties op. De nationalist uit Aberdeenshire vertoont opvallende gelijkenissen met de nieuwe baas van Manchester United.

Sinds de verkiezingszege van de SNP in 2011 ontdeed Salmond Schotland van roest en stof. Althans, wat betreft het gevoel van eigenwaarde. Van Gaal bewerkstelligde dit bij United. En net als de trainer oogst Salmond bewondering om zijn gaven, maar roept hij ook weerstand op. Critici vergelijken hem met Mickey Mouse, vanwege zijn gedrongen gestalte, en benadrukken zijn gebrek aan relativeringsvermogen.

Net als bij Van Gaal, tot zijn spijt *Iron Tulip* genoemd, erkent iedereen dat de Schot in kleine kring aangenaam gezelschap is. Althans voor diegenen die zijn filosofie omarmen. Salmond kan rancuneus zijn. Na de nederlaag van de 'Yessers' kwam dit in de aanloop naar een persconferentie waarop hij zijn aftreden bekend zou maken scherp naar voren. Alleen welgezinde journalisten waren welkom.

Van Gaal handelt bij United niet anders. Beiden delen bovendien de gave kritische vragen als een Jedi te pareren. Een behoorlijk verschil is er wel. De Nederlander geniet in heel Groot-Brittannië, en Manchester in het bijzonder, alom respect en komt anders dan Salmond niet geniepig over. Met zijn cv en charisma had Salmond het referendum een stuk spannender kunnen maken.

ANARCHIE

Manchester, 21 september 2014

Op het perron van Mauldeth Road, van origine het territorium van Manchester City, klinkt het geklepper van de hakken van een vrouw van rond de zevenentwintig jaar op de helling voor rolstoelen en reizigers met rolkoffers. Eenmaal boven zijgt ze neer op een ijzeren bankje. Ze kijkt lodderig uit haar ogen. 'Op stap geweest?' vraagt ze als ze bij de persoon naast haar een gaap ontwaart.

Insomnia als reden ontlokt haar een lach. Zelf, zo valt aan de walm van witte wijn en een gat in haar rechterkous op te maken, komt ze rechtstreeks van een feestje. 'Dit is toch de eerste trein naar Piccadilly?' klinkt het. Een ontkennend antwoord doet haar zuchten. 'Ik had al thuis kunnen zijn. Ik heb me het laatste deel van de nacht tegen heug en meug wakker gehouden.'

Meer dan een hazenslaapje gunde ze zichzelf niet op de bank van een vriendin, uit vrees niet meer te ontwaken voor het middaguur Ze vertelt hypotheekadviseur te zijn, zes dagen per week. Haar enige vrije dag, altijd de zondag, wil ze vanaf de dageraad meemaken. 'Ik heb de zonsopgang net gezien,' zegt ze niet zonder trots. Een blik vol zelfverwijt volgt.

De dame, niet onaantrekkelijk ondanks de wolk van alcohol, heeft andere plannen voor zichzelf. 'Ik heb biologie gestudeerd, bos- en natuurbeheer om precies te zijn.' In een woud leven op het ritme van de natuur lijkt haar wel wat. 'Je krijgt helaas niet altijd wat je wilt.' Nu zit ze opgescheept met een torenhoge studieschuld en een baan die ze verafschuwt.

Vrij van blaam is ze niet. Aan haar periode aan de universiteit van Manchester hield ze een hartsvriendin en een onstilbare honger naar uitgaan over. Geen diploma met hoge cijfers. Als de trein arriveert, verdwijnt haar jovialiteit abrupt. Ze trekt wit weg en stopt een pepermuntje in haar mond. Tien minuten later, op Piccadilly, verdwijnt ze lijkbleek in de ochtend.

Wellicht maakte het gesis van bierblikken haar misselijk. Of deed de geur van bacon en ei haar het plezier van de nacht vergeten. De daders ogen een stuk frisser, ondanks hun grootverbruik van Guinness. Het zwarte goedje geldt op wedstrijddagen als een acceptabel ontbijt. Alle conversaties, op kalme toon, gaan over voetbal, Manchester United in het bijzonder. Om de vier tellen klinkt ergens in de coupé gelach.

Anders dan in Londen, voor velen het referentiepunt van chagrijn en zielloosheid, verschuilen mensen uit Noord-Engeland zich niet achter een uitdrukkingsloze blik. Op weg naar Leicester, onder een blauwe hemel, heeft de treinreis veel weg van een kroeg nabij Old Trafford. Iedereen drinkt, praat en houdt zich slechts met één ding bezig: het team van Louis van Gaal.

Aan een tafel bespreken vier late dertigers de manager. 'Hij volgde sir Bobby Robson op bij Barcelona,' doceert er één aan zijn metgezellen. 'Weet je dat wel zeker?' reageert een ander. 'Ja, heeft zelfs met hem gewerkt.' Robson, in 2009 overleden, geldt voor de mannen als een halve heilige. *Loewieh* staat, zo melden ze, eveneens op de nominatie zalig te worden verklaard.

Ze kennen zijn voorgeschiedenis, maar zien geen analogie. Van Gaal stond bij Barça al snel alleen, ondanks vele successen; voor een klein deel door het gemor op de achtergrond van Johan Cruijff, merendeels door zijn onvermogen zich aan te passen aan de Spaanse voetbalcultuur. Rond zijn vertrek was iedereen klaar met hem. 'Niet hier,' reageren ze in koor. 'Niet op Old Trafford. We staan achter hem.' De opmerking gaat vergezeld van een strakke blik. Van Gaal is een van hen. Grijnzend: 'We hebben vorig seizoen David Moyes al voldoende uitgefloten.'

Stacy Lewis, de leider van het stel, is niet zomaar een supporter. De zevendertigjarige man uit Urmston, niet ver van Old Trafford, behoort tot de groep diepgelovigen. Manchester United bepaalt zijn leven sinds hij kan lopen. Als kind hielp hij een ondernemende vriend van zijn broer een fanzine aan de man te brengen. Aan elkaar geniete velletjes vormden samen *United We Stand*, inmiddels de grootste in zijn soort.

'Ik verkocht ook *Red Issue*,' vult hij aan. 'Een ander fanzine.' *Red Issue* zal later in het seizoen ter ziele gaan. De makers, moe van de 'bullshit' in het moderne voetbal, trekken de stekker eruit. Net als *Red News*, weer een andere uitgave, kenmerkt *Red Issue* zich door een anarchistische stijl. Het geschop tegen het establishment van de club en het gesar van rivalen keren terug op elke pagina.

Lewis kijkt met enige weemoed terug op zijn jaren als straatventer. Nog altijd staan zijn opvolgers op de Sir Matt Busby Way, maar de romantiek is er een beetje af. De meeste lezers worden bereikt via de krantenbakken van tablets en smartphones. En de stencils hebben plaatsgemaakt voor professioneel uitgegeven magazines. Verder is hij vooral trots deel uit te maken van de fancultuur.

'Ik ga bijna niet meer naar uitduels, zoals vroeger. Een jongere generatie heeft de fakkel overgenomen,' vertelt Lewis. 'Zoals het hoort.' Hij bekent klanten mee naar Leicester te nemen. 'Ik werk voor een aannemersbedrijf.' Van enig zakelijk belang lijkt geen sprake. De drie contacten zijn net als hij sinds hun geboorte besmet met het United-virus. Allen hebben meer vlieguren op Old Trafford gemaakt dan de spelers.

Eenmaal in Leicester benen ze geroutineerd naar de taxistandplaats. Zorgen over een goede afloop maken de heren zich niet. United stevent volgens hen af op de landstitel. Na Queens Park Rangers komt nu Leicester City aan de beurt. Hun vippakket voelt goed, maar toch wat onwennig. Amper in hun suite aangekomen besluiten ze de tribune op te lopen om een luchtje te scheppen. Lewis: 'Ik sta het liefst in het uitvak.'

BOEDDHISME

King Power Stadium, 21 september 2014

Een beveiliger van bijna twee meter lang hoeft zijn lijf niet in de strijd te gooien. Een strenge blik volstaat. Fans, bedekt met half uitgegumde tatoeages, staan keurig achter een dranghek om een glimp op te vangen van de sterren en de vips. Hun kloffie – vaal T-shirt, afgetrapte gympen en een onbestemde trainings- of spijkerbroek – maakt het eenvoudig om grapjassen tegen te houden.

Het Britse klassensysteem tiert hier nog welig. Ze wijken als de Rode Zee wanneer mannen in colberts of casual weekendpakken komen aanlopen met een air van importantie. De bewaker stapt onderdanig opzij nog voor een 'excuse me' of 'sorry' klinkt. Een pas is niet nodig. Een op maat gesneden garderobe en een kapsel van de High Street volstaan om achter Louis van Gaal het King Power Stadium in Leicester, 178 kilometer ten zuidoosten van Manchester, te betreden.

In dit negentiende-eeuwse decor valt één man uit de toon. Hij arriveert weliswaar in een glimmende auto, maar oogt volkser dan zijn buren op de parkeerplaats. Hij heeft geen getrimd baardje, draagt geen protserig horloge, pantalon of een spijkerbroek met scheuren op strategische plekken. In een hemelsblauwe trui met capuchon wandelt hij richting de hoofdingang.

Het is Paul Shaw, de vader van Luke Shaw, de linksback van Manchester United. Op fluistertoon introduceert hij zich bij de balie. Op naam van zijn zoon liggen enkele kaarten klaar. Een onderzoekende blik van een dame in mantelpak volgt, waarna een envelop wordt overhandigd. Shaw senior komt bepaald niet over als een voetbalouder met dollartekens in de ogen.

Zijn zoon gedraagt zich evenmin als een speler voor wie in de zomer bijna 40 miljoen euro is betaald. Shaw (19) praat en handelt nederig. Zijn vader zal hem vandaag niet zien spelen. Van Gaal kiest voor Marcos Rojo. Shaw hoeft zijn trainingspak niet uit te trekken. Een debuut voor Manchester United blijft uit. Gezien zijn eerdere spierklachten komt dit niet als een verrassing.

Van Gaal heeft duidelijk een zwak voor het talent. Zijn arbeidsethos en leergierigheid verdienen een beloning, geen straf. Een querulant had op de tribune gezeten, niet op de bank. Met een masterclass, voorzien van commentaar van de manager en zijn staf, kan hij zijn voordeel doen. Veel waarde krijgt die niet. Enkele spelers in het veld laten zien zelf in aanmerking te komen voor een privéles.

Ondanks een assist van Radamel Falcao en goals van Ángel di Maria – een schitterende lob –, Robin van Persie en Ander Herrera schrompelt United ineen. De ploeg incasseert vijf doelpunten waaronder twee strafschoppen. Tyler Blackett krijgt knullig een rode kaart. Leicester City wint met 5-3. Van Gaal vloekt niet, maar wordt in een halfuur tijd tien jaar ouder. Hij schudt met zijn hoofd, wrijft over zijn gezicht. De kaken van Giggs, tot dan toe op hoge snelheid malend op een stuk kauwgum, vallen stil. Als bevroren staart hij voor zich uit, alsof hij zojuist een geestverschijning heeft gezien.

Als Van Gaal met een rood aangelopen gezicht de catacomben opzoekt, maakt uitblinker James Vardy het beste van de mooiste dag uit zijn loopbaan. De zeventwintigjarige spits, getooid met een mohawk, verdiende vijf jaar eerder dertig pond per duel bij Stocksbridge Park Steels, uitkomend op het achtste niveau. Niets duidde erop dat hij een kleedlokaal zou delen met Cambiasso, toen international voor Argentinië en speler van Internazionale.

Vardy gold als een heethoofd. Vliegende tackles leverden hem schorsingen op. Aan een knokpartij in een kroeg hield hij een veroordeling over. De aanvaller kreeg een enkelband om en moest een tijdlang om 18.30 uur thuis zijn. Uitwedstrijden zorgden voor logistieke problemen. Soms kon hij een helft meedoen, soms helemaal niet. Een profcarrière leek geen optie.

Opgeven deed hij niet. Bij topamateurs Halifax en Fleetwood Town bewees Vardy, een mindere uitvoering van Dirk Kuijt, met werklust als belangrijkste kwaliteit een wapen te kunnen zijn. Leicester City kocht hem voor één miljoen pond, wat hem de duurste non-Football League-speler ooit maakte. Het Championship viel hem zwaar. Hij overwoog zijn contract in te leveren.

Vardy bleef, groeide en maakte met zijn vele goals promotie naar de Premier League mogelijk. De hoofdpersoon van een variant op *Billy's Boots* (*De wondersloffen van Sjakie*) leek tekort te komen om op dit niveau nogmaals te kunnen schitteren. Meer dan een voetnoot kon hij niet worden. Vardy, fel als een terriër, bewees tegen Manchester United wel degelijk goed genoeg te zijn. Gevoel voor timing kon hem niet worden ontzegd. Later in het seizoen zou hij zelfs zijn debuut voor Engeland maken.

De verzameling gekochte sterren, bijgenaamd de 'Gaalacticos', een speelse verwijzing naar Real Madrids Galacticos, laat zich van de wijs brengen door de energie en de woeste blikken van de tweedehandsjes van Leicester City. Voor het eerst in 853 duels in de Premier League verliest United na een voorsprong van twee doelpunten te hebben verdedigd. Het onvermogen een topverdediger aan te trekken roept meer dan ooit vragen op.

Als Vardy handen schudt en handtekeningen uitdeelt, komt een niet-alledaags groepje heren in oranje gewaden voorbijgelopen. Deze boeddhistische monniken zijn door de Thaise voorzitter Vichai Srivaddhanaprabha ingevlogen om de spelers van Leicester City te zegenen. Getuige hun lichte tred en opgetogen blik zijn ze duidelijk blij met hun inbreng.

Van Gaal gelooft niet in goddelijke interventie. Een redacteur van de clubwebsite laat zich ontvallen door de openstaande deur van de kleedkamer een donderpreek te hebben gehoord. Niet arbiter Mark Clattenburg en de defensie, maar een collectief gebrek aan discipline lag ten grondslag aan de vernedering. Als de manager even later met een rood aangelopen gezicht naar buiten komt, twijfelt niemand aan zijn woorden.

Tijdens de persconferentie herhaalt Van Gaal deze boodschap. In zijn stem galmt de woede na. Als trainer van Barcelona overkwam hem iets vergelijkbaars, vertelt de trainer.

Hij gaf tegen Valencia in zijn debuutjaar een 3-0-voorsprong weg en verloor met 3-4. Uiteraard deelt hij deze anekdote niet zonder reden. Barça werd dat seizoen landskampioen van Spanje.

Bij de fans maakt dit weinig indruk. Ook zijn uitleg – '*We have too many players who want to seek for the goal*' – verzacht de pijn niet. De achterhoede wordt al brommend als schuldige aangewezen. Een beetje verdediger had Vardy een nachtmerrie bezorgd, niet de dag van zijn leven. En, nog veel erger, Van Gaal heeft twee punten minder dan Moyes vorig seizoen. Hebben ze hem dan toch verkeerd ingeschat?

Van Gaals harde kant is in elk geval niet overdreven. De spelers krijgen te verstaan dat ze geen woord mogen wisselen met de schrijvende pers. Als gestrafte schoolkinderen lopen ze met gebogen hoofd richting de bus, inclusief Jonny Evans wiens voet in een speciale schoen zit. Dit hulpmiddel, bedoeld om verdere schade te voorkomen, geeft de ironie weer. Als semiprof was Vardy werkzaam in een fabriek waar dit soort schoeisel werd vervaardigd.

Van Persie, wederom stroef, maakt geen schuldige indruk. Zijn tweede goal van het seizoen haalde duidelijk iets van de zure bijsmaak weg. Voor Blind liggen de zaken anders. Bij Ajax trok hij na een gelijkspel soms al wit weg. Deze nederlaag komt heel hard aan. Duurdere ploeggenoten lieten hem bij Leicester City in de steek. Vaak was hij de enige poortwachter. De 'filosofie' slijt niet in.

AUTOPSIE

Carrington, 22 september 2014

Louis van Gaal laat niemand ongestraft wegkomen met de vernedering in het King Power Stadium. Achter de slagbomen van Carrington richt hij zich tot de spelers. Een voor een komen ze aan de beurt. De autopsie neemt ruim een uur in beslag. Elke vezel wordt onder de microscoop gehouden. Alle ziektekiemen krijgen een naam. Van Gaal voelt zich in zijn hemd gezet en laat dit genadeloos merken.

De selectie leert zijn onbuigzame karakter steeds beter kennen. De sterren merken bij de Nederlander een radertje te zijn in een klok met zijn beeltenis erop. Ze vormen niet langer het centrum van hun eigen voetbaluniversum. Wie niet past in zijn keurslijf of muit, krijgt dit te horen. Het gebrek aan plichtsgevoel tegen Leicester City valt in de laatste categorie.

Wayne Rooney verbaast dit niet meer. Van Gaal stelde in hem niet zijn beste spits te zien. Robin van Persie en Radamel Falcao voldeden beter aan zijn profielschets. De aanvoerder moest genoegen nemen met een plek op het middenveld. Juan Mata, zes maanden eerder als vedette binnengehaald, komt in zijn geheel niet door de keuring. De Spanjaard krijgt tegen Leicester City een plaats op de bank.

Anders dan bij Bayern München, waar paradepaardjes als Franck Ribéry en Luca Toni niet zonder privileges konden leven, zorgt de onorthodoxe aanpak van Van Gaal bij Manchester United niet voor een revolte. Rooney gelooft in hem. Terwijl hij dreigde de club te verlaten toen Ferguson hem een linie terugschoof, blijft hij nu opvallend kalm.

In de kleedkamer mag de verf aan de muren niet afbladderen, de kranten schrapen meedogenloos een laagje vernis van het imago van Van Gaal af. Ze buigen niet mee en leggen zijn uitleg terzijde. De schuld moet niet gezocht worden bij de nonchalance van de voorhoede, maar bij een gebrek aan topverdedigers. De trainer had samen met Woodward afgelopen zomer hierop moeten anticiperen.

Van Gaal scoutte Marcos Rojo op het WK en vroeg de club

werk te maken van Mats Hummels, Thomas Vermaelen en Eliaquim Mangala. Hummels mocht van Dortmund niet weg, Barcelona kaapte Vermaelen weg en Mangala vond Manchester City een betere optie. Zonder alternatieven voor de hand vertrouwde Van Gaal op Jones, Evans en Smalling. Opvallend, gezien hun vuistdikke medisch dossier.

De beslissing om wel een fortuin te betalen voor Shaw zorgt voor weinig flatteuze opmerkingen uit Italië. Woodward heeft volgens de eigenaren van AS Roma, Italo-Amerikanen, de markt verpest. Als United dacht middenvelder Kevin Strootman, door wiens knieblessure Van Gaal de tactiek van Oranje veranderde in de aanloop naar het WK, in de winterstop voor 25 miljoen pond te kunnen ophalen, zaten ze mis. Wie zoveel geld uittrekt voor Shaw, 'middelmaat', mag voor een echte topper 60 miljoen pond neertellen.

Van Gaals zelfverzekerdheid lijkt zich tegen hem te keren. Volgens enkele commentatoren zou hij een glas koud water in het gezicht moeten krijgen. Door te denken van Jones, Smalling en Evans toppers te kunnen maken, overschatte hij zijn kunsten. Het zij hem vergeven als nieuwkomer in de Premier League, maar nu moet hij aan de slag als een normale coach. Niemand maalt meer om zijn filosofie, wel om een waterdichte defensie.

BLIKSEMAFLEIDER

Old Trafford, 27 september 2014

Een blessuregolf van Bijbelse proporties brengt Louis van Gaal in een lastig parket. Met de geschorste Tyler Blackett meegeteld zijn er tien afwezigen. Het bezorgt hem een ongemakkelijk gevoel. Niet eerder zag hij zich met zulk zwaar weer geconfronteerd. De klus bij Manchester United valt hem zwaarder dan gedacht. Een stille kracht zit zijn opbouwwerk dwars.

'Op dit moment misschien wel, ja,' bevestigde Van Gaal tijdens de persconferentie voor het competitieduel met West Ham United. Bij Ajax, Barcelona noch Bayern München stond hij voor zo'n moeilijke opgave. 'Maar je moet het over een tijdsbestek van een jaar bekijken en niet over week waarin we negen blessures hebben en tegen een rode kaart oplopen. Ik moet toegeven nooit eerder in zo'n situatie te hebben gezeten. Dat is dus vreemd. Voor mij is dat lastig te begrijpen.'

De club helpt hem neer te zetten als Sherlock Holmes als uitlekt dat conditietrainer Tony Strudwick niet langer de schema's voor de trainingen maakt. Jos van Dijk, een fitnessgoeroe met wie Van Gaal overal samenwerkt, heeft nu de leiding. Van een oorzakelijk verband is echter geen sprake. Van Dijk hoorde in de VS al bij de staf van United, zij het buiten de schijnwerpers, en is dus onderdeel van het probleem.

Wayne Rooney voorkomt een inquisitie. In een team vol noodverbanden opent hij de score tegen West Ham United. Het publiek krijgt wat van de oude bravoure terug als Robin van Persie 2-0 scoort. Diafra Sakho stribbelt tegen (2-1), maar veel indruk maakt het team van Sam Allardyce niet. Tijd om achterover te leunen krijgen de fans niet. Rooney krijgt, uit het niets, een waas voor zijn ogen.

Rond de middenlijn velt hij Steward Downing met een karatetrap. Arbiter Lee Mason trekt meteen een rode kaart. United moet met tien man ruim een halfuur verder. De wilde tackle kan met enige fantasie als 'professioneel' worden aangemerkt, maar de uitvoering hoort meer thuis in een Bruce Leefilm dan op het veld van Old Trafford. Ineens zit iedereen op het puntje van zijn stoel.

Van Gaals team ontsnapt aan puntenverlies, viert de zege

als ware het een Champions League-finale. De supporters zijn uitzinnig en de coach hoeft de hoon van de pers niet te vrezen. Rooney siert alle achterpagina's. Pundits bespreken zijn *moment of madness* uitgebreid. United krijgt lof voor de vasthoudendheid. Ondanks een waslijst aan afwezigen hielden ze vol. De manager kan even ademhalen.

De pr-machine van United springt snel op de wagen. Robin van Persie krijgt de eer de lancering van een partner van de club op te sieren. Als een gelouterde discipel spreekt hij zijn vertrouwen in Van Gaal uit. De Nederlander, diens captain op het WK, schetst een beeld van harmonie en vertrouwen. 'Het is heel interessant en erg goed, omdat we allemaal aan hetzelfde touwtje trekken,' stelt hij de achterban gerust.

Een paar dagen leidt een graatmagere doelman de aandacht af. David de Gea laat tegen Everton (2-1) zien over de reflexen van een ijshockeygoalie te beschikken. Fans met cinematografische kennis vergelijken hem met Neo, het personage uit *The Matrix*. Dat Di Maria en Falcao (voor het eerst) scoren, pookt de vreugde extra op. United, dat schaakmat leek te staan, klimt naar de vierde plaats op de ranglijst.

5

GADGET

Eccles, 4 oktober 2014

Een filmpje van de onthoofding van Alan Henning uit Eccles maakt voetbal voor even tot een bijzaak. Jihadi John, de Britse beul van ISIS, heeft de taxichauffeur voor een camera in Syrië van het leven beroofd. Het bericht zorgt voor verslagenheid, met name in Greater Manchester, waar Eccles, een United-bolwerk, bij hoort. Een dag voor het thuisduel met Everton bereikt de terreur in het Midden-Oosten de achtertuin.

Henning besloot vluchtelingen in de getroffen gebieden te gaan helpen met water, voedsel en medicijnen. In een ambulance van Rochdale Aid 4 Syria maakte hij drie succesvolle tochten. Zijn vierde reis eindigde net over de Turkse grens. ISIS-troepen gijzelden hem op tweede kerstdag 2013 op verdenking van spionage. Smeekbedes hem te sparen haalden niets uit. Op 3 oktober bevestigde een video zijn lot.

Eccles, onderdeel van Salford, rouwt. Gele linten op afrasteringen, spijlen van hekken en basten van bomen leiden van de halte van de Metrolink, de tram die het dorpje met Manchester verbindt, naar het Eccles Cross, een monument op een pleintje in het oude centrum. De restanten van het origineel, ruim 1500 jaar oud, sneuvelden in de Tweede Wereldoorlog. Na de oorlog werd een nieuw exemplaar geplaatst.

Nu ligt het Eccles Cross bezaaid met bloemen en kaarten voor de familie Henning. De gele linten hebben een diepere betekenis. Ze staan symbool voor het steunen van soldaten en vermiste of gegijzelde mensen. Het gebruik refereert aan het lied 'Tie a Yellow Ribbon Round the Ole Oak Tree', een hit van Dawn uit de jaren zeventig die over een gevangene gaat.

Het openbare leven in de normaliter drukke winkelstraat ligt grotendeels stil, deels uit respect voor het tragische lot van de ambulancechauffeur, deels uit angst. De eigenaars van kebabtentjes en krantenkiosken, moslims, vrezen voor agressie. In de directe omgeving zijn meer pubs dan bloemenzaken en het overmatige drankgebruik maakt niet altijd het beste los in de plaatselijke bartypes. Dat de moslims nu op hun hoede zijn is dus wel te begrijpen. Rond het middaguur is het raak: enkele dronkaards maken amok. De ruzies gaan niet over voetbal of omgestoten glazen bier, maar over geloof en immigranten.

Geld is schaars in Eccles en dus is Minicabs, de taxicentrale waarvoor Henning werkte, ondanks het trieste nieuws gewoon in bedrijf. De media, in groten getale aanwezig, krijgen geen statement van de baas of de personeelsleden. Op de deur zit een briefje bevestigd. In de summiere tekst wordt Henning omschreven als een *amazing selfless man.*

De rust rond het Eccles Cross eindigt abrupt. Een getinte vrouw schreeuwt uit het niets naar een boos kijkende bejaarde met een slok op. 'Staar me niet aan,' klinkt het hysterisch. 'Ik ben Grieks, geen moslim, heb hier niets mee te maken.' Op de plek waar de rouwenden zich hebben verzameld overheerst de stilte. Niemand reageert op het misbaar van de vrouw. De dood van Henning maakt hen sprakeloos. Ze staan als bevroren.

'Ik heb in de loop der jaren veelvuldig bij Alan in de taxi gezeten,' vertelt ene meneer Fennel. Zijn ogen zijn nat, de spieren rond zijn kaken trillen ongecontroleerd. 'Een vreselijk aardige man. Onbaatzuchtig. Hij gaf alles op om de zwakkeren te helpen.' Als een kind van Caribische afkomst een bloem neerlegt, komt zijn grootste frustratie naar boven. De daad van Jihadi John, verzucht hij, polariseert.

Eccles heeft een multiculturele samenstelling. Moslims, christenen en immigranten wonen naast elkaar. De grootste moskee uit de regio staat een paar honderd meter verderop. Fennel: 'Je vriendelijke buurman kan je duizenden kilometers verderop de kop afsnijden. Je vertrouwt niemand meer.' Op het plein waar gerouwd wordt, ontbreken de moslims. Niet omdat het hen koud laat, eerder omdat ze bang zijn.

'Onzin, maar heel verstandig,' fluistert Frank Owen, een dertiger met een zoontje in een shirt van de lokale rugbyploeg. 'Ze durven hun gezichten niet te laten zien. Normaal gesproken struikel je over de hoofddoekjes. Voor mij is het simpel: wie zo'n daad op zijn geweten heeft, is niet Brits. Die verliest zijn identiteit.' Het jongetje knikt ernstig, al lijkt hij niet te begrijpen waarover het gaat.

Het publieke rouwproces leidt de emoties in goede banen. Zo voorkomen ze in Eccles een escalatie. Henning, Gadget voor vrienden, huurde zijn taxi van een moslim, had vrienden uit alle hoeken van de wereld en gaf zijn bestaan op om slachtoffers in Syrië en Irak te helpen. 'Iedereen kent elkaar,' vult Owen aan. 'Dat scheelt ook.' Toch neemt de politie geen enkel risico. Agenten patrouilleren rond de moskee.

De plaatselijke voetbalclubs helpen mee het verdriet en de woede te verwerken. In elk stadion wordt een minuut geklapt om Henning te herdenken. Old Trafford blijft niet achter. Salford (en daarmee Eccles) brengt van oudsher hoofdzakelijk United-fans voort. De club helpt verder mee geld in te zamelen voor een fonds voor zijn achtergebleven kinderen. De selectie doneert een gesigneerde bal.

SIR RON
Old Trafford, 4 oktober 2014

Een honderdtal toeristen kijkt verschrikt naar de hemel als een miezerbui ineens verandert in een plensbui. Het plein voor Old Trafford stroomt leeg. Mensen zoeken beschutting onder de Munich Tunnel of vluchten de fanshop in. Het onweer houdt niet lang aan; de zon zal niet veel later opnieuw doorbreken. De nazomer loopt op zijn laatste benen.

De beelden van Matt Busby en de *Holy Trinity* – George Best, Denis Law en Bobby Charlton – lijken de bezoekers die voor de regen vluchten aanstellers te vinden. De in brons gegoten clubiconen zijn luchtig gekleed en kijken zelfverzekerd de verte in. Het is wat ze hier noemen 'The Mancunian Way': zolang het kwik boven de tien graden is, kom je mannen in korte broek, T-shirt en slippers tegen.

In Newcastle gaan de inwoners, Geordies, nog een stapje verder. Als de ijsbloemen op de ramen staan, nemen mensen van alle leeftijden stoïcijns plaats op het terras om rustig koffie te drinken, met een krant voor hun neus alsof de eerste lentedag is aangebroken. Wie een jas draagt in oktober, kan rekenen op misprijzende blikken. In Manchester zijn de gedragsregels minder streng, maar het scheelt niet veel.

De lucht is inmiddels donkergrijs, tegen zwart aan. Overvloedig water sijpelt van de rode letters die samen de clubnaam spellen langs de glazen wand op de straat. In deze droefenis komt een man in een vale hawaiïblouse aangedribbeld. Zijn brillenglazen mogen beslagen zijn en zijn kalende hoofd drijfnat, hij wekt de indruk over het strand van een tropisch eiland te lopen.

Ron Snellen spreekt plat Haags. Hij is net zo Nederlands als de Keukenhof, de coffeeshops en de molens. De Hagenees, schade-expert in het dagelijks leven, denkt en gedraagt zich als een Manc. Zijn besluit om als puber fan van Manchester United te worden groeide uit tot een levenswijze.

Het verhaal van de Munich Air Disaster emotioneerde hem. De wederopstanding van de ploeg, culminerend in winst van de Europa Cup 1, prikkelde zijn fantasie. De tv-uitzending van de FA Cup-finale tussen United en Liverpool in 1977 gaf hem het laatste zetje. 'United won met 2-1,' vertelt hij. 'Toen was ik definitief verkocht.' Ron groeide uit tot een van de voornaamste leden van het vreemdelingenlegioen.

Snellen geniet van het voetbal, maar vindt de kameraadschap wellicht nog mooier. Met een vast groepje vrienden reist hij de club overal ter wereld achterna. Telkens belandt hij in een pub. Elke keer komt hij daar dezelfde koppen tegen. Zoals het een heer betaamt, houdt hij zijn passie niet voor zichzelf. Snellen is voorzitter van de Dutch Mancunians, opgericht in 1995.

Vandaag fungeert hij als reisleider van een gezelschap van een man of dertig. De invulling staat op voorhand vast. Een dag voor de ontmoeting vliegen ze naar Manchester, brengen dan een bezoek aan het museum in het stadion, krijgen een tour door Old Trafford, gaan haastig naar het hotel, laten zich vollopen aan de toog en melden zich vervolgens met kleine oogjes op de tribune.

Snellen laat zich niet gauw uit het veld slaan. Toen hij voor zijn Hollandse fans een slaapplek probeerde te regelen, merkte hij tot zijn schrik dat de prijzen de pan uit rezen. Ondanks al zijn ervaring had hij iets over het hoofd gezien. Jaar in, jaar uit nemen studenten uit alle windstreken eind september de binnenstad over. Als een sprinkhanenplaag bezetten ze elke lege plek, in afwachting van een permanent onderkomen.

Manchester, met zijn drie universiteiten, werkt als een magneet op studenten uit Azië. Kinderen van welgestelde

Chinezen laten zich niet afschepen met een beschimmeld kamertje in Salford of Moss Side. Met de creditcard van hun ouders in de hand boeken ze hotelkamers met minimaal twee sterren. Het drijft de voetbaltoeristen ver buiten het hart van de stad.

Snellen stelt zijn leden niet teleur. In Wilmslow, een stadje op dertig minuten rijden, heeft hij een goede plek gevonden. Ze verblijven weliswaar niet in de villa's en kleine kastelen waar spelers van Manchester United wonen, maar het hotel met pub voldoet aan de wensen van de leden. René Meulensteen, die om de hoek woont, maakt een *celebrity appearance*.

De voormalige assistent van Ferguson heeft nog altijd moeite met zijn vertrek. David Moyes nam zijn eigen mensen mee. Voor de Brabantse veld- en techniektrainer was er toen geen plek meer. Snellen zag met zijn vertrek het laatste restje romantiek verdwijnen. 'Vroeger kwamen de Nederlandse spelers vaak langs,' verzucht hij. 'Tegenwoordig krijgen we niemand meer te zien.'

Om te laten zien hoe amicaal de verhoudingen waren, haalt hij zijn telefoon tevoorschijn. Hij toont een videoboodschap waarmee Meulensteen en oud-doelman Raimond van der Gouw hem enkele maanden geleden feliciteerden met zijn vijftigste verjaardag. Tot zijn spijt hoeft hij van Robin van Persie, Daley Blind en Louis van Gaal niets te verwachten. 'Ik vraag het niet eens meer. Graag of niet.'

Snellen neemt Van Gaal en de Hollandse voetballers weinig kwalijk. 'United is steeds groter geworden,' zegt hij. 'Zulke dingen kunnen niet meer. Ik snap dat, maar mag het wel vervelend vinden, toch?' Van Gaal kan hem overigens best bekoren. Net als zijn Engelse collega's snakte hij naar verlichting na de ellende onder Moyes. 'Alleen moet hij kappen met dat 5-3-2-systeem. Dat trekken we hier niet.'

Zijn Haagse bloed kookt slechts een tel. Snellen, ook seizoenkaarthouder van ADO Den Haag, heeft van nature een hekel aan alles wat uit Amsterdam komt. 'Dat klopt, maar ik ben vooral United-supporter. Van Gaal leek mij een meer dan goede keuze. Nog steeds hoor, ook al loopt het nu wat minder. Ik mis de avondjes in de Champions League. Als hij die terugbrengt, dan zijn wij tevreden.'

Snellen beent naar het vertrekpunt van de stadiontoer. De gids bedankt hij direct voor zijn diensten. 'Die rondleiding doe ik liever zelf, maar loop gerust mee,' klinkt het. De informatie brengt hij gevat over. De mannen (en een enkele vrouw) luisteren aandachtig. Ook al zijn ze net zo maf van United als Snellen, kennen ze alle feiten en verhalen, ze blijven, net als Louis van Gaal, onmiskenbaar Hollands.

Zelfs een Fries, die vol trots zijn indrukwekkende clubtatoeages laat zien, legt het af tegen Snellen, die nog altijd geëmotioneerd raakt als het overlijden van Busby ter tafel komt. 'Ik zat in een vliegtuig naar de VS, toen ik het nieuws hoorde... De tranen stroomden over mijn wangen.' Hij was overal bij, met de Champions League-finale in 1999 als hoogtepunt. 'Zo speciaal wordt het nooit meer. Maar je blijft fan.'

Om mensen als Snellen rond Old Trafford te vinden hoef je niet lang te zoeken. Op wedstrijddagen lopen er tienduizenden. De Dutch Mancunians vormen een druppel in een oceaan van fans met allerlei nationaliteiten, in telkens wisselende samenstellingen. Volgens een onderzoek heeft United wereldwijd 659 miljoen supporters. Op Zuid-Amerika na heeft de club op elk continent officiële fanclubs zitten. In grote delen van het stadion worden de stoeltjes nooit tweemaal achterelkaar door dezelfde mensen bezet.

Seizoenkaarten zijn onder Engelsen vaak familiebezit. De passen rouleren of worden in geval van (financiële) nood verhuurd, maar nooit opgegeven. De wachttijden voor het aanvragen van een nieuwe beslaan soms tien jaar. Snellen en zijn leden mogen zich gelukkig prijzen. Er zijn fans, geboren in de stad, die nooit een seizoenkaart hebben bezeten.

De meereizende supporters vormen de buitencategorie. Er bestaan zielen die in veertig jaar geen enkel duel hebben gemist, waar ter wereld dat ook plaatshad. Deze kunnen doodserieus op een kompaan wijzen en zeggen: 'Ik weet het niet met hem hoor. In 1984 liet hij de wedstrijd bij Stoke lopen.'

PADDY

Old Trafford, 5 oktober 2014

'We gaven, in de tweede helft, vier grote kansen weg,' bast Louis van Gaal. 'Vier! In eerdere duels deden we dat niet. Ik hou ook van Everton, omdat ze voetbal spelen. Dat zei ik voor de wedstrijd al, maar we moeten sterker voor de dag komen en ons verbeteren.' Van Gaal hoeft geen blad voor de mond te nemen. Manchester United heeft op Old Trafford net van Everton gewonnen (2-1), zij het met moeite.

De coach had met hetzelfde gemak complimenten kunnen uitdelen. Ángel di Maria bezorgde het publiek met zijn fluwelen voetenwerk een aangename middag, Radamel Falcao was bedrijvig en scoorde bovendien. Doelman David de Gea maakte het feest compleet door een strafschop te keren. Een prettiger manier om een interlandperiode in te gaan viel lastig te verzinnen.

'We spelen niet goed, maar staan wel vierde,' oordeelt Van Gaal. Wie hem tijdens het duel bezig zag, weet dat hij geen politiek bedrijft. Nors volgde hij de hectische slotminuten. De chaos achterin mocht de fans op de banken krijgen, zijn voorkeur gaat uit naar minder risicovolle vormen van vermaak. Zijn Spaanse wonderkeeper verbloemde de mankementen. Op de man af gevraagd laat hij zijn hart spreken.

Bij de persconferentie laat Van Gaal een van zijn principes vallen. Normaliter weigert hij individuele spelers uit te lichten. Maar nu hij zich thuis begint te voelen, laat hij de touwtjes vieren. Hij merkt dat de media teren op persoonsverheerlijking. Daar moet hij in meegaan: tegenstribbelen heeft geen nut. De Gea krijgt zodoende een schouderklopje. 'Hij was fantastisch vandaag,' klinkt het opgewekt. Driftig schrijven de journalisten mee.

De jeugdopleiding van de club beleeft in elk geval een goede dag. Met Tyler Blackett, James Wilson en Paddy McNair komen drie tieners uit de academie in actie. McNair (19) maakt de meeste indruk. De verdediger speelt stressvrij en houdt Romelu Lukaku redelijk in bedwang. Dat hij net als George Best en Jonny Evans uit Noord-Ierland komt, spreekt op de tribunes tot de verbeelding.

Of een van de drie ooit de wereldtop gaat halen, valt te bezien. Ze zijn allen atletisch, tamelijk lang en onversaagd. Aan de bal oogt het trio een stuk aardser. Hun techniek ontstijgt de middelmaat niet. Van Gaal heeft betere talenten onder zijn hoede gehad. Hij zal al zijn vaardigheden moeten gebruiken hun niveau op te krikken. Veel tijd daarvoor heeft hij niet.

Van Gaal kampt niet als enige met dit probleem. Als de smaakmakers van de Premier League uitwaaieren voor interlandverplichtingen blijft bondscoach Roy Hodgson met de Engelse kern over. Het verschil met landen als Spanje, Duitsland en Argentinië is groot. In Manchester en omgeving kan Van Gaal met eigen ogen zien waaraan het schort.

INITIALEN

Dukinfield, 11 oktober 2014

Londenaren schudden meewarig het hoofd als Mancunians melden in de tweede stad van Engeland te wonen. Manchester mag aan alle eisen van een metropool voldoen, het centrum past in een holle kies van de hoofdstad. Enkele bureaucraten kwamen op het idee de omliggende gebieden, waaronder Oldham, Bury, Bolton en Salford, erbij te trekken. Daardoor heeft de stadstaat, Greater Manchester, 2,7 miljoen inwoners.

De samenvoeging behelst meer dan een marketingtruc van een pr-bureau om het imago te verbeteren. Greater Manchester mag dan uit losse puzzelstukjes bestaan, Westminster beschouwt de regio als één bestuurlijke entiteit met een zelfgekozen burgemeester en een behoorlijke mate van autonomie. Het noorden, lang achtergesteld, moet zich in het kielzog van dit gidsgebied ontwikkelen tot een Northern Powerhouse.

Van een uit de hand gelopen grap is geen sprake. Overal staan hijskranen. Dagelijks openen nieuwe restaurants hun deuren. Vervallen gebouwen veranderen in kantoren en appartementen. Verpauperde wijken ondergaan een metamorfose. Ketens richten nieuwe winkels in en sportmerken als Adidas en Nike openen *flagship stores* rondom en aan Deansgate. En toch voelt Manchester niet als een metropool; nog steeds heeft het de gemoedelijkheid van een oude provinciestad.

Het platteland ligt niet verder dan een trein- of tramrit van een kwartier verwijderd van Piccadilly. In een groene omgeving zonder continue lawaaivervuiling van bussen en studenten kunnen vogelspotters en fietsers hun hart ophalen. Dukinfield is een van deze oases. De lucht mag er dan gezonder zijn en vestigingen van Costa Coffee ontbreken er, het voetbal houdt er bepaald niet over.

De aanblik van Astley Sports College doet iets anders vermoeden. De grassprieten op de velden glinsteren in de zon. Oneffenheden ontbreken, de ondergrond ligt waterpas. De spelertjes zijn smetteloos gekleed. De schoenen blinken, de shirts zijn keurig in de broeken gestopt. Afwijkende kapsels ontbreken. De coaches, in trainingspakken met hun initialen op de borst, ogen professioneel.

Het sportcomplex dwingt bewondering af, tot de bal begint te rollen. De pupillen, tussen de negen en twaalf jaar oud, beheersen alleen de tackle. Kappen, draaien en een ploeggenoot zuiver aanspelen lukt amper. Tactiek speelt geen enkele rol. Het kick-and-rush fungeert als houvast. Van enige gerichte coaching is geen sprake. Meer dan dooddoeners als 'dat is voetbal' en 'je wint en verliest samen' klinken er niet.

En dan behoort de thuisbasis van de East Manchester Junior Football League nog tot de positieve uitzonderingen. Alle trainers beschikken over papieren. 'Anders mag je van de FA geen team in de League begeleiden,' vertelt Daniel Wyatt. De zeventienjarige scholier beschikt zelf over een *badge*. 'Level 1,' geeft hij aan.

Maar wat is zo'n papiertje waard? Wyatt licht de opleiding toe: 'Het kost je weinig tijd. In twee weekenden kun je de cursus afronden. Je betaalt 150 pond.' Het verklaart de weinig professionele begeleiding. Het merendeel van de mannen langs de lijn moet terugvallen op de kennis die ze bij deze miniopleiding hebben opgedaan.

De Premier League mag miljarden genereren, vrijwel niets van die inkomsten gaat naar het achterland. *Grassroots*-voetbal moet zichzelf bedruipen. De FA helpt niet mee door de prijs van de cursussen hoog te houden. Voor UEFA A, dat in Nederland Trainer/Coach 1 heet, moet 5820 pond worden betaald. Het bedrag vormt voor velen een onneembare drempel. Deze financiële barrière zorgt voor een scheefgroei. De statistieken spreken voor zich.

De bond van wereldkampioen Duitsland vraagt 530 euro inschrijfgeld voor de een na hoogste opleiding. Met ruim 5500 gekwalificeerde coaches met dit diploma laten ze Engeland (1178) ver achter zich. De cijfers nemen absurde vormen aan als de marges worden vergroot. Engeland beschikt over slechts 2769 trainers met minimaal een Level 3-badge, een vereiste om gericht training te kunnen geven.

Duitsland kan daar een aantal van 34.970 tegenover zetten. Spanje heeft 23.995 trainers op dat niveau in de database staan. Langs de lijn bij een bekerduel tussen Mossley en Waterloo komt deze wrange realiteit scherp tot uiting. Met gepaste trots vertelt een vader dat 'hun' coach een van de weinige witte raven is.

Ryan Smith heeft sinds kort een Level 2-badge, betaald door de ouders. Smith (34), echtgenoot van een speelster van de professionele vrouwenliga, beaamt de ernst van de situatie. 'Astley Sports College, waar de FA één veld huurt, is een paradijs. Maar er zijn in de omgeving veel terreinen met totaal kapotte velden, ingezakte doelen of kunstgras van inferieure kwaliteit.'

Over het algehele niveau van de jeugdcoaches kan Smith, van zins om ooit bij een befaamde jeugdopleiding te werken, kort zijn. 'Niet van deze tijd.' De belabberde staat van het Engelse nationale team en het ontbreken van topspelers van eigen bodem in de Premier League komt volgens hem en de ouders niet (alleen) door de instroom van buitenlandse sterren.

'De academies van de grote clubs zijn in orde, maar daaronder zit een zwart gat. Wat wil je? Zonder gediplomeerde trainers in het achterland kun je niet verwachten dat talent zich zomaar aandient.' Het verklaart waarom Manchester United kinderen soms al scout op hun vijfde. Het talent dat er is wil de club graag in veiligheid brengen. De technische achterstand op leeftijdgenoten in het buitenland wordt anders onoverbrugbaar.

Het maakt de opdracht van Van Gaal om jeugdspelers in te passen niet eenvoudig. In Spanje, Duitsland en Nederland komt toptalent vanzelf bovendrijven; Edwin van der Sar was al achttien toen Van Gaal hem oppikte bij vv Noordwijk en naar Ajax haalde. Een vergelijkbare stap is in Engeland bijna ondenkbaar. Spelers hebben op die leeftijd vaak nog geen geschoolde coach gezien. Het maakt de vijver met potentiële vedetten klein.

BOEKENWEEK

Dublin, 9 oktober 2014

Net als vrijwel iedere succesvolle persoon in de voetbalwereld heeft ook Louis van Gaal een autobiografie. Het tweedelige werk wordt geleverd in een hoes met een voor de gelegenheid ontworpen wapen erop gedrukt, in de vorm van een middeleeuws schild.

Op de rechterhelft staat de afkorting 'LvG', in sierletters. Een collage van silhouetten van zijn hoofd, aflopend van realistisch naar abstract, vult het andere deel. Mocht zijn beeltenis ooit voor een munt gebruikt moeten worden, dan liggen de sjablonen bij de uitgever klaar. Met de inhoud onderscheidt Van Gaal zich pas echt. Het is volledig zijn eigen verhaal. Ook hier hield hij de touwtjes strak in handen.

Wie de tekst hardop opleest, hoort Van Gaal spreken. Hij laat niet het achterste van zijn tong zien. De vuile was blijft binnen. Hij haalt naar niemand uit, enkele minuscule speldenprikjes daargelaten. Droog en zakelijk.

Tijdens de interlandperiode merkt Van Gaal dat de Britse cultuur iets anders in elkaar steekt. Uitgeverijen benutten de nieuwsluwe tijd om biografieën van sterren onder de aandacht te brengen. Extravagantie, bravoure en dolksteken fungeren als magneet. Dit jaar zorgen twee ex-voetballers van Manchester United voor de meeste reuring: Roy Keane en Rio Ferdinand.

Keane vliegt naar Dublin voor de officiële presentatie van *The Second Half*. In het Aviva Stadium houdt hij met verve zijn imago in stand. Een zorgvuldig getrimde boevenbaard sluit perfect aan bij het beeld dat mensen van hem als speler hebben. Al snel wordt duidelijk dat Keane, net als vroeger op het veld, enkele openstaande rekeningen komt vereffenen. Zonder angst en genadeloos.

Zijn grimmige entree volgt op voorpublicaties in *The Daily Mirror*. De tabloid heeft zich voor veel geld het recht verschaft de meest prikkelende passages af te drukken. In het geval van Keane struikelt de lezer over de smeuïge details. Hij schopt, spuugt en slaat om zich heen. Zijn duistere kant treedt naar buiten.

Zo doet hij op weinig fijnzinnige wijze uit de doeken hoe een vreselijk ongeval in zijn voordeel uitpakte. Als trainer van Sunderland maakte hij een sportief lastige tijd door. Het nieuws dat Clive Clark, destijds uitgeleend aan Leicester City, een hartaanval had gekregen, deed zijn humeur opklaren. Niemand zou het nog in zijn hoofd halen iets te vragen over de zojuist geleden nederlaag.

Deze ontboezeming valt in het niet bij zijn oorlogsverklaring aan sir Alex Ferguson. Jaren na dato kan hij de Schot nog altijd niet vergeven voor zijn manier van handelen na een beroemd schandaal. Keane haalde voor MUTV, de eigen (abonnee)zender, ongenadig uit naar de selectie. United zond het niet uit, maar de details lekten uit. Ferguson besloot, na de beelden zelf te hebben gezien, de aanvoerder te ontslaan. De uithalen naar de voormalige manager en de rel die erop volgt, leveren zijn biografie in de verkoop direct een tweede plek op in de ranglijst van bestsellers.

In Keanes relaas valt de naam van Van Gaal geen enkele keer. Ferdinand noemt hem in *#2Sides* wel. De centrale verdediger voert hem op om zijn aanval op David Moyes extra kleur te geven. Van Gaals voorganger wordt door Ferdinand tot de laatste snipper uitgebeend. In het Mayfair Hotel in Londen herhaalt hij tegenover BBC-presentatrice Clare Balding zijn weergave van zijn tijd onder Moyes.

Alles krijgt een naam: het verbod op het eten van vetarme patat, zijn 'amateuristische' voorbereidingen op grote wedstrijden, het gebrek aan communicatieve vaardigheden, zijn kleinburgerlijke mentaliteit, het gebrek aan lef en de onmacht te werken bij een club van het statuur van Manchester United. In ruil voor veel, heel veel ponden bijt Ferdinand niet op zijn tong.

Het kan niet anders of een speler in de selectie van Van Gaal doet in de toekomst iets vergelijkbaars met hem. Ontevreden reserves lopen overal rond. Zeker bij Manchester, waar Van Gaal flink moet doorselecteren. Spelers lopen normaliter met hem weg, maar bij de enkeling die hem niet mag, zit de afkeer diep. Franck Ribéry en Luca Toni, met wie hij bij Bayern werkte, gebruiken nog altijd elke gelegenheid om hem af te branden. In deze Boekenweek komt hij er goed af. 'Je kunt het verschil in aanpak zien tussen de verwarring scheppende Moyes en de totale helderheid die Van Gaal meebrengt,' laat Ferdinand optekenen. En, nog vleiender, doelend op zijn 'breintrainingen': 'Ik denk dat ik veel van Van Gaal had kunnen opsteken.'

Achter deze aanname kunnen vraagtekens worden gezet. Anders dan spelers als Paul Scholes en Gary Neville wekte

Ferdinand, een favoriet onder de fans, niet de indruk over verborgen intellectuele capaciteiten te beschikken. Zijn schorsing voor het 'vergeten' van een dopingcontrole gaf hier een aanwijzing voor. Opmerkelijke voorvallen kwamen in zijn naaste omgeving eveneens voor.

In zijn periode in Londen solliciteerde zijn toenmalige vriendin naar de positie van secretaresse bij Ticketmaster. Meer dan haar gezicht en lichaam tonen hoefde ze niet te doen. De persoon die de interviews afnam, kreeg telefoon van een manager toen de dame zich op de afdeling meldde. 'Ik vind alles best, zolang je haar maar aanneemt,' klonk het aan de andere kant van de lijn.

De aantrekkelijke vrouw maakte al snel grote indruk. Een vertrouwelijke fax kwam tot verbazing van haar chef en de ontvangende partij niet aan. Het apparaat bleef maar blanco velletjes uitspugen. Met de machine was niets mis, met de verzender des te meer. Ferdinands liefje had een envelop gepakt, de brief erin gestopt, 'vertrouwelijk' op de voorkant geschreven en vervolgens op de groene knop gedrukt. Geen type voor Van Gaal.

AANVOERDER
Reykjavik, 13 oktober 2014

In zijn tweede interlandweek laat Wayne Rooney zien dat hij onder Louis van Gaal wel heeft geleerd. Zijn ijver, conditie en niveau contrasteren met zijn vorm op het WK in Brazilië. Zijn rol als captain is hem op het lijf geschreven. Hij neemt het voortouw, straalt autoriteit uit en gaat het vuile werk niet uit de weg. Rooney verbaast op een goede manier.

Zijn opgefriste voorkomen pakt in Manchester in zijn voordeel uit. Het helpt hem een paar vijanden milder te stemmen.

Op Old Trafford vergeten mensen niet snel. Hij mag menig belangrijk doelpunt hebben gemaakt, door zijn dreigementen United te verlaten kan de aanvaller zich geen zijwaartse stappen meer veroorloven. Nog maar een jaar geleden vertrok hij bijna naar Chelsea.

Vooral die laatste misstap heeft kwaad bloed gezet onder de meereizende supporters. Ze juichen om zijn goals, maar zingen hem zelden of nooit toe. Als een jeugdig deel in het vak een voorzichtige poging waagt, wordt het direct door de andere fans tot de orde geroepen. Op zijn spel valt onder invloed van Van Gaal weinig meer te mopperen. 'Wazza' mag iets trager dan vroeger zijn, hij toont weer zijn oude venijn.

David Moyes zag hem indutten, Van Gaal schudde hem wakker. Dat de Nederlander over hem beschikt, dankt hij wel aan zijn voorganger. Moyes liet Rooney weliswaar op zijn zestiende debuteren bij Everton, diens vertrek naar United zorgde voor enige animositeit. Rooney voelde zich dan ook niet bezwaard te flirten met Chelsea toen Moyes naar Manchester kwam.

De Schot lijmde de scherven, al gaf zijn opzichtige voorkeursbehandeling te denken. Zonder uit te blinken tekende Rooney enkele maanden later een verbeterd contract dat hem met afstand de best betaalde speler van de club maakte. Dit salaris maakt hij onder Van Gaal langzaam waar. In het shirt van Engeland toont de spits dezelfde verbetenheid, zij het met direct waarneembaar resultaat.

Rooney, de enige United-speler op het wedstrijdformulier, scoort op Wembley tegen San Marino (5-0) en maakt de enige treffer tegen Estland (0-1). Robin van Persie zet een omgekeerde lijn in. De man die Rooney lang overvleugelde, zorgt bij Oranje voor misbaar. Zonder hoogstandjes of beslissende goals om op terug te vallen, bevindt hij zich ineens in het oog van een storm.

Een spits op zoek naar vorm verhoogt zelden de stemming op een feestje. Van Persie onderscheidt zich hier niet in. Prikkelbaar en geïrriteerd meldt hij zich in Noordwijk. De Rotterdammer kent zijn gebreken. In plaats van de gereedstaande journalisten een soundbite te geven stuurt hij zijn auto rechtstreeks de parkeergarage in. Elke vraag kan in potentie tot een stekelig antwoord leiden.

Alleen een doelpunt kan zijn humeur opklaren. Tegen Kazachstan mislukt zijn eerste poging. Een rommelige aanval leidt ineens tot een kans. Nigel de Jong kopt een bal in het strafschopgebied. Van Persie gebruikt zijn lichaam, controleert en knalt voorlangs. Als hij opkijkt, roept Klaas-Jan Huntelaar hem tot de orde. De aanvaller van Schalke 04, vrij op de doellijn, had aangespeeld willen worden.

Van Persie, ziek van de misser, maakt met zijn hand een knijpgebaar. Huntelaar moet zijn mond houden, zo bedoelt hij. Als Van Persie later uit een strafschop scoort, weigert hij opzichtig de felicitaties van zijn kwelgeest. Nederland wint met 3-1, maar in de pers voeren de incidenten de boventoon. Al het vuil van de laatste jaren wordt op een hoop geveegd en tentoongesteld in paginagrote verhalen.

Tijdens het EK in Polen en Oekraïne weigerde Van Persie te praten met het journaille. Hij stond op het punt een transfer van Arsenal naar Manchester United te maken. Elk woord hierover kon de uitkomst negatief beïnvloeden. Zijn keuze helemaal te zwijgen zou zijn vergeten als Nederland niet puntloos in de groepsfase was gestrand. Het volk zocht schuldigen. Van Persie, niet in beste doen, kreeg veel kritiek.

Zelf hield de aanvaller een vieze smaak in zijn mond over aan de handelwijze van Huntelaar, die zichzelf naar voren schoof als een betere optie. Tijdens het WK in Brazilië zorgde Van Persie zelf voor rumoer. Na de gewonnen wedstrijd om brons haalde hij hard uit naar Pierre van Hooijdonk, die hem in het begin van zijn voetballeven bij Feyenoord het leven lastig maakte. De oud-spits ergerde zich aan het (in zijn ogen) verwende gedrag van het talent, dat zich zijn op beurt irriteerde aan diens kritische en soms pesterige houding.

Zijn reactie kwam niet uit de lucht vallen. Van Persie worstelde in Zuid-Amerika met zijn fitheid en moest de hoofdrol aan Arjen Robben laten. Op veel begrip hoefde hij niet te rekenen. Analist Van Hooijdonk, voormalig topschutter van onder meer Celtic, twijfelde aan zijn meerwaarde. De professional in Van Persie beet op zijn lip, totdat de straatvoetballer in hem de woordvoering overnam.

Pijnlijker was de berichtgeving over een spelersfonds van het nationale team. De helft van de inkomsten uit persoonlijke deals moesten worden overgemaakt naar Team Holland. Met Hugo Boss, Calvé, Beats by Dr. Dré en Pepsi behoorde Van Persie tot de best gesponsorde spelers. Anders dan zijn collega's werkte hij niet slaafs mee aan de financiële afwikkeling.

Dit wekte bevreemding op. Van Gaal had de oude situatie een jaar eerder op de schop gegooid. De toenmalige regeling – twintig procent naar de pot – kon in zijn ogen niet. Zijn eis dit percentage te verhogen naar vijftig stuitte op weerstand, waarop de bondscoach de spelersraad ontmantelde. Hun opvolgers, onder wie Van Persie, gingen wel akkoord.

Uitgerekend de aanvoerder bracht Van Gaal in Brazilië in verlegenheid. Als lid van de kascommissie weigerde hij een handtekening te zetten onder een betaling uit het fonds voor het regelen van een chartervlucht voor vrienden en familie voor een groepsduel. Het toestel dreigde aan de grond te blijven, totdat een touroperator het bedrag voorschoot.

Voor alle voorvallen kon Van Persie een plausibele verklaring geven. Zijn adviseurs waren bijvoorbeeld een betaling in termijnen overeengekomen met de voetbalbond. In tijden van voorspoed zouden ze niet meer dan een voetnoot zijn geweest. Helaas voor Van Persie zat het sportief niet mee. Het rommelde bij Oranje, met als dieptepunt een nederlaag op bezoek bij IJsland (2-0).

Na een moeizame start in Manchester krijgt Van Persie in de Nederlandse pers niet de gewenste oppepper. Zijn rol als boegbeeld wordt, al dan niet terecht, in twijfel getrokken. Zijn karakter werkt tegen hem. Zodra zijn lichaam tegensputtert of mensen twijfelen aan zijn capaciteiten, raakt hij zijn helikopterperspectief kwijt. Het valt hem lastig kwalijk te nemen. Weinig topspitsen staan bekend als allemansvrienden.

Van Gaal krijgt hiermee in de interlandperiode nog een bevestiging van de juistheid van zijn keuze Rooney de aanvoerdersband te geven. Althans, voor het moment. Rooney, net als Van Persie een afmaker, reageert bij tegenslag vaak primair. Types als Daley Blind en Michael Carrick kunnen hun emoties beter de baas. Alleen: de één komt net kijken, de ander zit in de herfst van zijn carrière.

BUREN

Etihad Stadium, 18 oktober 2014

Ongeveer tweehonderd mensen in lichtblauwe voetbalshirts kijken op het perron van de tramhalte bij Piccadilly Gardens, in het centrum van Manchester, naar een Aziatische student van een jaar of vijfentwintig. Ze wijzen naar hem, vloeken binnensmonds of schudden hun hoofd. De meute komt absoluut niet agressief over, wel bezorgd en een beetje verbaasd over zoveel domheid. Eentje, een oudere heer, stapt op hem af.

'Waar ga je naartoe, als ik vragen mag?' begint hij. Blij verrast door de aandacht zegt hij iets luider dan noodzakelijk: 'Naar het Etihad Stadium.' De heer kucht. 'Uhm, dat lijkt me niet zo'n goed idee.' Hij wijst op diens kleding. 'Ik zou, als ik jou was, toch een andere dagbesteding zoeken. Zie je deze groep mensen? Vriendelijk, hè? Bij het stadion lopen minder zachtaardige types rond.'

De student begrijpt de hint niet. 'Ik ben voor niemand bang,' klinkt het zelfverzekerd. Enkele omstanders denken inmiddels met een kleurenblinde van doen te hebben. 'Ken je het verschil tussen rood en blauw?' vraagt een van hen op een toon alsof hij een zwakzinnige voor zich heeft. 'Jij draagt rood, het shirt van Manchester United om precies te zijn.'

Zonder een spier te vertrekken antwoord de man: 'Natuurlijk! Ik ga naar de wedstrijd van United!' De eerder nog zo zorgvuldig formulerende oudere heer maakt met zijn hand een wegwerpgebaar. 'Ongelooflijk. Die gek is toch niet te geloven?' Als hij zich uit de voeten maakt, brengt een ander het slechte nieuws over. 'United speelt op maandag, uit bij West Bromwich Albion...'

Het kwartje valt abrupt. De student heeft zonder het te beseffen een kaartje voor City-Tottenham Hotspur gekocht. De speellocatie, niet Old Trafford maar het Etihad, deed geen belletje rinkelen. In een poging zijn gezicht te redden blijft hij maar lachen. 'Ik maakte maar een grapje.' Als de tram arriveert, stapt hij echter niet in. Tot plezier van de passagiers.

De wereldvreemde fan hoeft niet te vrezen op internet aan de schandpaal te worden genageld. Net als hun buren aan de andere kant van de stad zouden ze met voorvallen als deze uren op YouTube kunnen vullen. Straatventers leven grotendeels van types als hij. Een supporter met enig besef van de voetbalcultuur koopt geen half-and-half scarf. De misbaksels worden gretig afgenomen door onnozelaars.

De verkopers kennen hun clientèle. Ze weten precies waarop ze moeten letten. De blije naïevelingen dragen meestal een gloednieuw shirt – vers uit de fanshop – en beschikken doorgaans over een smetteloos gebit en ruiken niet naar drank. Schoenen, broeken en accessoires kosten een vermogen. Tramhalte Old Trafford geldt voor de twijfelgevallen als een onfeilbare test.

Met hun zaktelefoon in de hand steken ze de rails over om direct een foto van het stadion te kunnen maken. Als hun medereizigers langs hen doorwandelen, slaat de paniek licht toe, zeker wanneer een meisje moet worden geïmponeerd. Iets klopt er niet, maar ze kunnen hun vinger er niet direct achter krijgen. Zou het? Nee. Zou het dan toch? Nee.

Om de verwarring compleet te maken zijn er ook nog eens twee stadions die Old Trafford genoemd worden. Gelukkig eindigt het cricketseizoen min of meer bij de start van de Premier League. Anders zouden ze zonder met hun ogen te knipperen zo het terrein van Lancashire betreden in de veronderstelling Wayne Rooney en David de Gea aan het werk te kunnen zien. Het andere Old Trafford ligt echter een kleine kilometer verderop.

Het Etihad Stadium trekt minder van zulke toeristen. Bezoekers uit den vreemde weten meestal hoe het hoort. Ze begrijpen de traditie, kennen de gebruiken en komen over als authentieke voetbalsupporters. Manchester City voelt ondanks de schaalvergroting van de laatste paar jaar iets laagdrempeliger aan dan United, dat de stadsgenoot op vrijwel elk ander gebied overvleugelt.

Op sportief vlak heeft de ploeg van Louis van Gaal momenteel minder te bieden. City is landskampioen, staat tweede op vijf punten van koploper Chelsea en vermaakt met soms hoogstaand voetbal. Spurs wordt met 4-1 weggetikt. Sergio Agüero maakt alle doelpunten voor City. De Argentijn, met Ángel di Maria en Marcos Rojo actief op het WK, speelt jaloersmakend goed.

Van Gaal, over enkele weken hier te gast voor de derby, moet zich serieus zorgen maken. De sfeer contrasteert met die op Old Trafford. Het publiek in het Etihad zingt minder, maakt minder lawaai; een tribune gevuld met de fans van United is net zo ongeleid en uitbundig als een veelkoppige draak. De volgelingen van City doen het rustig aan: gelijk het gemoed van manager Manuel Pellegrini blijven erupties uit. De Chileen vormt een tegenpool van de extroverte Nederlander.

Stressvrij is hij niet. De emotie en de spanning tonen zich in de groeven in zijn gelaat. Pellegrini lijkt op een vrije dag tien jaar jonger dan tijdens een persconferentie na een wedstrijd. De huid van zijn gezicht heeft dan een grijze tint aangenomen. Tientallen rode adertjes verdringen het wit in zijn ogen. Reusachtige wallen eronder maken het beeld van een getergde man compleet.

Hij laat dit verder niet merken. Zijn antwoorden blijven kort, monotoon en gortdroog. Pellegrini, geschoold als ingenieur, houdt zijn ziel verborgen voor de buitenwacht. Op arrogantie valt hij niet te betrappen. Hij komt bescheiden, maar kundig over. Van Gaal is, zoals Ed Woodward het omschreef, *larger than life*. Dat past beter bij United. Niemand kan om hem heen.

De club heeft gekozen voor een flamboyante persoon, aansluitend bij de clubcultuur. Bij City past Pellegrini goed. Minder vertoon van spierballen, andere omgangsvormen en diep vanbinnen een sluimerend gevoel van onzekerheid. United, decennialang de sterkste van de twee, noemt zich de grootste club op aarde en draagt die boodschap zonder een spoortje twijfel uit.

City mag op afstand worden bestuurd door een steenrijke sjeik, het Etihad heeft geen overdreven poenerige uitstraling. In vergelijking met het rigide persbeleid van United voelt City als een vrijhaven. De *mixed zone*, een afgebakende plek waar journalisten spelers na afloop van een wedstrijd kunnen treffen, is anders dan op Old Trafford geen exclusief terrein voor rechtenhouders – tv en radio – en één Brits lid van het schrijversgilde.

Andersom gaat het er net zo relaxed aan toe. De entourage van de selectie meldt zich bij de kleedkamers. Vrouwen, kinderen, broers, zussen, vaders, moeders, nanny's, chauffeurs, vrienden. De optocht van mensen met toegang tot het hart van de club is eindeloos. De beveiliger kent de gezichten. Na een beleefd knikje zwaait hij de deur open.

De posse van Fernandinho, herkenbaar aan baseballpetjes en afgezakte broeken, komt voorbij. De vrouw van aanvoerder Vincent Kompany meldt zich. Presentatrice Christine Bleakley, de verloofde van Frank Lampard, schrijdt langs. Diens vader blijft staan om met een verslaggever informeel een babbeltje te maken. Pellegrini wenst de wachtenden in de gang een prettige middag.

DIFFERENT COOK

The Hawthorns, 20 oktober 2014

De documentaire *Life of Ryan: Caretaker Manager* volgt Giggs in zijn laatste seizoen als professional. Het slot krijgt door het ontslag van David Moyes een onverwachte wending. De meest succesvolle Britse clubvoetballer aller tijden neemt zijn taken in de nog resterende weken waar. Als speler/manager moet de Welshman beslissen over zijn eigen rol op het veld.

Zijn pokerface maakt geen tel plaats voor een open blik. Kijkers krijgen geen idee van wat er echt door zijn hoofd speelt. Hoe hij spelers inschat, valt uit de beelden niet op te maken.

Eén voetballer van Manchester United krijgt indirect een sneer bij een shot in huiselijke kring. Zijn zoontje zet uit baloriigheid een poef op zijn hoofd en roept met een gek stemmetje: 'Fellaini.'

Het jongetje, net als zijn vader opgegroeid met de club, laat op een luchtige manier zien hoe fans over de Belgische aankoop van Moyes denken. Niemand herinnert hem om zijn balvaardigheid of doelpunten. Buiten zijn afrokapsel beklijft niets. Moyes noch Giggs deed veelvuldig een beroep op hem. Als klap op de vuurpijl kampte hij met een enkelblessure in de transferperiode.

Ondanks deze kwetsuur toonde Napoli interesse in hem. Hij sprak met een delegatie van de Italiaanse club, in de wetenschap op Old Trafford op een dood spoor te zijn beland. Fellaini besloot desondanks te blijven. Op zo'n onelegante manier vertrekken wilde hij niet. Daarbij had Louis van Gaal hem gezegd met een schone lei te kunnen beginnen. Op de tribunes geloofde niemand in een wederopstanding.

Als hij op The Hawthorns na de pauze invalt voor Ander Herrera, rekent het publiek deze maandagavond dan ook niet op een galavoorstelling. United staat met 1-0 achter tegen West Bromwich Albion. De kans op een doelpuntenregen lijkt miniem. Van Persie worstelt met zijn vorm. Opties om hem te vervangen zijn er niet. Falcao zit vanwege een 'jetlag' niet bij de selectie. Rooney is nog geschorst.

Fellaini, net als Giggs geen open boek, voelt ogenschijnlijk geen druk. Amper binnen de lijnen controleert hij een hoge bal met de borst, laat die op de grond vallen, trekt naar rechts en haalt verwoestend uit: 1-1. West Bromwich scoort echter weer. Ditmaal trekt Blind de stand gelijk. Met de binnenkant van de voet vindt hij een minuscuul gat in een woud van benen (2-2).

De dramatiek met Fellaini in een voorname bijrol blijft amper hangen. Van Gaal is daar de oorzaak van. De ontsnapping in het stadion in Sandwell, naast Birmingham, doet wat met zijn hersenen. Nederlandse woorden schieten naar buiten. De syntaxis rammelt meer dan anders. Van woede over het uitblijven van de eerste uitzege is geen sprake. Naar omstandigheden komt hij behoorlijk monter over.

Het zinnetje '*we gave the goals away*' zorgt al voor omhooggekrulde mondhoeken. Na zijn analyse van de komende tegenstander denkt niemand meer aan Fellaini. '*Now we have to play against Chelsea,*' begint hij. '*In the Netherlands they say that is another cook. I don't know if it is in English ook like that. But* – hij lacht als de zaal voor hem verwart kijkt – '*no. Ja. It is another biscuit.*'

Krantenjongens knikken dankbaar. Het taalgevoel van Louis van Gaal heeft hen van een probleem verlost. De pagina's vullen zich vanzelf met zijn vondst. In de erop volgende dagen duiken overal varianten van zijn vertaling van 'andere koek' op. 'Different cook' is er een van. De exacte betekenis ervan – in het Engels *a different kettle of fish* – blijft een probleem.

Anders dan in Nederland stoort vrijwel niemand zich aan het taalgebruik van Van Gaal. Voor journalisten is het soms een bewerkelijke klus om zijn constructies te ontrafelen, maar zich erover opwinden doen ze niet. De Premier League zit vol met trainers voor wie Engels hun tweede of derde taal is. En Britse managers zorgen soms voor minstens zoveel verwarring.

Het Glaswegian accent van Alex Ferguson was regelmatig zo onverstaanbaar dat verslaggevers met elkaar afspraken het op een bepaalde manier op te schrijven na een geluidsfragment tientallen malen te hebben afgespeeld. De beroemde uitdrukking '*squeeky-bum time*', billenknijpen in de slotfase van een finale of competitie, zag zo het levenslicht.

De zegswijze bestond voor Ferguson die bezigde zelfs niet

eens. De betekenis moest met behulp van de context worden ontleed. '*Squeeky-bum time*' kwam nadien in het woordenboek terecht en maakt onderdeel uit van de spreektaal. Van Gaal heeft het Engels nog niet in die mate beïnvloed, maar aan het einde van het seizoen gaan '*we can start looking upstairs*', '*we did always the light out*', '*my selection*', '*it's the same song*' en '*I'm from a little bit iron*' onder fans vaak over de tong.

Zijn populariteit helpt. De Engelsen horen hem graag, zoals Spanjaarden Johan Cruijff prettig in het gehoor vinden liggen en in Nederland niemand zich druk maakte om de Duitse tongval van Ernst Happel. Harde grappen maken over iemands geworstel met taal ligt ook niet in de Britse aard. Subtiele humor mag wel, waarvan de soms letterlijke overname van zijn spreekwijze door kranten een voorbeeld is.

'*Another biscuit*' mist zijn uitwerking niet. De volgende dag is de soundbite in Manchester op menig telefoon als ringtoon terug te horen. Fellaini bewerkstelligt ook iets met zijn goal. De 'pruik' geldt na zijn bezoek aan The Hawthorns weer als een voetballer.

6

MAFFIA

Manchester, 23 oktober 2014

'Als ik één woord moest kiezen om hem te typeren, dan zou het "formidabel" zijn.' Met dit zinnetje geeft sir Alex Ferguson zijn zegen aan Louis van Gaal. Het verlossende gebaar heeft lang op zich laten wachten. De Schot stelde het bewust uit. De heruitgave van zijn autobiografie, vergezeld van een tournee die onder meer Manchester aandoet, moest over enige kruiden beschikken om het grotendeels bekende verhaal op smaak te brengen.

In het boek krijgt Van Gaal niet alleen de goedkeuring van de oude meester. De lof wordt vergezeld door een subtiele waarschuwing en een vriendelijk schouderklopje. En Ferguson geeft zijn opvolger een richtsnoer. Als Van Gaal daarvan niet afwijkt, kan hij rekenen op zijn steun. De naam van Ryan Giggs valt in dit verband niet toevallig vaak. Ferguson laat merken hem als een zoon te zien. Het 'kom niet aan mijn kind' is duidelijk hoorbaar.

Ferguson noemt Van Gaal 'een goede keuze'. De invloed van Giggs op spelers plaatst hij op gelijk niveau met die van Cantona. De beslissing de Welshman tot zijn assistent te benoemen is 'geweldig'. 'Giggsy' kan van hem het vak leren, terwijl Van Gaal de geheimen van Manchester United van de ex-vedette ingefluisterd kan krijgen. Alsof hij Giggs aanwijst als toekomstig manager van de club.

Ook al maakt Ferguson duidelijk een voorbehoud, toch kon Van Gaal, in zekere zin geen ingewijde, geen beter compliment krijgen. Rio Ferdinand omschreef Ferguson niet zonder reden lachend als een maffiabaas. De oude coach was altijd uitstekend geïnformeerd, dankzij een onzichtbaar netwerk van informanten. Als een voetballer dacht ongezien een nachtclub binnen te wandelen, ging bij Ferguson thuis de telefoon.

De club vormde zijn domein, de selectie en diens staf zijn familie. Mensen van buiten vertrouwde hij zelden. Waar mogelijk liet Ferguson zich omringen door loyale onderdanen. Na zijn pensioen mag hij dan meer op de achtergrond opereren, in de rol van ambassadeur en directeur, de fans weten hem nog altijd te vinden. Als Ferguson verschijnt op Old Trafford, groet het halve stadion hem plechtig.

Van Gaal kent de grillen van legendes. In Barcelona zaagde Johan Cruijff structureel aan zijn stoelpoten. De man wiens woorden in Catalonië net zo zwaar wogen als die van Ferguson in Manchester, hield hem geen tel uit de wind. Van Gaal werd neergezet als een vazal van preses Josep Nuñez, die zwaar onder vuur lag. Toen Nuñez zwichtte voor de kritiek, hield de trainer de eer aan zichzelf.

Op Old Trafford heerst geen revolutionair klimaat. Althans niet meer. In 2005 (en 2010) leidde de overname van de club door tycoon Malcolm Glazer tot een gifwolk. Fans keerden zich tegen de Amerikaan en zijn schuwe zonen. Protesten kregen een grimmig karakter. Een deel van de aanhang keerde United de rug toe en richtte FC United of Manchester op, tot woede van Ferguson.

Toch zorgde de loyaliteit van de Schot niet voor een onwerkbare situatie. De supporters hadden nu eenmaal een te groot respect voor de trainer. Van Gaal hoeft de Glazers niet te verdedigen. Een decennium na hun entree ontbreekt de munitie voor een opstand. United heeft onder hun leiding Barcelona en Real Madrid ingehaald op financieel vlak. De club blaakt van gezondheid. Eigenlijk klaagt niemand meer.

Van Gaal krijgt geen politiek getinte vragen voorgeschoteld. De enige twee kampen die voor onrust zouden kunnen zorgen, houden zich kalm: de Class of '92 en Ferguson, hun mentor. Paul Scholes en Phil Neville roepen in hun rol van analist soms iets over de tactiek, maar verder blijft het stil. Anders dan in Barcelona lijkt Van Gaal in Engeland geen vijanden te hebben.

In Manchester heeft bijna iedereen een mening over United, en over Van Gaal. Iedereen kent wel iemand die direct of indirect aan een van de twee grote clubs is verbonden. Spreek je mensen in een willekeurige kroeg over de club, dan is er altijd wel iemand die je kan vertellen dat Van Gaal zeer aardig voor het personeel op Carrington is. Dan blijkt een kennis van een vriend van een familielid daar te werken.

Ditzelfde fluistercircuit meldt dat hij zich op zijn gemak voelt in Manchester. Op verschillende plekken in de stad is hij 'gezien'. Bij fish and chip shops, koffietentjes en, meestal, in de buurt van Wings, zijn favoriete Chinese restaurant. Alle verhalen zijn lovend. Van Gaal maakt een praatje, gaat met iedereen op de foto en laat mensen lachen.

Ondanks deze prettige kennismaking maakt Van Gaal een beginnersfout. Om de media voor eventjes stil te krijgen, had hij kort na zijn aanstelling gezegd een kwartaal nodig te hebben om het elftal zijn filosofie volledig te laten uitvoeren. Dan mocht hij worden beoordeeld. 'Het hangt af van de karakters in het team,' vertelde hij. 'Ik kan het niet zeggen, maar normaal gesproken neemt het twee tot drie maanden in beslag.' Deze uitspraak komt als een boemerang in zijn gezicht terug. Elk medium van enig statuur maakt honderd dagen na zijn komst de balans op.

De schade valt mee. Ondanks de sportief weinig sprankelende periode komt Van Gaal redelijk uit de verf. Geen van de opstellers van de rapporten ziet aanleiding hem onder druk te zetten. Een 7 of een 7-, lager vallen de cijfers niet uit. De meesten sluiten een landstitel nog niet uit. Het journaille toont zich begripvol. Deels uit pragmatische overwegingen, deels omdat het merendeel van de vaste volgers fan van de club is.

Ferguson, de belangrijkste stem, vat het algemene gevoel samen. 'De club heeft vorig seizoen zware tijden doorgemaakt, maar de steun nam nooit af, de fans waren fantastisch. Ik vond het jammer voor David Moyes, maar het zou altijd, voor iedereen, lastig zijn geweest mij op te volgen. We kijken ernaar uit vooruit te komen en succes te boeken onder leiding van Louis van Gaal.'

OPOEFIETS

Manchester, 24 oktober 2014

De fanschare van Daley Blind neemt met de dag toe. In korte tijd heeft argwaan over zijn lage transfersom plaatsgemaakt voor bewondering. Van al die dure nieuwkomers past die onbekende Amsterdammer zich het vlotst aan. Kenners, onder wie ex-speler Nicky Butt, roemen zijn veelzijdigheid. Hij kan uit de voeten als linksback, centrale verdediger of controlerende middenvelder.

Het publiek leert hem snel op waarde te schatten. Blind lijkt niet geïntimideerd. In het veld is zijn zelfvertrouwen duidelijk zichtbaar: zelfs omringd door drie man oogt hij rustig. Hij heeft overzicht. Vaak neemt hij de bal niet eens aan. Met een tikje van zijn binnenkant of wreef verplaatst de Nederlander het spel direct. En, zo blijkt, als het moet kan hij met een geplaatst schot scoren.

'Een geheim heb ik niet,' vertelt hij. 'Ik probeer gewoon het gevraagde niveau van de Premier League en mijn ploeggenoten te halen. Daarbij heeft de trainer voor elke wedstrijd een heel duidelijk plan. Dat helpt zeker. Op voetbalgebied klikt het en het geeft je vertrouwen een boost als de trainer gelooft in je kwaliteiten. Op persoonlijk vlak kunnen wij, de spelers, goed met elkaar opschieten.'

Deze laatste opmerking komt niet uit de lucht vallen. Blind grapt met de Spaanstalige voetballers, schroomt niet om vedetten als Di Maria aan te sturen en wordt door Rooney als een gelijke behandeld. 'Iedereen respecteert elkaar zeer. Ik ben in de kleedkamer op een warme manier welkom geheten.' Hij lacht en haalt zijn schouders op. 'Dus ja, ik heb me eigenlijk snel aangepast aan United.'

Blind onderscheidt zich wel van zijn ploeggenoten. Waar de andere spelers een villa betrekken in Cheshire, het Gooi van Noordwest-Engeland, wil de international uit Amsterdam liever in het centrum wonen. Om Manchester te leren kennen en waarderen moet hij de 'buzz' voelen. Mensen zien, de stadsgeluiden horen en de drukte voelen.

'Daarom wonen we in het centrum,' legt hij uit. 'Mijn vriendin en ik zijn nog jong. Helemaal voor haar wilden we ergens zitten waar ze zich veilig voelde en rustig haar ding kon doen als ik weg ben.' Zijn appartement biedt een schitterend uitzicht over Manchester. 'Een mooie, rustige plek waar we niet te veel worden lastiggevallen.' De rit naar het trainingscomplex neemt slechts een kwartiertje in beslag.

Blind laat zich niet verleiden tot lyrische bespiegelingen over de stad. Zoals het een Amsterdammer betaamt, stelt hij zich laconiek op. Grijnzend: 'Je mag Amsterdam met geen enkele stad in de wereld vergelijken. Ik mis Amsterdam ontzettend, maar ik vind Manchester best aardig. Het is een leuke plek, waar van alles te doen is. Ik heb het naar mijn zin hier.'

Later in het seizoen toont hij zijn Hollandse kant door op een opoefiets door de stad te fietsen. Dat hij terugtrapremmen heeft, zorgt voor consternatie. Die worden in Engeland als hoogst onveilig gezien. De humor ervan ontgaat niemand. Terwijl de meeste spelers de motoren van hun bolides laten grommen in het centrum, maakt Blind liever een rondje op een afgetrapte fiets met het risico een boete te krijgen.

In Amsterdam deed hij in zijn Ajax-periode iets vergelijkbaars. Blind zette zijn auto een tijdlang overal in de stad neer zonder geld in de meter te gooien. Geen gierigheid maar de zucht naar spanning dreef hem. Hij vond het leuk de grens op te zoeken en beleefde er plezier aan telkens zonder een bon weg te komen.

Het verbale werk laat hij liever aan anderen over. Van Gaal heeft daar minder moeite mee. Met Chelsea en Manchester City als eerstvolgende tegenstanders probeert hij de druk weg te nemen. Zijn beginperiode bij Bayern München gebruikt hij als voorbeeld. Het duurde vijf maanden vol pieken en dalen alvorens de ploeg begon te draaien. Een duel in de Champions League met Juventus (4-1) vormde het keerpunt.

De zege van de Zuid-Duitsers in Italië leidde uiteindelijk tot de landstitel. Manchester United zou in theorie hetzelfde pad kunnen bewandelen. Alleen benadert de ploeg het niveau van die ene dag in het Stadio delle Alpi bij lange na niet. En hij ziet dat ook niet zo snel gebeuren. 'Je hoopt dat zoiets kan, maar ik denk dat er momenteel sterkere teams zijn...' nuanceert hij.

Bij Bayern trof hij alle juiste ingrediënten aan, wil hij zeggen. United laat zich, zoals de supporters hebben kunnen zien, beter vergelijken met een incomplete puzzel. 'Wij bouwen aan een team,' vertelt Van Gaal. 'Daarom heb ik drie jaar de tijd gekregen. Ik hoop dat we onze gezamenlijke droom kunnen waarmaken.' Een plek bij de eerste vier in zijn eerste jaar zou al heel knap zijn.

HILLSBOROUGH
Sheffield, 25 oktober 2014

De moeizame eerste stapjes van Louis van Gaal bij Manchester United kan Glenn Loovens goed op waarde schatten. De aanvoerder van Sheffield Wednesday maakte hem dertien jaar geleden vijf weken lang intensief mee. Van Gaal had besloten als bondscoach van het grote Oranje ook de jeugdinternationals te begeleiden op weg naar en tijdens het WK Onder-20. Loovens, zeventien jaar oud, hoorde bij de selectie.

'Dat WK werd gespeeld in Argentinië,' geeft hij aan. 'We zaten drie weken daar en kwamen twee weken voor het toernooi al bij elkaar. Elke dag op elkaars lip. Ik was toen nog heel jong. Op die leeftijd vergeet je een hoop. Nu kijk ik er iets anders tegenaan. Ik zou willen dat ik Van Gaal op deze leeftijd zou hebben meegemaakt, nu ik meer nadenk over het spelletje.'

Loovens stond bij Feyenoord bekend als een dromer. Trainers vonden zijn instelling vaak te nonchalant. Zelf dacht hij alles uit de kast te halen. In de praktijk viel dat mee. Aan talent ontbrak het hem niet. Ploeggenoten in de kleedkamer in Sheffield kunnen amper geloven dat hij ooit de UEFA Cup won. Het zat hem niet altijd mee. Blessures zaten hem op cruciale momenten in de weg.

Het perfectionisme van Van Gaal kan hij zich nog zo voor de geest halen. 'Besprekingen hield hij met een laserpennetje in de hand,' zegt hij lachend. 'Alles moest perfect geregeld zijn. Tot het eten aan toe.' Door het gesloten karakter van Manchester United wordt dit beeld van de manager uitvergroot. Loovens weet uit ervaring dat hij minder zwart-wit in elkaar steekt. Voetballers worden niet behandeld als soldaten.

'Ik weet dat hij makkelijk te benaderen is. Alje Schut en ik zaten bij de selectie, maar waren negentiende en twintigste man. Tribuneklanten eigenlijk. Maar ja, hij zei dat hij dat pas later had besloten... We stonden onder aan een lijst bij een vrouw die zeg maar de indeling regelde. Ik wilde gewoon dat hij eerlijk tegen me was. Dat zei ik ook tegen hem: "Ik heb niet het gevoel dat je eerlijk tegen me bent."'

De opmerking ontlokte een woede-uitbarsting noch een verwijdering. 'Ik zei ook: "Ik vind het hartstikke leuk om mee te gaan. Ik zal mijn best blijven doen." Hij had alles meegemaakt bij Ajax en Barcelona. Toch nam hij zijn tijd voor een snotaap als ik en luisterde. Hij vond mijn instelling de juiste en gaf aan om de jongere spelers te geven.' Het gesprek versterkte de onderlinge band.

'Als je wat vindt, moet je het zeggen,' meldt hij zijn beweegredenen van destijds. 'Zo ben ik. Gewoon recht op de man af. Dat was het. Na de tweede wedstrijd speelde ik ook. Wat hij aangaf, kwam uit. Hij zei: "Luister, nu zit je er niet bij, maar de volgende keer heb ik je misschien nodig." Ik gaf aan mijn best te doen. "Als je me nodig hebt, dan sta ik er."'

Loovens, eenendertig inmiddels en van plan zijn trainerspapieren te halen, beschrijft precies hoe Van Gaal met de talenten bij United omgaat. Ze trainen mee met het eerste elftal, krijgen de kans zich te bewijzen, zitten regelmatig bij de wedstrijdselectie en mogen het af en toe laten zien. Tyler Blackett, Paddy McNair, James Wilson en Andreas Pereira zitten in de positie waarin Loovens zich lang geleden bevond bij Jong Oranje.

Van Gaal staat bij hem na die paar weken op een voetstuk. Loovens ontlook bij Bert van Marwijk, debuteerde onder hem later bij het Nederlands elftal, maar had graag de laatste stap gezet bij de manager van United. Mensen moeten in zijn visie niet zeuren over de regeltjes en het gegoochel met formaties. 'Geef hem de tijd,' klinkt het kalm. 'Zijn werkwijze moet inslijten. Het komt vanzelf goed.'

Loovens houdt zelf niet van treuzelen. Twintig minuten na afloop van het duel met Norwich City (0-0) komt de aanvoerder van Sheffield Wednesday in clubkostuum door de spelersingang naar buiten. Een kleine honderd supporters staan hem op te wachten, zwaaiend met stiften in de hand. Hij stelt geen van hen teleur. Iedereen krijgt een krabbel, een aai over de bol of de kans met hem op de foto te gaan.

Twee types met een aanstootgevend slechte adem tonen geen interesse. Ze wachten beiden met een vergeeld plaatjesboek op een ex-voetballer. Hun vettige haren, bruine tanden en sjofele kloffie zorgen niet voor vreemde blikken. In Engeland struinen zulke figuren bij vrijwel elk stadion rond. Types die je denkt te herkennen uit de komische tv-serie *Little Britain*.

Bij Old Trafford liggen de verhoudingen anders. Het complex heeft meer weg van een fort. Bij elke deur staan beveiligers. Om de paar meter inspecteren mensen met een getrainde blik tickets en identiteitspassen. Excentriekelingen op jacht naar een ontbrekende handtekening in een album van drie decennia oud kunnen zich daar lastig uitleven. Het past bij het moderne voetbal, maar niet bij Van Gaal.

De Nederlander mag hautain overkomen, hij heeft een groot hart voor de gewone fans. Daarom verordonneert hij dat spelers niet langer personeel mogen inschakelen om hun auto voor de uitgang te laten parkeren. Interactie met fans vindt hij belangrijk. De voetballers moeten over het parkeerterrein lopen om de afstand tot de fans te verkleinen. De nieuwe regel kan bij de fans op veel waardering rekenen.

Dergelijke maatregelen zijn bij Hillsborough Stadium overbodig. Wie over een vlotte babbel beschikt, kan door een suppoost zo het spelershome in geloodst worden. Dit zorgt bij de aanwezige voetballers, voor een groot deel miljonairs, niet voor een schrikreactie. Ze groeten vriendelijk en gaan rustig verder met waar ze mee bezig waren.

Loovens maakt zich sowieso nergens druk om. De Rotterdammer met een verleden bij onder meer Feyenoord en Celtic wekt de indruk dertig jaar te laat te zijn geboren. Hij heeft een mobieltje maar maakt er nauwelijks gebruik van. Wie hem wil spreken, moet langskomen of mailen. Op bezoek gaan werkt sneller.

'Ik hoor m'n moeder één keer in de maand,' zegt hij lijzig om aan te geven dat zijn aversie tegen bellen niet persoonlijk opgevat moet worden. Loovens lijkt mijlenver verwijderd van de glamour van Manchester United, maar schijn bedriegt. Hij kent Robin van Persie sinds zijn prille jeugd. Ze woonden bij elkaar om de hoek, speelden samen in de jeugd bij Feyenoord en braken gelijktijdig door in het eerste elftal.

'Toen hij bij Arsenal zat en ik bij Cardiff kwamen we vaak bij elkaar over de vloer,' vertelt hij. 'Ik spreek hem nog steeds regelmatig. Af en toe gaan we een hapje eten. Als we elkaar zien, voelt het goed. Ik hoef niet elke week een berichtje te sturen. En ik hou nu eenmaal niet van bellen. Ik spreek mensen liever onder vier ogen.' Vanuit zijn penthouse in Sheffield ontgaat hem niettemin weinig.

MEESTER-LEERLING

Manchester, 26 oktober 2014

Een foto van een mager kereltje met een spits gezicht en een veel te grote pet op zijn hoofd duikt overal op. Rechts van hem staat een veertiger met een vorsende blik. De man reikt naar een opgevouwen velletje papier dat boven de elastieken band van de trainingsbroek van zijn jonge metgezel uitsteekt, zonder te kijken. Dat laatste detail geeft hun verbond scherp weer. Het duo vaart blind op elkaar.

Het beeld uit 1997, genomen op het trainingsveld van Barcelona, vertekent enigszins. Louis van Gaal, de man van middelbare leeftijd, verkeert niet in het gezelschap van een tiener. Onder de baseballcap zit José Mourinho verscholen, toen vierendertig jaar oud. Ze kennen elkaar pas net. De Portugees, door Barça beschouwd als een vertaler, was een vertrouweling en klankbord van Van Gaals voorganger Bobby Robson.

De Amsterdammer onderkende zijn gaven en liet hem gaandeweg steeds meer doen. Mourinho hield zijn ogen niet in zijn zak. Hij nam zijn perfectionisme, voorkeur voor discipline en zelfs diens trainingsvormen over. Van één ding week hij af. Mourinho vond en vindt winnen belangrijker dan de manier waarop. Bijna twee decennia later blijkt die inschatting de juiste te zijn.

Als Mourinho met Chelsea bij Old Trafford op bezoek komt, kan hij bogen op meer prijzen dan zijn leermeester: twintig tegen achttien. Twee Champions League-titels – Van Gaal won er één – leggen het meeste gewicht in de schaal. De tweede behaalde hij in een rechtsreeks duel met Van Gaal. Internazionale versloeg in mei 2010 Bayern München met 2-0.

Die finale, gespeeld in het stadion van Real Madrid, was de eerste en de laatste maal dat ze tegenover elkaar stonden. Ook nu zijn ze elkaars rivalen. Desondanks vallen ze elkaar voor de aftrap bij de dug-out voor een draaiende camera in de armen, alsof er niets veranderd is na de tijd dat ze samenwerkten bij Barça.

De kameraadschap mag ietwat geromantiseerd zijn, Mourinho neemt wel degelijk gas terug. De Portugees staat erom bekend in de aanloop naar belangrijke duels met een strak gezicht enkele dolksteken uit te delen aan de manager van de tegenstander of in detail een complottheorie te ontvouwen. Ditmaal blijft hij poeslief. Van Gaal heeft hij duidelijk hoog zitten.

De noodzaak ontbreekt eveneens. Zijn giftige tong gebruikt

hij normaliter om de druk bij de spelers weg te halen. De aandacht voor hun bijzondere relatie zorgt hier al voor.

Van Gaal maakt zich in geen geval druk. '*I am from a little bit of iron,*' stelt hij triomfantelijk. '*So I have a shield, an iron shield.*' Om zijn punt te maken houdt hij een hand voor zijn gezicht. '*Because I think everybody can write or speak about me – I cannot change that – I have learnt not to react and believe in myself, my players, my staff and that is important,*' gaat hij verder. Om referenties naar zijn turbulente verleden te vermijden grapt hij dat dit moment van verlichting samenviel met zijn komst naar Engeland. Een spindoctor had niet met een betere vondst kunnen komen.

Het psychologische voordeel ligt zonder twijfel bij Mourinho. Het merendeel van de fans hoopte dat hij Alex Ferguson zou opvolgen. Zijn fratsen, kleine oorlogen, charisma en gewoonte om overal prijzen te winnen sprak en spreekt hen bijzonder aan. Van Gaal ligt goed, geniet respect en komt op veel punten overeen met Mourinho, zo merken ze, maar zou op het ereschavot een trede lager staan.

De confrontatie met Mourinho houdt de supporters flink bezig. Verstoken van een rol in de Champions League dient het duel met koploper Chelsea als een surrogaat. Angst voor een afstraffing zorgt voor benepen gezichten. Jeremy, op pad met zijn zestienjarige neef, is daarvan een voorbeeld. De meegebrachte broodjes blijven in de plastic tas. Hun kelen zijn door de spanning een stuk nauwer dan normaal.

'Heb je misschien een vuurtje?' vraagt hij met een sjekkie tussen zijn vingers. Als een aansteker niet tevoorschijn komt, slaakt hij een diepe zucht. 'Ik hoop oprecht dat we niet te veel hoeven afzien...' Op een wonder van Van Gaal rekenen beiden niet. 'Weet je,' zegt Jeremy, zoekend naar een milde omschrijving. 'In elk geval heeft hij het familiegevoel teruggebracht bij Manchester United. Dat telt ook.'

Gelukkig voor hen valt het mee. Chelsea wacht rustig zijn kans af. Die komt vroeg in de tweede helft. Uit een hoekschop kopt Didier Drogba raak: 0-1. De organisatie in de defensie van United rammelt. Marouane Fellaini vergeet in de drukte de Ivoriaan te schaduwen. Rafael, zo ongeveer de kleinste speler op het veld, probeert in plaats van hem tevergeefs zijn taak over te nemen.

Mourinho dirigeert zijn spelers onmiddellijk naar hun eigen helft. Doordrukken hoeft niet. Deze strategie, zijn handelsmerk, biedt United een strohalm. Robin van Persie maakt uiteindelijk diep in blessuretijd gelijk (1-1). Dol van vreugde trekt hij zijn shirt uit. De ontlading, die hem een kaart oplevert, valt te begrijpen. Uit een poll kwam naar voren dat driekwart van de fans hem liever niet meer in het veld zag staan. Hij wilde zich bewijzen.

Van Gaal, met een traditionele klaproos op de borst gespeld, een eerbetoon aan de slachtoffers van de Eerste Wereldoorlog, is zichtbaar opgelucht. Hij mag zich de morele winnaar noemen, hoewel Chelsea met een flinke marge had moeten winnen. Een tweede gele kaart voor Branislav Ivanović bood Van Persie de kans ongedekt uit te halen; de positie van de weggestuurde Serviër werd niet overgenomen. Maar verdiend? Zonder de reflexen van doelman David de Gea was zijn goal zonder betekenis gebleven. Dan had de uithaal niet meer dan een eretreffer opgeleverd.

Achteroverleunen doet Van Gaal niet. Hij geeft indirect toe enkele aspecten van de Premier League te hebben onderschat. Bijsturen tijdens een wedstrijd lukt hem niet. 'Ik kan hen niet bereiken in het stadion,' moppert hij. 'Het is zo'n lawaai. Giggs waagt nog weleens een poging.' Hij houdt zijn hand voor zijn mond als een toeter en roept: 'Weeeeuuuuuh.' 'Dat heeft geen effect. Ze moeten de boel zelf corrigeren.'

Zwaarwegender is zijn blinde vlek voor een ander fundamenteel onderdeel van de Engelse competitie. Hij slaagt er niet in om met zijn frêle, technisch begaafde spelers de tegenstander te verrassen. Dat elke ploeg enkele krijgers opstelt om opdondertjes af te stoppen, zorgt voor irritatie. 'Het lijkt alsof alle teams hier scouten op lengte in plaats van kwaliteit,' moppert hij. Die analyse klopt, maar komt rijkelijk laat. Te laat.

In de gang laat Van Gaal zich iets anders ontvallen. Zijn opmerking na afloop van het duel met West Bromwich Albion – 'onze beste wedstrijd van het seizoen' – moest in perspectief worden geplaatst. De springplank naar het gewenste niveau ligt nog buiten bereik. 'Zover is het nog lang niet,' vertelt hij. 'Nog lang niet.' Zijn filosofie laat zich lastiger overbrengen dan gehoopt.

LEGENDE
MediaCityUK, 29 oktober 2014

'Ik haat derby's,' vertrouwt Conor Glean de luisteraars van het radioprogramma *Red Wednesday* toe vanuit een studio op een paar honderd meter van Old Trafford. 'Het lukt me niet van die wedstrijden te genieten.' De twintiger met een afrokapsel schuift aan als 'superfan' voor het wekelijkse fanzine op BBC Manchester. Samen met Stan, een andere welbespraakte supporter, mag hij op verzoek van presentator Bill Rice af en toe zijn mening geven over aan Manchester United gerelateerde onderwerpen.

Rowetta, zangeres van cultband Happy Mondays, zit ook in Quay House, een van de gebouwen van MediaCityUK. Ze komt regelmatig, maar straalt nog steeds als Rice haar introduceert als een *Manchester singing legend*. Nick Culkin maakt de tafel vol. De ex-doelman bezit een twijfelachtig record. Niemand kwam korter in actie in de Premier League dan hij.

Culkin moest op 22 augustus 1999 op Highbury vlak voor tijd invallen voor Raimond van der Gouw. De Nederlander kreeg een voet van Arsenal-verdediger Martin Keown tegen zijn oog en kon niet verder. 'Kom Nick, het is jouw beurt,' zei Alex Ferguson laconiek, alsof het om een avondje bowlen ging. Culkin mocht eindelijk debuteren voor Manchester United, dat leidde met 2-1.

Bloednerveus, bang als hij was de gelijkmaker om zijn oren te krijgen, maakte hij zich op de toegekende vrije trap te nemen, terwijl Dennis Bergkamp en Marc Overmars vervaarlijk rond het strafschopgebied cirkelden. 'Ik dacht: Rustig blijven, want als je dit verknalt, gaat Roy Keane helemaal los. Ik concentreerde me, nam een aanloop, trapte en... toen ging het fluitje. Ik vierde de zege alsof we zojuist het WK hadden gewonnen. Van pure opluchting en blijdschap.'

Meer speeltijd dan de acht seconden in Londen zou Culkin nooit krijgen. Niet voor United, niet in de Premier League. 'Dat maakt me niets uit,' stelt hij. 'Ik kan zeggen dat ik voor United heb gespeeld. Dat was mijn droom en die heb ik verwezenlijkt.' Rice, Rowetta en de twee superfans knikken. Zijn verhaal ligt goed bij de duizenden luisteraars. Men wil vermaakt worden; van zure verhalen wil niemand iets weten.

De naderende ontmoeting met Manchester City krijgt daarom weinig aandacht. Het besef dat United mogelijk een afstraffing te wachten staat in het Etihad Stadium doet Rice besluiten luchtiger thema's ter sprake te brengen. De goal van Chelsea vormt het enige negatieve element. In navolging van ex-keeper Peter Schmeichel vinden de gasten de slappe dekking van Drogba *abysmal*, beneden alle peil.

De aanhoudende kritiek op Robin van Persie wordt schouderophalend afgedaan. Zijn late doelpunt krijgt lof en vormt het begin van een rondvraag. 'Wat is jullie favoriete treffer in blessuretijd?' begint Rice. De meesten kiezen als vanzelf voor die van Ole Gunnar Solskjær in de Champions Leaguefinale van 1999, met als tweede optie de knal van Van Persie.

'Ik heb nooit eerder zo uitbundig een doelpunt gevierd,' meldt studiogast Glean, die zijn eerste schreden als acteur zet. Hij pendelt heen en weer tussen Londen en Manchester in de hoop tijdens een casting te worden ontdekt. 'Louis van Gaal heeft de *never say die mentality* terug laten keren op Old Trafford.' Van Gaal kan de superfan wel bekoren, al moet hij met zijn tengels van Wayne Rooney afblijven.

De aanvoerder keert tegen City terug van een schorsing, maar krijgt van Van Gaal geen privileges. 'Hem niet opstellen zou onbegrijpelijk zijn,' stelt Glean. Meer dan dit flintertje kritiek krijgt hij niet te verduren. Ook inbellende luisteraars zien het in hem zitten. *Red Wednesday*, een onafhankelijk programma, bevestigt wat op Old Trafford al duidelijk werd. De supporters zullen hem niet snel afvallen.

De uitzending komt niet uit zomaar een kamertje in Manchester. MediaCityUK kan zich qua omvang meten met de campus van een universiteit. De BBC is de grootste huurder van de trendy locatie in Salford Quays. Dertig jaar geleden gold het terrein nog als het hart van de haven van Manchester. Na de sluiting van de haven in 1982 moest een nieuwe bestemming worden gevonden.

De laatste jaren werd de oude wijk grondig gerenoveerd. Het is een van de meest grootschalige en grondige opknapbeurten van een stadsdeel in het Verenigd Koninkrijk. Stukje bij beetje maakten vervallen graansilo's en magazijnen plaats voor kantoren en woningen. Het Lowry Theatre en het Imperial War Museum North vonden hier een plek. De Metrolink werd doorgetrokken.

De herrijzenis van Manchester en voorstad Salford ontging de politici in Londen niet. Noord-Engeland, lang weggezet als achtergesteld gebied, kon niet meer genegeerd worden. De bazen van de BBC begrepen dit goed. Na de soepel verlopen Commonwealth Games van 2002 in Manchester liet de directie zich ontvallen dat de staatsomroep grote delen van zijn bedrijf wilde verplaatsen naar het Noorden, waar de kijk- en luistercijfers terugliepen.

De keuze viel vanwege de gunstige ligging op Salford Quays. Studio's, radiostations, grote shows en nieuwsprogramma's zouden de oversteek maken. Vanaf de oplevering in 2011 moesten 2300 werknemers de overstap van Londen naar Manchester maken. Met de operatie was, gerekend over een exploitatie van twintig jaar, 1,5 miljard euro gemoeid.

De BBC kreeg gezelschap van commercieel station ITV, onder meer maker van de soap *Coronation Street*, onafhankelijke studio's en een bijgebouw van de universiteit van Salford. Om de regio een stimulans te geven kregen studenten media, drama en journalistiek een plek in een toren naast vooraanstaande producenten en sterren uit binnen- en buitenland.

In de buurt eromheen wonen vooral werknemers van MediaCityUK, in nieuwe straten en huizen die nog karakter missen. Anders dan het aangrenzende Stretford en Trafford oogt het klinisch en weinig doorleefd. Uit de toon vallen doet Salford Quays niet. Dat kan ook amper. In de schaduw van het mediacentrum, de rivier, het theater en Old Trafford krijgt het geen kans het uitzicht te verpesten.

De afbeelding van boegbeeld Gary Lineker op de glazen voorgevel van Quay House geeft de status van het reusachtige project scherp weer. Net als de rest van de afdeling Sport moest de presentator van *Match of the Day*, het best bekeken programma van de BBC, Londen verruilen voor Manchester. Lineker, en met hem vele andere coryfeeën, weigerde te verhuizen. Hij komt per trein naar Manchester en laat zich per taxi terugbrengen naar zijn huis in het graafschap Surrey.

Red Wednesday heeft door deze operatie aan gewicht gewonnen. Presentatoren van landelijke shows – in hetzelfde pand – luisteren mee, refereren eraan en laten zich erdoor beïnvloeden. Als Rice wanklanken over United opvangt en verwoordt, krijgt dat vanzelf een vervolg. Het bewijs hiervan levert *Match of the Day*. Gleans *never say die mentality* keert er een paar dagen later letterlijk terug.

Zonder het te beseffen heeft Van Gaal een belangrijke bondgenoot gevonden in de spreekbuis van de fans die meeluisteren of de podcast op de sportschool afdraaien. De stem van de supporters, ofwel bij *Red Wednesday* of in breder verband, vormt ook de leidraad van kranten. Zolang de supporters de nieuwe coach steunen, stellen de media zich ook welwillend op.

DERTIEN
Etihad Stadium, 2 november 2014

Een liveband staat op een podium aan de achterzijde van het stadion van Manchester City. Het voorplein staat vol met mensen in een lichtblauw shirt. Bij de hoofdingang klinken om de minuut gegil en applaus waar popsterren, voormalig vedetten en beroemdheden zich melden. Ieder zichzelf respecterend lid van het voetbalgilde heeft een kaartje voor de derby.

Het Etihad Stadium, op twee kilometer van het centrum, wordt door fans van United denigrerend het grootste *council house* van de stad genoemd vanwege de ligging van het complex. De omliggende wijken Beswick en Bradford golden lange tijd als probleembuurten. Na zonsondergang was het er onveilig. Gangs namen de straten over. De bijnaam, armenhuis, gaat niet meer op, maar blijft hangen. Het bekt lekker.

Met een tevreden glimlach op zijn gezicht geeft John, zijn achternaam geeft hij niet prijs, een rondleiding door de buurt. De Nigeriaan, een City-fan, kwam bijna twee decennia geleden naar Manchester om te studeren en te werken. Zijn geld wilde hij investeren in onroerend goed. 'Ik had nooit gedacht hier te gaan wonen,' vertelt hij, wijzend op zijn hoogzwangere vrouw. 'Je kon hier na het donker niet over straat.'

Maar de gangs zijn met de council houses verdwenen. 'Het merendeel van de huizen hier was onbewoonbaar. Je ziet nog een paar restanten, maar die komen binnenkort aan de beurt.' John wrijft in zijn handen. 'De huizenprijzen stijgen snel. Zeg nou zelf: wie wil hier niet wonen? Op loopafstand van het centrum, maar beter betaalbaar. En als je van voetbal houdt, zit je goed. Als City scoort, kun je het gejuich horen.'

John spreekt net als bijna iedereen in het gebied met eerbied over de eigenaars van de club. Sjeik Mansour vormt volgens velen de katalysator van de versnelde renovatie. De hijskranen aan de zijkant van het stadion symboliseren de bouwdrift van de weldoener. Als de bouwvakkers klaar zijn, beschikt het voormalige mijngebied in het noordoosten van de stad over het op drie na grootste voetbalcomplex in Engeland.

'De sjeiks doen veel meer,' zegt John. Hij overdrijft niet. Mansour liet een school bouwen. Connel Sixth Form College staat op het terrein van de Etihad Campus, het trainingscentrum van de club. De faciliteiten zijn vrij te gebruiken voor scholieren van het College die zich richten op een toekomst in *sports science*. Mansour wil op deze wijze iets teruggeven aan de gemeenschap.

John vergeet in zijn adoratie voor de miljardair te melden, dat de gemeente zelf de transformatie in gang zette. Mansour gaf investeerders en jonge professionals als hij het vertrouwen dat de renovatie niet halfslachtig aangepakt zou worden. Toen de Abu Dhabi United Group in 2008 Manchester City overnam, was de verbetering van de verpauperde buurt allang gepland en gestart.

Het Etihad Stadium blinkt, straalt klasse uit en roept ontzag op. Manchester City overvleugelen door flink met de buidel te rammelen zit er niet in. De UEFA mag de club in de zomer hebben gestraft voor het schenden van de regels omtrent Financial Fair Play, na de gedwongen adempauze wachten zonder twijfel spectaculaire transfers.

Het geeft de onderlinge rivaliteit voor de honderdachtenzestigste stadsderby een extra dimensie. City won de laatste drie afleveringen, ter markering van het aanbreken van een nieuwe tijd. Alex Ferguson verafschuwde de groei en bravoure van City, dat met oliedollars succes kocht. United, zo mopperde hij, had historie en leidde zelf spelers op. Dat City in 2012 de landstitel won, frustreerde hem tot op het bot.

Ferguson brak met zijn principe geen spelers op leeftijd (en dus zonder restwaarde) aan te trekken door Robin van Persie over te nemen van Arsenal. Met de komst van de Nederlander kreeg hij het afscheid dat hij wenste. United won de Premier League door boven City te eindigen. Deze aversie tegen de *noisy neighbours* heeft Van Gaal nog niet. Voor hem is de derby 'een van de achtendertig competitiewedstrijden'.

Voor Ryan Giggs, die de aankomende tegenstander in kaart brengt, ligt dat anders. 'Toen hij zijn analyse van Manchester City presenteerde, bemerkte ik meer spanning bij hem,' vertelt de manager. 'Dat was goed om te zien.' Hij plaatst een kanttekening. 'Ryan heeft de emotie overgebracht en ik de manier waarop we moeten spelen.' Van Gaal schetst een beeld van een harmonieuze samenwerking.

De derby krijgt een spetterend karakter, waarin de ervaring

van Manchester City de doorslag geeft. Chris Smalling kan de spanning niet aan, schept James Milner en krijgt nog voor de rust een rode kaart. Sergio Agüero beslist het duel voor City (1-0), een uitslag waarover United – wilskrachtig maar onbeholpen – niet mag klagen. Tot overmaat van ramp schiet de schouder van Marcos Rojo uit de kom. De Argentijn stikt van de pijn en krijgt zuurstof toegediend.

Van Gaal blijft rustig, al valt de frustratie over het moment van gekte bij Smalling van zijn gezicht af te lezen. Na tien wedstrijden heeft United nog maar dertien punten. Het moet snel beter gaan. Hij mag de impact van de derby dan wel bagatelliseren, voor de fans geldt de ontmoeting als een meetpunt. Een nieuwe struikelpartij tegen Crystal Palace, een week later op Old Trafford, kan zijn krediet in één keer doen verkruimelen.

TAFELMANIEREN

Manchester Airport, 4 november 2014

Louis van Gaal heeft zich sinds zijn komst naar Manchester United een paar keer moeten verdedigen tegen vooroordelen. Journalisten wilden weten of er een kern van waarheid zat in het beeld van een bullebak dat over hem bestaat. Hij schudde dan zijn hoofd. Niet hijzelf maar de media hebben hem de IJzeren Tulp genoemd. Als hij echt zo'n nare man was, dan zouden spelers toch niet zonder uitzondering positief spreken over hun gezamenlijke periode?

Op trainingscomplex Carrington namen de voetballers van Manchester United voor de veiligheid geen enkel risico. Van Gaal mocht veel internationale topspelers tot zijn bewonderaars rekenen, omgekeerd lieten vedetten als Zlatan Ibrahimović en Franck Ribéry geen moment onbenut om hun gal over hem te spuwen. Niemand wilde per ongeluk zijn toorn wekken.

Eén persoon in de selectie kende zijn gebruiksaanwijzing als geen ander. Helaas voor hen ontbrak die tijdens het trainingskamp in de Verenigde Staten. Na een lang verblijf in Brazilië met het Nederlands elftal mocht hij de trip overslaan. Ze hoorden hem wel uit via sms'jes, maar de echte stoomcursus volgde pas bij zijn terugkeer van vakantie. Tot zijn schik werd hij om de haverklap aangeschoten.

In het Radisson Hotel Manchester Airport krijgt Robin van Persie een twinkeling in de ogen als hij terugdenkt aan de stortvloed van vragen. De spits heeft anderhalf uur vrijgemaakt om de Nederlandse pers de kans te gunnen hem wat beter te leren kennen. Zonder de emoties van een wedstrijd in zijn lijf en camera's die alles registreren, wil hij een kant van zichzelf laten zien die normaal gesproken blijft voorbehouden aan vrienden en familie. Hij kan het niet ontkennen. Vanaf het moment dat Van Gaal in beeld kwam om Moyes op te volgen, hield het niet meer op. De aanvoerder van Oranje moest de etiquette van de nieuwe manager tot in detail vertalen.

'Ook nu nog,' vertelt de spits met een grijns op zijn gezicht tegenover de Persdienst (waarvoor de auteur van dit boek op dat moment werkzaam was), het *Algemeen Dagblad* en *de Volkskrant*. 'Ik kreeg en krijg vragen in de trant van: "Wat denk je dat nu beter is om te doen? Hoe moet ik hem benaderen?" Ik kan dat wel goed beoordelen. Omdat ik goed ben met de trainer en kan inschatten wat slim is om te doen vanuit mijn collega's *point of view*.' "Wees gewoon direct," zeg ik dan. "Zeg zoals het is. Dat werkt het beste. Dat waardeert Van Gaal het meest."' Van Persie geeft voor het gemak een voorbeeld. 'Tijdens het eten wilde mijn buurman zijn mobiel aanhouden. Ik vertelde hem dat dit tot hilarische taferelen kan leiden, maar dat hij hem, Van Gaal kennende, beter uit kan doen. Met dat soort dingen help ik die gasten.'

Niet iedereen luistert even goed, zo geeft Marouane Fellaini later in het seizoen aan. De Belg vertelt hoe hij en negen anderen een minuut te laat voor de lunch waren. 'Van Gaal gaf ons allemaal een boete,' zegt hij. 'Hij was razend. Je zou denken dat één minuut niet zo erg is, maar voor de trainer is zoiets bijzonder belangrijk. Hij geeft boetes. Dat gebeurt nu eenmaal als je te laat komt, of dat nu voor een training is of voor een lunch. Als je een rode kaart pakt, geeft de coach trouwens ook een boete.'

Van Persie klinkt nog even Rotterdams als altijd, maar heeft in zijn taalgebruik enkele typische kenmerken van een expat. Tijdens het spreken denkt hij soms ineens in de taal van het land waarin hij sinds 2004 woont en werkt. De zinsstructuur krijgt dan een Angelsaksische kleur. Engelse uitdrukkingen en woorden dienen zich sneller aan dan Nederlandse varianten.

Door zijn lange verblijf in de Premier League kent hij de valkuilen van de competitie. Als het zo uitkomt, bespreekt hij die met Van Gaal. 'Daar hebben we het over,' geeft hij aan. 'Je moet deze League ervaren voordat je weet hoe zwaar die is en hoe raar ook.' Van Persie vertelt over een apart fenomeen, waarover Alex Ferguson zich in het verleden als eens uitliet.

'Ploegen spelen op de een of andere manier altijd op hun best tegen ons. Als je ze ziet in de aanloop van een duel, denk je: nah, als ze zo spelen dan winnen we met 3-0. Vaak zijn wij hun piekmoment. Dan zijn ze op hun allerbest tegen ons. Je kunt tegen Stoke City verliezen of tegen West Bromwich Albion. En ze hebben allemaal een andere stijl. Elk duel merk je dat weer.'

Van Persie bekent zelf ook te moeten wennen aan de werkwijze van Van Gaal. Bij het Nederlands elftal zag hij hem een paar dagen of, zoals op het WK in Brazilië, enkele weken. Dat was heel intensief, maar van korte duur. Na afloop van zo'n periode viel hij bij Manchester United dan terug in de vaste routine van het normale voetballeven. Dat ritme gooide Van Gaal rigoureus overhoop.

'Het is wel pittig, ja,' legt hij uit. 'Nu trainen we ook op de dag voor een wedstrijd nog best hard. Vergeleken met vorig jaar maar ook onder Fergie. Onder sir Alex, zo heet hij, was het eigenlijk op zo'n dag heel relaxed. Acht of tien minuten partijtje, een rondo, lekker, voor de feeling. Dit is wel intenser. Dat is ook een proces. Geestelijk, maar ook je lichaam moet daaraan wennen. Maar ik ben ervan overtuigd dat we op de goede weg zijn. Dat het goed komt.'

Van Persie vertrouwt op Van Gaal, spreekt zijn waardering voor hem uit, maar had nooit verwacht hem te treffen bij Manchester United. Dankzij vriend en ex-ploeggenoot Rio Ferdinand weet de hele wereld dat hij kapot zat toen Ferguson in diens eerste seizoen op Old Trafford bekendmaakte met pensioen te gaan. Bij zijn overgang van Arsenal kreeg hij de verzekering minimaal nog drie jaar met de Schot te kunnen werken.

Van alle spelers kon Van Persie zijn onverwachte afscheid het moeilijkst verkroppen. Ferdinand meldde dat de belangrijkste voetballer in het laatste kampioensteam van de Schot voor iedereen zichtbaar knakte. 'Rio is een fantastische gozer,' begint hij. 'Echt een goede collega van mij geweest en nu een goede vriend.' Van Persie wendt zijn gezicht even af en lacht. 'Hij praat veel, maar er zit wel een kern van waarheid in.' Ferdinand komt vaak op televisie en kan zichzelf als geen ander met goed getimede uitspraken in de schijnwerpers houden. In dit geval, zo blijkt, kiest hij niet voor overdrijving.

Van Persie heeft eerder uitgelegd hoe sommige oud-spelers op tv hun uitspraken met opzet aanzetten om opgemerkt te worden. 'Vroeger had je daarin een soort erecode volgens mij,' vertelt hij. 'Maar laatst kwam ik Robbie Savage (ex-international van Wales) tegen. Prachtige gozer, maar hij zei het heel eerlijk: "Als ik niet hard en scherp ben op de televisie, dan nemen ze iemand anders." Die bekeek het gewoon heel zakelijk. Hij had nog een hypotheek af te betalen. Het werd van hem verwacht om af en toe uit te halen. Zo werkt dat blijkbaar.'

Ferdinand praatte zonder financiële motieven. 'Ik ben natuurlijk gekomen voor de club, maar ook voor Ferguson', erkent Van Persie. 'We hadden goed doorgesproken dat hij nog minimaal drie jaar zou blijven. Op het moment dat je dan uit het niets hoort dat hij ermee stopt, na minder dan een seizoen, dan breekt er ergens wel iets, ja. Dan ben je teleurgesteld en baal je daarvan. Ik vond het fantastisch met hem te werken. En we wonnen, het ging lekker, ik genoot van zijn aanpak. Een heel andere wereld ging voor me open.'

In Ferguson herkende Van Persie iets van zichzelf. De drive om koste wat het kost succes te hebben was bij de manager nog meer aanwezig dan bij hem. 'Hij is echt venijnig, hoor,' zegt hij met bewondering in zijn stem. Het gif kwam naar boven als de ploeg gemakzuchtig werd. Een 2-1-thuisnederlaag tegen Manchester City was zo'n moment.

'We stonden voor dat duel achttien punten voor op City, erna vijftien,' blikt hij terug. 'Daarna heeft hij ons keihard laten trainen. Tijdens een paar meetings was-ie venijnig. Ik besefte toen pas echt: deze man is een winner. We staan nog altijd vijftien punten voor. Iedereen dacht: wow. Vervolgens moesten we op bezoek bij Stoke en West Ham. Stoke pakten we. Tegen West Ham maakten we in de slotfase gelijk.'

De felheid van Ferguson betaalde zich uit. 'We werden kampioen bij West Ham. Als we het op Upton Park hadden laten lopen, dan was het denk ik niet gelukt. Door zijn venijnigheid kwam het goed.' Waar Fergusons houding alom werd geroemd, zorgen vergelijkbare oprispingen van Van Persie bij Oranje voor onbegrip. Hij snapt de reacties, maar zegt niet anders te kunnen, al doet hij zijn best.

De uithaal naar Pierre van Hooijdonk tijdens het WK en de gebarenwisselijn met Klaas-Jan Huntelaar in het EK-kwalificatieduel met Kazachstan komen voort uit dezelfde bron die aan de basis staat van zijn succes op het veld. 'Dat zit er misschien ook wel een beetje in bij me. Het hoort ook wel een beetje bij topsport, vind ik. Ik bedoel: als je hoge eisen stelt aan je prestaties balanceer je vaak op een dun lijntje. Alles of niets, man tegen man, dat idee. Dat zit soms dicht tegen venijn aan. Soms komt dat spanningsveld even tot uitbarsting.'

Toeval of niet, Van Persie vond na het vertrek van Ferguson zijn topvorm niet meer terug. Onder Van Gaal ontstaat zodoende voor hem een aparte situatie. Hij kent hem goed, krijgt veel krediet en dient als buffer voor de rest. Met die kennis weet de spits dat hij snel moet opkrabbelen. Van Gaal houdt net als Ferguson één principe hoog in het vaandel. Wie niet meer voldoet, moet plaatsmaken voor een ander.

7

GEWAPEND BETON

Chadderton, 5 november 2014

Louis van Gaals opmerking van *a little bit of iron* te zijn gemaakt, voorafgaand aan het duel met Chelsea, komt in United-kringen bekend voor. Alex Ferguson hoefde geen hand voor zijn gezicht te houden om een denkbeeldig schild te vormen. Gedurende zijn periode als manager zagen mensen hem langzaam veranderen in gewapend beton. Niets kon hem nog raken.

De Red Tops, zoals de tabloids in de volksmond beeldend worden genoemd, hoefden niet met negatieve verhalen aan te komen. Als een artikel Ferguson in een kwaad daglicht stelde, stond de telefoon op de redacties roodgloeiend. Gelijktijdig trok hij stukje bij beetje de gordijnen dicht. Bij het formaat van Manchester United hoorde in zijn ogen geen opendeurpolitiek.

Ferguson kwam overal mee weg. Zonder mededogen foeterde hij journalisten uit. Wie in zijn visie een loopje met hem nam of de waarheid geweld aandeed, werd op een zwarte lijst gezet. Zijn wrok kon, ingegeven door een ijzeren geheugen, ver gaan en lang standhouden. Vermeende sympathieën voor rivalen als Leeds United, Arsenal of Liverpool vergat hij nooit.

In Manchester verbrak de verzakelijking voor een groot deel de symbiose tussen de club en de lokale krant, *The Man-*

chester Evening News. Deze publicatie, die anders dan de naam doet vermoeden al een behoorlijke tijd 's ochtends verschijnt, hoort net zo bij de stad als Piccadilly Gardens, de schilderijen van L.S. Lowry en de gewoonte om patat met jus te overgieten.

De krant, tegenwoordig gevestigd in Chadderton – even buiten Manchester – vult letterlijk het straatbeeld. Op donderdag en vrijdag delen medewerkers de stadseditie op strategische plekken voor niets uit. De kiosken leggen dikke stapels voor de ingang in speciale metalen rekken. Als de avond valt, is de gehele oplage verdwenen. Op kantoren, in de tram of op bankjes spellen mensen de sportpagina's; de rest wordt overgeslagen. Zwervers gebruiken de krant als matras.

De *Evening News* deed verslag vanaf het moment dat de afdeling Carriage & Wagon van de Lancashire and Yorkshire Railway (LYR) de Newton Heath LYR Football Club oprichtte in 1878, die een kwarteeuw later werd herdoopt tot Manchester United. Louis van Gaal kwam bij zijn presentatie pas de vierde United-volger van de krant tegen; over een periode van 137 jaar genomen een opmerkelijk laag aantal.

Het verhaal van reporter Tom Jackson, de tweede in lijn, illustreert hoezeer club en krant met elkaar verweven zijn. Hij kwam om het leven tijdens de Munich Air Disaster op 6 februari 1958, waarbij ook zeven journalisten om het leven kwamen. In de Munich Tunnel en in het museum van Old Trafford wordt hij herdacht. Jackson, en met hem de *Evening News*, behoort tot het erfgoed van United.

Zijn opvolger David Meek groeide meer nog dan Jackson uit tot een beroemdheid. Hij fungeerde als ghostwriter van de columns van de managers, onder wie Matt Busby en Alex Ferguson, in het programmaboekje. Lange tijd reisde hij zelfs met de spelersbus mee, totdat een kritische noot in een artikel abrupt een einde maakte aan dit privilege. Het respect voor de man bleef.

Ferguson begreep instinctief de waarde van Meek toen hij in 1986 neerstreek bij de club. De Schot, iets jonger, zocht iemand die hem wegwijs kon maken in het doolhof van belangen, openstaande rekeningen en lange tenen. Het leidde tot een bijna vriendschappelijke band. Bijna, want Fergie kon zomaar ineens uit zijn slof schieten over een bijzin, een kop of een verkeerd geplaatste komma.

Tot zijn verbazing kreeg Meek, al met pensioen, enkele jaren geleden telefoon van de manager. Hij herstelde thuis van een operatie die hem van darmkanker moest genezen. 'Het Schotse beest komt eraan,' riep Ferguson. Even later stond hij inderdaad voor zijn deur. '*You can handle it*,' sprak hij bemoedigend. Niemand wilde zo ziek zijn als Meek, maar de anekdote zorgde in Manchester voor lichte afgunst.

Hun verstandhouding gaf Stuart Mathieson, sinds 1995 de belangrijkste United-volger van de *Evening News*, een ideale start. 'Meek belde hem elke ochtend, ik deed precies hetzelfde,' vertelt hij. 'Stipt om halfnegen.' Helemaal soepel verliep de overdracht niet. De hoofdredacteur had in de zomer een poll laten uitvoeren, na het gedwongen vertrek van de populaire Mark Hughes, Paul Ince en Andrei Kanchelskis.

'*The Summer of Discontent*,' diept Mathieson uit zijn geheugen op. 'De fans kwamen in opstand. De vraag was daarom: moet Ferguson worden ontslagen? Ja of nee? Het antwoord was "ja". Maar eerlijk was het niet. De ingezonden brieven en telefoontjes kwamen hoofdzakelijk van City-fans. Een idiote situatie. Hoewel ik er niets mee van doen had, bekoelde dit voorval onze relatie.'

Het kwam na verloop van tijd goed. De *Evening News* kreeg weer als vanouds scoops waarvan de landelijke publicaties slechts konden dromen. 'Je wist alleen nooit in wat voor bui je hem aantrof. Soms gooide hij de hoorn op de haak als hij ontevreden was over een stuk of een vraag. Ik vind zoiets onbeschoft en belde hem dan terug. Dan trof je een totaal ander persoon. Hij moest gewoon stoom afblazen. Ongelooflijk.'

Mathieson nam de uitbarstingen voor lief. Wie Ferguson kan bellen, klaagt niet. Hij kon bovendien doordeweeks op The Cliff, de oude trainingslocatie in Salford, spelers als David Beckham, Paul Scholes en Ryan Giggs aanschieten. Zijn Mancunian accent hielp om de stad de beste verhalen voor te schotelen. Ze vertrouwden hem, al zorgden rapportcijfers voor optredens in wedstrijden soms voor animositeit.

In deze open omgeving zou Van Gaal grote problemen hebben gekregen. Hij laat zich niet bellen door journalisten, zoekt geen contact met de media om gevoelige zaken te manipuleren en wil dat zijn spelers met rust worden gelaten. Het gevoel af en toe een kruimel toe te werpen om de aandacht af te leiden mist hij soms, wat hem in het verleden weleens in de problemen bracht.

Ferguson plaveide in Manchester echter de weg voor hem. De bouw van Carrington, de komst van het huiskanaal – abonneezender MUTV – én aanhoudend succes zorgden voor een afstand. Zelfs voor de *Evening News*. 'Hij won steeds meer, werd een *Knight*,' zegt Mathieson, refererend aan de titel sir. 'Het maakte hem steeds meer immuun. Hij had de krant niet meer nodig, kon doen wat hij wilde.'

Met de overname door de Glazers kwam aan de voor beide partijen positieve samenwerking min of meer een eind. De berichtgeving over de 'afvalligen,' de supporters die Manchester United de rug toekeerden en FC United of Manchester oprichtten, schoot Ferguson in het verkeerde keelgat. Het contact werd beperkt tot persconferenties, zoals andere media al gewend waren. Met spelers praten kon alleen als een sponsor promotie wilde maken.

Van Gaal hoefde de media niet meer te temmen, dat had Ferguson voor hem gedaan. Mathieson, nog altijd goedgeïnformeerd, voelt geen rancune. Hij weet dat hij een tijdlang in ideale omstandigheden verkeerde. Het helpt hem bovendien Van Gaal vanuit een ander perspectief te zien. 'Ik dacht dat hij Fergie zonder humor zou zijn. Een keiharde schoolmeester. Dat klopt niet. Hij heeft wel degelijk humor.'

Zijn koppigheid, vooraf gezien als een struikelblok, valt hem mee. De benoeming van Ryan Giggs tot zijn assistent, al dan niet gedwongen, getuigt daarvan. 'Niemand kent de club beter dan hij. Of Giggs iets in te brengen heeft, weet ik niet, maar het lijkt er wel op. Hij mocht voor de derby de wedstrijdbespreking doen. Van Gaal geeft hem een rol. Ik hoop oprecht dat hij naar hem luistert.

Zoals Fergie vroeger Meek gebruikte, leunt hij nu op Giggs. Mijn oud-collega leerde hem bijvoorbeeld hoe belangrijk het is de media te vriend te houden. Louis moet van Ryan hetzelfde gehoord hebben. Zijn geduld en tolerantie, iets wat hij vroeger minder had, moeten door Giggs komen. *The Mirror* en *The Sun* kunnen je kop eraf snijden, iets wat hem in Barcelona overkwam. Waarschijnlijk heeft hij zelf ook bijgeleerd.'

Van Gaals '*iron shield*' vormt een verdunde versie van Fergusons beton. 'De Red Tops werkten hem in de jaren tachtig bijna weg,' stelt Mathieson. 'Daarna wilden de supporters niets vervelends meer over hem horen. Iets negatiefs over hem schrijven had echt geen zin.' Voor ieder ander, Van Gaal incluis, ligt dat anders. Als het niet snel beter gaat, wordt de kraan met drek opengedraaid.

Over zijn 'filosofie' en 'proces' wordt lacherig gesproken en cynisch geschreven. Zijn heropvoeding valt niet terug te zien op het veld. Dat het merendeel van het journaille op Old Trafford fan van de club is en hoofdzakelijk Fergusons successen kent, maakt het niet eenvoudiger. Ze willen United zien swingen, niet worstelen. Van Gaal geniet aanzien, maar is nog lang geen Fergie. Op hem kan en mag geschoten worden.

De poll in de *Evening News* over Robin van Persie – driekwart wilde hem niet meer in het veld terugzien – zou Van Gaal opgevallen kunnen zijn. Hij krijgt van medewerkers op kantoor normaal gesproken dagelijks de belangrijkste publicaties op zijn bureau. De stem van de fans uit Greater Manchester gaf landelijke media een vrijbrief om de positie van de aanvaller ter discussie te stellen. Dergelijke peilingen geven een aardig beeld van wat er leeft. Van Gaal houdt zich in.

HUP UNITED

Old Trafford, 5 november 2014

Manchester neemt Bonfire Night serieus. Vuurwerk, harde knallen en vreugdevuren zijn vaste prik op de jaarlijkse herdenking van een verijdelde aanslag op koning James I, op 5 november 1605. Bezoekers van de wedstrijd tussen Manchester City en CSKA Moskou missen niets. Voor de aftrap wordt op het plein voor het Etihad Stadium een professionele show weggegeven.

De stemming op de tribunes zit er goed in, al zorgt het groepsduel in de Champions League niet voor een euforische sfeer. Anders dan op Old Trafford lijken de fans nog te moeten wennen aan de Europese ontmoetingen onder kunstlicht. De derby van een paar dagen eerder legt meer gewicht in de schaal. Voor een ploeg uit Rusland houden velen de hand op de knip.

In de metro gniffelt een plukje supporters nog om de reactie van Louis van Gaal over de rode kaart van Chris Smalling. *'I didn't see the first yellow but the second you know as a player you have a yellow, so you have to handle it differently,'* gaf hij aan. *'You cannot do what he has done with the second yellow card. That is not very smart.'*

De imitaties van de verbale oorvijg aan Smalling, uitgesproken met een meer Duits dan Nederlands accent, zouden bij Old Trafford minder snel gedaan zijn. City voelt bij het merendeel van de fans als een vervelende horzel aan, niet als een onderwerp om te lang bij stil te blijven staan. Liverpool is een ander verhaal. Grappen over *Scousers*, zoals de inwoners van de naburige havenstad worden genoemd, vormen een onuitputtelijke bron van vermaak.

Getuige de vele lege stoeltjes op de perstribune hebben maar weinig Russische journalisten een visum aangevraagd. Wellicht dachten hun chefs met het oog op de eerdere confrontatie in Moskou dat verslag doen vanaf een scherm op de redactie diplomatiek gezien handiger was. CSKA moest als straf voor het racisme van fans zonder publiek spelen. Tot woede van City zaten er toch ruim driehonderd Russen op de tribune.

De uiterst beperkte afvaardiging in Manchester maakt duidelijk dat in sommige delen van de wereld een objectieve blik geen vereiste is. Een reporter bevestigt met veel kabaal het cliché van de drankzuchtige, ongemanierde Rus. Om de tijd te doden doet hij zichzelf voor de aftrap te goed aan een fles wijn. Dit brengt zijn alcoholpromillage naar een gevaarlijke hoogte.

Als CSKA nog voor de rust op een 2-1-voorsprong komt, schiet de Russische journalist uit zijn stoel. De man klapt en juicht alsof zijn leven ervan afhangt. De kwaaie gezichten op de tribune onder hem geven hem extra motivatie. '*Glory Glory Man United*,' schreeuwt hij uit, totdat een beveiliger hem meeneemt. Een aangesnelde persdame waarschuwt hem. Nog één zo'n uitbarsting en hij komt voor eeuwig op de zwarte lijst te staan.

Het dreigement ontnuchtert hem enigszins. De grijns op zijn gezicht verdwijnt niet. Dit zorgt voor animositeit als bij

City in de tweede helft Yaya Touré en Fernandinho met rood van het veld moeten. Mensen wijzen naar hem. Een steward moet ingrijpen om een woedende supporter tegen te houden. De Rus ontsnapt aan een lynchpartij, terwijl City een wonder nodig heeft om de groepsfase te overleven.

Op het perron refereert niemand meer aan Louis van Gaal. Er wordt gepraat over sjeik Mansour die na de landstitel succes in Europa eiste. Die kans is na de nederlaag tegen CSKA miniem. City staat laatste in de poule. Trainer Manuel Pellegrini staat ineens onder enorme druk. De reprimande van Van Gaal klinkt zo gek nog niet. Zou City zich onder zijn leiding ook zo hebben laten gaan?

MICHAEL JACKSON

Old Trafford, 8 november 2014

De macht van de televisiezenders zorgt regelmatig voor logistieke problemen. Met het speelprogramma in de hand zo vroeg mogelijk een vlieg- of treinticket met als bestemming Manchester aanschaffen, pakt niet altijd voordelig uit. Het staat de tv-bazen vrij uit commerciële overwegingen een wijziging in de speelschema's door te voeren. Een wedstrijd op een zaterdag kan zomaar twee dagen vooruit worden geschoven.

Supporters hebben met dit euvel leren leven. Ze boeken een paar dagen bij, proberen bij een kennis op de bank te slapen en trachten de data van hun retourtje aan te passen. Aangezien de goedkoopste reizen zich lastig laten wijzigen, maakt het merendeel van de nood een deugd. Dit bezorgt het toerisme in Manchester een impuls. Niet iedereen zoekt vertier in de fles.

Het National Football Museum op Cathedral Gardens – een

modern plein met een waterpartij, gras en bankjes achter de kathedraal – vormt een van de voornaamste trekpleisters. Op loopafstand van het station, midden in de stad, kan de ligging van het Urbis-gebouw niet beter. Het complex, opgetrokken uit glas en beton, is een bezienswaardigheid op zichzelf. Architect Ian Simpson, ook verantwoordelijk voor de Beetham Tower, de wolkenkrabber in de stad, heeft zich niet ingehouden.

Het stadsbestuur wilde niet anders. Het Urbis, in 2002 geopend, moest de veerkracht van Manchester symboliseren. Zes jaar eerder verwoestte een bomaanslag van de IRA een omvangrijk deel van het centrum van de stad. De kracht van de ontploffing op zaterdag 15 juni 1996 was enorm. Een mengsel van semtex en kunstmest – 1500 kilo zwaar – veranderde het winkelgebied in een paar tellen in een rokende ruïne.

De ramp kwam niet onaangekondigd. Ruim een uur voor de bom afging, belde een van de terroristen naar de Granada Studios. Hij gaf de locatie van de bom aan en zei dat het gebied zo snel mogelijk ontruimd moest worden. Door een IRA-codewoord te noemen wist de politie dat het geen grappenmaker betrof. Alle beschikbare agenten, aangevuld met beveiligers, dreven de mensen weg.

De omtrek van het kordon bereikte snel zijn maximum. Tussen de bom en de ring van politie zat 400 meter. Een inderhaast opgetrommeld team van de Explosieven Opruimingsdienst, met basis in Liverpool, spoedde zich naar een rood-wit bestelbusje van het merk Ford. Daarin zat, zo was al vastgesteld, de bom verscholen. De specialisten kwamen tijd te kort. Om 11.17 uur in de ochtend ging het explosief af.

Een rookwolk, in de vorm van een champignon, reikte tot 300 meter hoogte. Beton, glas en complete inboedels van panden vlogen door de lucht. Het kordon bleek niet groot genoeg. Het puin landde in een omtrek van 800 meter, waardoor 212 mensen gewond raakten. Doden vielen er niet, maar de ravage was beangstigend. De schade werd geraamd op 1,5 miljard euro.

Het is niet moeilijk om ooggetuigen te vinden. Ongeveer tachtigduizend mensen werkten of winkelden in het gebied rond de tijd van de evacuatie. Over de kracht van de explosie wordt bijna twintig jaar later zo mogelijk gedetailleerder gesproken dan over de ravage. De luchtverplaatsing tilde volwassen kerels als veertjes op. Door de enorme knal verloren velen tijdelijk hun gehoor. Glasscherven vlogen als werpmessen in het rond.

Een rode brievenbus overleefde de klap vreemd genoeg ongeschonden. Een plaquette onder de gleuf herinnert nog aan de Manchester Bombing. De rest van de omgeving onderging een volledige renovatie en herinrichting. Het Urbis vormde een van de belangrijkste projecten. Mancunians meden het gebied aanvankelijk als de pest uit vrees voor een nieuwe aanslag.

Uitgerekend voetbal bood de IRA een uitgelezen mogelijkheid om wereldwijde aandacht te genereren. Want juist in die zomer organiseerde Engeland het EK. En Old Trafford vormde een van de speellocaties. Duitsland, de latere Europees kampioen, moest daar een dag later in actie komen tegen Rusland. Volgens het adagium *Keep Calm and Carry On* ging het groepsduel gewoon door.

Met terugwerkende kracht zien Mancunians de aanslag als een keerpunt in positieve zin. 'Alle verhalen over een grimmige, vervallen industriestad klopten,' vertelt Stuart Cofield, een fan van United met diepe wortels in de stad. 'Niemand woonde in het centrum. De metamorfose is onvoorstelbaar. Het klinkt misschien cynisch, maar een knal zonder dodelijke slachtoffers leidde uiteindelijk tot een grootschalige renovatie.'

Cofield, tot 2005 een vaste bezoeker van Old Trafford, nuanceert zijn opmerking een klein beetje. 'Manchester werd economisch sterker, steeds belangrijker. Een beloning kon niet uitblijven. De toewijzing van de Commonwealth Games van 2002 kunnen als zo'n cadeau worden gezien. Maar zonder die explosie zou de stad nog altijd een grauw uiterlijk hebben. Je kunt de impact daarvan niet onderschatten.'

Zijn keuze om niet of nauwelijks meer naar Manchester United te gaan, is van principiële aard. Toen de Glazers de club overnamen en daarmee in de schulden staken, sloot hij zich aan bij een tegenbeweging die uitmondde in de oprichting van 'phoenix club' FC United of Manchester. 'Het vormde het laatste zetje,' legt hij uit. 'Door de stijgende prijzen van kaartjes kon je al niet meer met je kinderen gaan. Onbetaalbaar.'

Het Urbis mocht dan een iconisch gebouw zijn, bedoeld voor tentoonstellingen met de focus op de stad, het trok weinig belangstelling. De komst van het National Football Museum, tot 2012 in Preston gevestigd, veranderde dit. Van een witte olifant, een megalomaan project zonder functie, werd het pand een van de belangrijkste attracties van de stad. Niet voor het eerst zette voetbal Manchester in de schijnwerpers.

Het plein voor het museum, dat de kathedraal in zijn schaduw plaatst, fungeert voor een deel als hangplek. Op zonnige dagen trekt personeel van omliggende kantoren erheen om te lunchen, en maakt het gebruik van het draadloze netwerk dat het Urbis kosteloos aanbiedt. Tieners op skateboards tonen er hun trucs. Studenten en scholieren liggen verspreid in groepjes in het gras.

In het National Football Museum is het lastig om met een ernstige blik rond te lopen. Voor je het weet, sta je in een rij voor een plastic karikatuur van ex-voetballer Robbie Savage. Het doel is de bal tussen zijn witte tanden te mikken. Bij de tweede poging doet een medewerker de deelnemer een blinddoek voor. Een ander tikt Savage aan. Het geluid dient voor de geblindeerde gast als richtpunt.

De bal raken blijkt voor velen al een obstakel, laat staan gericht mikken op de pundit met het gebleekte haar. Een slechtziende of blinde voetballer laat vervolgens zien hoe het werkelijk moet. Wie wil, kan vervolgens meedoen aan een rondo, geblinddoekt tussen een stel leden van een team voor visueel beperkten. Anders dan de zienden zijn zij opvallend handig met de bal, die is voorzien van rinkelende belletjes.

Het minder interactieve deel van het museum vormt een klasse apart. De curiositeiten zijn vrijwel zonder uitzondering van de buitencategorie. Achter de vaantjes, schoenen, programmaboekjes, mascottes, shirts, bekers en schilderijen steekt een verhaal. Het beroemde beeld van Michael Jackson ontbreekt evenmin. Op een weinig prominente plek maakt dat deel uit van de collectie.

Fulham-eigenaar Mohammed Al-Fayed liet de King of Pop vereeuwigen als dank voor zijn bezoek aan stadion Craven Cottage; een eigenaardig gebaar. Normale clubs eren voetballers en trainers, geen Amerikaanse popster met een discutabele reputatie. Toen Shahid Khan de club van Al-Fayed overnam, wilde hij dan ook onmiddellijk van het werk af. Jackson verhuisde vervolgens van Londen naar Manchester.

Een homo-erotisch schilderij – met Cantona, leden van de Class of '92 en Ferguson in een riddersetting – is minstens zo eigenaardig. In de collectie ontbreekt weinig. Van een schaapsleren jas van tv-commentator John Motson en een tourniquet van het oude Wembley tot een hooliganhoek en een grafische geschiedenisles over stadionrampen die kinderen verontrust naar hun vader doet kijken. Aan alles is gedacht.

Louis van Gaal heeft zich hier nog geen plek verworven. De selectie-eisen zijn streng. De slechtste start sinds 1986 vormt geen aanbeveling, maar hij heeft nog even de tijd. Deze zaterdag doet hij een stap in de goede richting. United wint op Old Trafford nipt van Crystal Palace (1-0). Invaller Juan Mata schiet twintig minuten na de pauze met enig geluk raak. De top vier komt langzaam weer in zicht.

OMGEKEERDE WERELD

Amsterdam, 12 november 2014

Louis van Gaal heeft Manchester United weliswaar nog niet in een troonpretendent van Bayern München, Barcelona of, dichter bij huis, Chelsea veranderd, maar in de herfst heeft hij al wel een record te pakken. Nooit eerder werd de club door zoveel blessures getroffen als tijdens het korte bewind van de Nederlander. Hij had zich een gelukkiger begin kunnen wensen.

In Manchester houdt niemand hem verantwoordelijk voor de crisis. Spelers als Rafael, Phil Jones, Jonny Evans en Michael Carrick brengen al jaren meer uren door op de tafel van de fysiotherapeut dan op het trainingsveld. Het totaal van bijna vijftig blessures zorgt wel voor verbazing, ook bij Van Gaal. In zijn lange loopbaan als trainer heeft hij nog nooit zoiets meegemaakt.

Feitelijk gezien klopt dit, maar onbekend met het fenomeen is hij niet. In Barcelona regende het aanvankelijk ook blessures. Op pad met het Nederlands elftal kreeg hij eveneens met opmerkelijk veel spierklachten te maken. Van Gaal, een man van detail, nam zijn vaste inspanningsfysioloog Jos van Dijk mee naar Brazilië én Old Trafford. Tony Strudwick, al jaren met die taak belast, krijgt een minder prominente rol.

Van Gaals opmerking niets anders te doen dan hij voorheen gewend was, zorgt voor weinig rimpelingen. Een zondebok is vlug gevonden. De vermaledijde toer door de VS haalde de selectie onnodig door de mangel. Dat hijzelf wellicht de zwaarte van de Premier League onderschat, blijft onderbelicht. In Manchester wordt gewezen op de gebruikelijke brekebeentjes: dood hout dat al opgeruimd had moeten zijn.

Inspanningsfysioloog Raymond Verheijen laat zich niet zo snel de mond snoeren. De oprichter van de World Football Academy, een opleidingsinstituut voor trainers en medische staf in het voetbal, is een expert op het gebied van blessurepreventie. Hij werkte onder meer voor Barcelona, Zenit St. Petersburg, Manchester City, Chelsea, Zuid-Korea, de KNVB en Wales. Daarbij kent hij Van Gaal al jaren: hij adviseerde hem tijdens diens eerste periode als bondscoach (2000-2002). Oranje miste toen het WK in Japan en Zuid-Korea.

Verheijen kiest er bewust voor om er met gestrekt been in te gaan om, wat hij noemt, de onkunde in het voetbal te bestrijden. Zijn bommetjes sorteren soms effect. Zo voorspelde hij bij de aanstelling van David Moyes, een 'dinosauriër', tientallen blessures. Verheijen kreeg gelijk. Niet iedereen neemt hem overigens even serieus. Sommige toonaangevende trainers willen niets van hem weten.

Van Gaals belofte zich aan de club, de cultuur en de competitie aan te passen gaat er bij hem niet in. 'Hij is een leraar,' doceert Verheijen. 'Zijn visie is het doel, de speler en de situatie een middel. Voor managers zijn spelers het doel. Het omgekeerde. Van Gaal werkt overal hetzelfde. Je hoort het hem zeggen: "Mijn filosofie", wat de externe factoren ook zijn. Hij negeert die en vertrouwt op zijn kracht.'

Verheijen heeft zijn talent van dichtbij mogen aanschouwen. Bij het Nederlands elftal zag de Amsterdammer Van Gaal dagelijks wonderen verrichten. 'Hij kan spelers in één training beter maken. Fenomenaal. Het is dan verleidelijk om meer te gaan trainen om sneller stappen te maken. En hij gelooft in intensief trainen. In zijn kracht zit meteen ook zijn zwakte verscholen.'

Voor Manchester United maakte Van Gaal volgens hem geen uitzondering. Verheijen: 'Die ploeg had een lang seizoen doorgemaakt met veel blessures. Toen volgden een WK (waaraan veel spelers deelnamen), een korte vakantie, intensieve trainingen onder Van Gaal, de vlucht naar de VS, een jetlag, 16.000 mijl reizen binnen de VS, vijf wedstrijden in vijftien dagen, trainen in de hitte van LA en Miami en op de hoogte van Denver, terugvliegen naar de UK...'

Verheijen stopt even. 'Hoeveel externe factoren noem ik op? Een stuk of twaalf. Eén keer per dag trainen vormt dan al een uitdaging. Hij zegt: "Tweemaal" en negeert alle externe factoren. Vervolgens komt Manchester United in de grootste blessuregolf uit de clubgeschiedenis terecht. En wat geeft hij de schuld? Die factoren... Ik vraag me weleens af of hij zich realiseert hoe intensief hij traint.'

Verheijen doet dat wel. 'Stel, je staat dagelijks met een snelheid van tien kilometer per uur een halfuur op de loopband. Een week later verhoog je de snelheid ineens naar vijftien kilometer per uur. Wat denk je dat er gebeurt? Precies. Dan hou je het minder lang vol.

Van Gaal traint intensiever dan de meeste spelers gewend waren. Maar ze moeten wel net zo vaak of meer trainen. De snelheid van de loopband wordt opgedraaid naar vijftien kilometer per uur én de duur wordt verhoogd. Wat gebeurt er dan? Exact. Die spelers raken overbelast en raken geen bal meer.'

Verheijen kent de werkwijze van Van Gaal van dichtbij. Hij stond naast hem op het veld tijdens oefensessies van het Nederlands elftal. Voetballers die worstelden met de intensiteit, hoefden niet bij de bondscoach aan te kloppen. Aan zijn filosofie viel niet te tornen. Wie dat wel deed, mocht kiezen. *Take it or leave it.*

Van Gaal luistert naar experts, heeft talloze specialisten in dienst, maar gebruikt het liefst mensen uit zijn eigen kring. Loyaliteit weegt voor hem heel zwaar. Een dochter van een van zijn beste vrienden liet hij bijvoorbeeld in het verleden onderzoek doen naar de impact van rust of een gebrek daaraan. Het verklaart het afscheid van Strudwick, met wie de spelers een goede band hadden, en de komst van Jos van Dijk, die hij al jaren kent.

Analist Max Reckers, door Van Gaal 'mijn computergoeroe' genoemd, en *opposition scout* Marcel Bout behoren ook tot zijn vaste clubje assistenten. Albert Stuivenberg, voormalig bondscoach van Jong Oranje, leerde hij kennen bij de KNVB. Ryan Giggs is een man van de club met een grote carrière als speler. Maar de voormalige vleugelspeler moet zijn waarde aan Van Gaal nog bewijzen.

In Engeland kent niemand zijn mensen. Wordt hij weleens tegengesproken? Alleen Frans Hoek geniet een behoorlijke reputatie. De assistent, gespecialiseerd in het trainen van keepers, geldt als een autoriteit. Bij United laat de ontwikkeling van De Gea, van nature geen trainingsbeest, zien hoezeer zijn methode aanslaat. Ook de reservedoelmannen spreken vol bewondering over hem.

Verheijen spreekt de hoop uit dat Van Gaal na een tropenseizoen in Engeland het licht gaat zien. 'Om nieuwe spelers, straks in de zomerperiode, te laten wennen moet hij de omvang terugbrengen,' stelt hij. 'Niet meer trainen maar beginnen met vier keer in de week.' Het verschil tussen fit- en frisheid vormt de kern van zijn betoog. Rust heeft vaak meer effect dan de knoet.

De overdaad aan blessures bij de snelste jongens uit de selectie is in zijn optiek niet meer dan logisch. 'Voetbal is een teamsport, maar niet iedereen is gelijk,' geeft hij aan. 'Explosieve spelers verbruiken meer energie, tweemaal zoveel. Als een gewone speler honderd calorieën verbrandt bij honderd herhalingen, doet zo iemand dat bij vijftig. Laat hem dan vijftig herhalingen doen...'

In Manchester vallen de woorden van Verheijen in dorre aarde. Alex Ferguson stond bekend als een liefhebber van felle trainingen. Bonter dan sir Alex kan Van Gaal het nauwelijks maken, klinkt het schouderophalend. David Moyes krijgt daarom de schuld. Aangezien hij toch al geen goed kon doen, kan de valse start onder zijn opvolger hem ook wel in de schoenen geschoven worden.

Van Gaal neemt later wel zijn maatregelen, zij het op andere manier dan Verheijen voorstelt. Hij bedingt bij de clubleiding een minder intensieve zomertour en laat de voetballers tijdens de voorbereiding niet meer dan 180 speelminuten maken. Ook de traditionele oefenwedstrijd voor het begin van de competitie laat hij schrappen. De club past zich aan hem aan. De externe factoren waaraan hij zich stoorde neemt hij weg.

GOUDEN BAL

Old Trafford, 18 november 2014

Handige marketingjongens proberen in de laatste interlandperiode van 2014 nog wat geld uit de zakken van voetbalfans te kloppen. Het Zuid-Amerikaanse bureau World Eleven heeft een interland geregeld tussen Portugal en Argentinië. Als speellocatie is gekozen voor Old Trafford. Op die plek, zo redeneren ze, moet het affiche het meest tot de verbeelding spreken.

Als vanzelf spitst de aandacht zich toe op twee spelers: Lionel Messi en Cristiano Ronaldo. De wedstrijd moet duidelijk gaan maken wie van de twee sterren de Gouden Bal het meest verdient: de Argentijn Messi, al viermaal verkozen tot 's werelds beste voetballer, of tweevoudig winnaar Ronaldo. Op papier klinkt dit aardig, in de praktijk komt van het beoogde titanengevecht niets terecht.

De vedetten sparen hun benen. Ze doen geen poging het publiek te vermaken met sprints, dribbels of schoten van afstand. Na de rust blijven Messi en Ronaldo in de kleedkamer achter. Dit leidt bij de toeschouwers, die minimaal vijftig euro voor een kaartje kwijt waren, tot een combinatie van meligheid en balorigheid. De tribunes zijn al bijna leeg als Raphael Guerreiro in blessuretijd Portugal de zege bezorgt (1-0).

Onder de bezoekers zijn veel immigranten uit Zuid-Europa. De economische crisis heeft vele Spanjaarden ertoe gedwongen hun heil elders, en met name in Engeland, te zoeken. De Spaanse kolonie groeit dan ook het snelst. Waar Pakistanen, Chinezen en Polen lange tijd de lijst met nieuwkomers aanvoerden, gaat Spanje nu aan kop. Veelal hoogopgeleide jonge mannen en vrouwen proberen in Noordwest-Engeland een nieuw bestaan op te bouwen.

De Portugese enclave is minder groot, maar niet onaanzienlijk. Zorgstelsel NHS is hier voor een flink deel verantwoordelijk voor. Verplegend personeel wordt op grote schaal gerekruteerd in Spanje en Portugal om opleidingskosten uit te sparen en te kunnen voldoen aan de vraag van de ziekenhuizen. De universiteiten trekken ook veel Zuid-Europeanen.

In het straatbeeld valt hun aanwezigheid amper op. Manchester gaat met een geschat aantal van 157 gesproken talen door voor een van de meest multiculturele steden van Engeland. Er is een Chinese wijk waar de naamborden zijn voorzien van een Kantonese vertaling, een orthodox joodse buurt

– waar vrouwen hun hoofden kaal scheren en mannen hoeden dragen – en een gebied met louter Poolse winkels.

Manchester onderscheidt zich in dit verband van Londen. Inwoners van de nieuwe Europese lidstaten Roemenië en Bulgarije kiezen massaal voor de hoofdstad. Voor Portugezen en met name Spanjaarden trekt Manchester meer. In de koffieketens van Costa, Starbucks en Nero tref je de Spaanstaligen aan die met hulp van Engelse studenten, in ruil voor een kleine vergoeding, na werktijd sleutelen aan hun taalvaardigheid.

Patricia Perez (27) uit Bilbao, sinds twee jaar werkzaam voor afhaalrestaurant Rice aan Piccadilly Gardens, is een van hen. Ze is opgeleid tot docent gebarentaal, maar moet zich laten bijscholen. Spaanse gebarentaal is anders dan de Engelse variant. Om voor een studieplek in aanmerking te komen moet haar Engels van academisch niveau zijn. 'Daar werk ik nu aan,' zegt ze. 'Tussen Engelsen.'

Patriottisme speelt bij het oefenduel tussen Argentinië en Portugal nauwelijks een rol. Spanjaarden mengen zich tussen de Zuid-Amerikanen om anderhalf uur ongestoord hun eigen taal te kunnen spreken. Portugezen schminken vlaggetjes op hun wangen en zingen liederen van thuis. Het voetbal telt voornamelijk voor de Mancunians in het stadion. Zij zijn gekomen om de terugkeer van Cristiano Ronaldo te vieren.

Ronaldo hoeft de bal niet eens te beroeren om het schijngevecht met Lionel Messi in zijn voordeel te beslissen. Een glimp van zijn kapsel in de spelerstunnel van Old Trafford is voor duizenden mensen genoeg om te klappen. Ze zingen het 'Viva Ronaldo'-lied. Niemand kan hun achteraf kwalijk nemen dat ze geen poging hebben gewaagd hem terug te lokken naar Manchester United.

Sinds zijn vertrek in 2009 naar Real Madrid hopen de supporters elk jaar weer op zijn terugkeer. Dit seizoen denken ze echt een kans te maken als hij kortstondig de indruk wekt een breuk met de Spaanse club te willen forceren. Het leidt tot smeekbedes op Twitter. Fangroepering United Reel laat een vliegtuigje met een spandoek met de tekst 'Come Home Ronaldo' over Estadio El Madrigal cirkelen.

Ronaldo voelt zich gevleid, zegt voor Manchester United een speciaal plekje in zijn hart te hebben, maar meldt zich thuis te voelen in Madrid. Vals alarm. Het maakt het applaus voor hem niet minder luidruchtig. Voor Louis van Gaal, op de tribune aanwezig, weegt het optreden van Nani zwaarder. De Portugees, door United uitgeleend aan Sporting Lissabon, kan zich in de kijker van de coach spelen.

Mocht Nani nog over enige goodwill beschikken, dan raakt hij die kwijt bij een tackle op Ángel di Maria. Voor de ogen van Van Gaal gaat hij met zijn noppen hard boven op de rechtervoet van de Argentijnse dribbelaar staan. Di Maria schreeuwt het uit van de pijn, maar kan, gelukkig voor United, na een behandeling verder.

Een blessure van de recordaankoop kan Van Gaal niet gebruiken. Di Maria kan op dit moment geen training missen. Na een veelbelovend begin zit de klad erin. Hij heeft moeite zijn intuïtie te verruilen voor een meer uitgekookte manier van spelen. Tegen Crystal Palace leidde dit tot problemen. 'Soms moet je passen – en Di Maria is geen speler die elke keer als hij de bal krijgt, wil passen,' zei Van Gaal hierover.

Deze opmerking komt niet uit de lucht vallen. Pingelaars, zo liet hij in zijn periode bij Ajax al merken, hebben een slechte aan hem. Ze kunnen zich niet meer louter concentreren op een dribbel of een truc. Van Gaal eist dat ze meedenken en bijdragen aan het teamspel. Dat kan voor problemen zorgen. Bij Di Maria, door het elftal geschoven, lijkt dat het geval te zijn. Hij past zich moeilijk aan en maakt een ontregelde indruk.

Twee dagen eerder kreeg hij al slecht nieuws uit Nederland.

In de Amsterdam ArenA liep Daley Blind in het EK-kwalificatieduel met Letland (6-0) een scheurtje in de mediale band van zijn linkerknie op. Een tegenstander viel met zijn volle gewicht boven op het gewricht. Blind, een belangrijke speler in de plannen van Van Gaal, ontbreekt hierdoor minimaal zes weken.

De terugkeer van Michael Carrick verzacht de pijn. De langdurige afwezigheid van de international zat Van Gaal dwars. De drieëndertigjarige middenvelder heeft overzicht, kan een bal over grote afstanden loepzuiver verplaatsen en schuwt een fysiek duel niet. Een type speler als hij heeft Van Gaal altijd gekoesterd. Slim, rustig en taakbewust. Zijn geslaagde test tegen Crystal Palace kwam als geroepen.

Enkele dagen voor het uitduel met Arsenal geldt zijn aanwezigheid als een van de weinige pluspunten. Miscommunicatie tijdens de persconferentie hoort daar niet bij. Gevraagd naar de prognose van Blind zegt hij: '*Not six months*'. De clubmedia horen '*not*' niet en versturen een tweet met de mededeling dat de speler minimaal een halfjaar uit de roulatie is. De fout zorgt voor een kettingreactie. Voetbalsites en kranten zien het bericht en melden onmiddellijk dat de Nederlander de rest van het seizoen niet meer in actie komt. De blunder blijft urenlang dooretteren, ook al wordt die vrijwel direct hersteld. Het doet Van Gaal besluiten in het vervolg medische bulletins te omkleden met mitsen en maren of in het geheel niets te zeggen.

DINOSAURIËR

Emirates Stadium, 22 november 2014

De mascotte van Arsenal geldt in het Emirates Stadium onder jong en oud als een cultfiguur. Gunnersaurus Rex krijgt tekeningen opgestuurd, gaat met kinderen op de foto en ontvangt zelfs verzoeken om huwelijksfeesten op te luisteren met een bezoek. De ploeg van Louis van Gaal geeft de dinosaurus vandaag een extra functie. Fans gebruiken hem om hun frustraties bot te vieren.

Het beest, of eigenlijk een volwassen man in een pak, wordt Arsène Wenger genoemd, in wie ze een prehistorisch wezen herkennen. Manchester United heeft zojuist voor een klein mirakel gezorgd door Arsenal te verslaan met 1-2. De Franse manager krijgt de schuld. Helemaal eerlijk is dat niet. United was slecht, heel slecht, maar won toch. Van Gaal heeft zijn eerste uitzege van het seizoen te pakken.

Waar de Nederlander opgetogen de bus in stapt, kijkt Wenger zorgelijk. Na bijna twee decennia in dienst van Arsenal weet hij hoe de vlag erbij hangt. Enkele dagen later vergelijkt aandeelhouder Alisher Oesmanov hem met een bekraste grammofoonplaat. Telkens als je denkt dat een nieuw nummer gaat beginnen, zo stelt de Rus, schiet de naald van de platenspeler terug.

Van Gaal mag over geluk niet klagen. Zijn sneer naar Danny Welbeck, in de zomer aan Arsenal verkocht, had in zijn gezicht kunnen ontploffen. Spijt van zijn vertrek heeft hij niet. Welbeck was onder zijn voorgangers immers ook al een reserve. 'En dan verandert de wereld onder Mr. Van Gaal?' zegt hij. 'Nee, de wereld verandert niet. Het zijn de feiten.' Hij krijgt gelijk. Welbeck maakt geen indruk.

Robin van Persie, die Van Gaal een stuk hoger aanslaat dan Welbeck, staat wel in de basis. De spits speelt tegen zijn oude club wellicht de slechtste wedstrijd uit zijn carrière. Totaal verloren loopt hij over het veld. Van Gaal toont zich meedogenloos. Van Persie moet een kwartier voor het einde naar de kant, terwijl hij vanuit alle hoeken wordt uitgefloten. De bal heeft hij twaalfmaal beroerd.

Arsenal voelt zich zo mogelijk nog beroerder. Het team wervelt, dartelt door de defensie van United, maar schiet via Kieran Gibbs in eigen doel. Wayne Rooney maakt vlak voor tijd met een schitterende lob de ellende nog groter. Een treffer van Olivier Giroud komt te laat om het tij nog te keren. 'Een fantastische overwinning,' glundert Van Gaal, die door blessures bijna een volledig elftal mist.

Daley Blind geeft de ernst van de situatie middels een selfie vanuit zijn woonkamer in Manchester subtiel weer. Hij lijkt in voorbereiding op een missie naar Mars. Zijn gekwetste knie zit ingepakt in een enorme brace. De constructie zit aangesloten op een slang die naar een futuristisch apparaat loopt. Hij steekt zijn duim bemoedigend op, maar perst zijn lippen samen, alsof hij wil zeggen: 'Heb ik weer.'

Van Gaal moet dat ook gedacht hebben, maar zwijgt. Het maakt hem complimenteus. Doelman De Gea was 'briljant', een geliefd bijvoeglijk naamwoord in Manchester. Rooney, de held van de dag, noemt hij 'geweldig'. De aanvoerder, op pad met Engeland al goed voor drie doelpunten, krijgt de meeste lof. 'Hij laat zien dat hij drie wedstrijden in een week kan spelen. Dat kunnen er maar weinig, zeker op dit niveau.'

Van Gaal gaat er goed voor zitten, maar persvoorlichtster Karen Shotbolt kapt hem af. '*She's the boss*,' lacht hij en hij verdwijnt met haar richting de uitgang. United moet een trein halen. Wenger heeft dan al indirect onder uit de zak gekregen. Van Gaal meldt fijntjes handig gebruik te hebben gemaakt van het gebrek aan snelheid van de twee centrale verdedigers van Arsenal.

Gunnersaurus Rex blijft ondertussen in zijn rol. Hij neemt de artiestenuitgang. Een portier met een zwartgallig gevoel voor humor steekt zijn hand op en zegt: 'Wel thuis, Arsène.' De mascotte kijkt verbaasd om en raakt in de war. Hij zwaait per ongeluk naar de bus van United voor zijn neus. De portier schudt zijn hoofd. 'Dat krijg je als je oud wordt. Dan weet je niet meer wat je doet.'

APPEL
Sackville Gardens, 23 november 2014

Vanuit een witte tent in Sackville Gardens, een park midden in de roze buurt van Manchester, klinkt zacht gesnik. Bijna niemand houdt het droog tijdens een toespraak van Tony Cooper. De uitbater van VIA, een uitgaansgelegenheid aan Canal Street, vertelt met trillende stem hoe een vriendin van hem zich eerder in de week van het leven beroofde. 'Ze kon de druk niet meer aan,' stelt hij.

Cooper is medeorganisator van de Transgender Day of Remembrance, een herdenking voor transseksuelen die in het afgelopen jaar door geweld of zelfmoord om het leven zijn gekomen. Door zijn brede kaaklijn en baritonstem valt nauwelijks op dat hij niet werd geboren als man. Vele aanwezigen in de tent zien hem als een voorbeeld. Niet om zijn uiterlijk, maar om zijn zelfvertrouwen.

Onder het canvas staat een flink aantal mensen met een gebrek daaraan. Het plan om om de beurt een reeks namen van slachtoffers op te lezen op het podium krijgt daardoor onbedoeld iets van een straf. Bevend van de zenuwen bewegen de sprekers zich naar voren. En zij behoren tot de groep dapperen. De rest durft amper omhoog te kijken. Ze verbeelden wat Cooper eerder vertelde. Transgenders zijn kwetsbaar.

De angst voor gek gezet te worden of klappen te krijgen zit er goed in. Een incident van een week eerder maakt hen extra alert. In het weekeinde brak een onverlaat de kaak van een speler van de Village Spartans, een rugbyclub voor homo's, op drie plaatsen bij een poging leden te werven in Canal

Street. Bij de transgenders in de tent versterkt dit het gevoel van weerloosheid.

Jenny-Anne Bishop, pas op haar zestigste getransformeerd tot vrouw, vindt dit niet overdreven. 'Manchester geldt als een van de meest tolerante plekken op aarde,' stelt ze. 'Niet voor niets staat hier het enige monument voor mensen als ik. Maar dat wil niet zeggen dat het goed gaat. Je moet op je tellen passen.' Zelf moest ze recentelijk door de politie worden ontzet. Een man weigerde haar met rust te laten.

'Ik liep geen fysieke schade op, maar de littekens op mijn ziel voel ik nog,' vertelt Bishop. Haar leven is een dagelijks gevecht tegen vooroordelen. 'Ik had altijd een heel goede baan, totdat ik me als vrouw ging kleden. Mijn kinderen begrijpen het ook niet. Ik heb al jaren geen contact meer met ze. Een kleindochter zie ik gelukkig wel veel. Ze is van een andere generatie.'

Bishop moet toegeven dat Manchester een relatief veilige stad is. 'Daarom ben ik hiernaartoe verhuisd,' legt ze uit. 'Maar begrijp me niet verkeerd. De Gay Village mag een vrijhaven zijn, als je een voet buiten het centrum zet, ben je je leven niet zeker.' Ineens lacht ze. 'Zat Louis van Gaal in Amsterdam niet in een boot van de Gay Pride? Zover zijn we hier nog niet. Voetballers willen in onze wijk niet worden gezien.'

Op een teken van Cooper verlaat de menigte aarzelend de tent. Ze krijgen een brandend waxinelichtje in de hand gedrukt en lopen stapvoets richting het monument voor transgenders. Om de beurt staan ze stil bij het houten kunstwerk dat twee uit een cocon gekropen vlinders uitbeeldt. De kaarsjes krijgen een plek aan de voet ervan. Omstanders leggen bloemen neer.

De spanning onder het introverte gezelschap laat zich eenvoudig peilen. Ruim de helft steekt tijdens de korte voettocht eerder af. Ze ontwijken de lenzen van de fotografen en de camera's van een televisiestation. Hun schuwe gedrag detoneert met de normale omgangsvormen in de Gay Village. Aan de overkant van de gracht trotseren behaarde mannen de kou om als bouwvakkers naar passanten te fluiten.

In deze aparte atmosfeer valt een bankje met daarop een standbeeld van een zittende man met een appel in zijn hand nauwelijks op. Het is een eerbetoon aan Alan Turing, een van de belangrijkste geleerden uit de historie van Manchester. Hij gold als een pionier op het gebied van computerkunde. Met behulp van zijn theorieën werd aan de universiteit van Manchester de eerste moderne computer gebouwd.

Zijn kennis hielp de geallieerden de Tweede Wereldoorlog twee tot vier jaar eerder te laten eindigen dan analisten hadden voorzien. Turing werkte onder meer in het diepste geheim aan een machine waarmee de instellingen van de Enigma ontcijferd konden worden. Dit apparaat werd door de nazi's gebruikt om berichten met informatie voor de Duitse marine te coderen.

Vanwege de gevoelige aard van de materie bleef het dossier met zijn bijdrage aan de oorlog veertig jaar lang een staatsgeheim. Toen de informatie uiteindelijk vrijkwam, leefde Turing allang niet meer. Hij pleegde in 1954 zelfmoord door een hap uit een met gif geïnjecteerde appel te nemen. De wetenschapper, koninklijk onderscheiden, was op tweeënveertigjarige leeftijd ontsnapt aan een leven in de duisternis.

Turing kon lang verborgen houden dat hij homoseksueel was. Een inbraak in zijn huis in Wilmslow – een weelderig dorp waar tegenwoordig veel sterren van Manchester United hun intrek nemen – maakte daar een eind aan. Tijdens het onderzoek kwamen agenten erachter dat hij een seksuele relatie had met een negentienjarige man, in die tijd een misdrijf. Turing bekende schuld.

Om een gevangenisstraf te ontlopen moest hij medicijnen

slikken om zijn driften te onderdrukken. Deze synthetische variant van het hormoon oestrogeen veranderde hem in een trillend wrak. Hij kreeg borsten. Hij kon nauwelijks meer zijn werk doen. Turing leek zich te hebben verzoend met zijn lot, totdat zijn huishoudster hem op een ochtend dood aantrof in zijn stoel.

Het levensverhaal van Turing draait momenteel in de bioscopen. *The Imitation Game* met Benedict Cumberbatch in de rol van de geleerde trekt volle zalen. In ODEON, in het centraal gelegen Printworks, valt op dat homofobie en voetbal niet per definitie hand in hand gaan. In het publiek zitten bij een avondvertoning tieners in het rode shirt van United. Mancunians zijn oprecht trots op 'hun' genie.

De appel in Turings hand spreekt de jongste generatie het meest tot de verbeelding. Het logo van Apple, zo wordt graag gesuggereerd, zou een eerbetoon van Steve Jobs aan Turing zijn. De eerste versie van het nog altijd gebruikte beeldmerk van het Amerikaanse bedrijf was een appel waaruit een beet is genomen, in de kleuren van de regenboog, het symbool van de homogemeenschap.

Als Turing in deze tijd had geleefd, zou hij zeer waarschijnlijk op enig moment Louis van Gaal en zijn spelers hebben ontmoet. Behalve een wiskundig genie was hij een getalenteerde langeafstandsloper. Als atleet behoorde Turing tot de mondiale top, afgaand op zijn tijden bij de marathon. Die kwaliteit had hem tegenwoordig waarschijnlijk op enig moment een uitnodiging voor een wedstrijd op Old Trafford opgeleverd.

8

ZWART

Old Trafford, 29 november 2014

Als Radamel Falcao zijn trainingsbroek uittrekt, wat wriemelt aan zijn haarbandje en langs de lijn begint aan zijn warming-up, gaat het publiek op de Stretford End er goed voor zitten. De Colombiaan behoort tot de populairste spelers in de selectie. De fans leven met de spits mee, lijken de last op zijn schouders te voelen. Hoe slecht hij ook speelt, de mensen blijven voor hem klappen.

Robin van Persie, voor wie hij straks gaat invallen, heeft niet zo'n knuffelstatus, ook al verkochten replicashirts met zijn naam achterop de afgelopen twee seizoenen het best van alle spelers in de Premier League. Nu het sportief even tegenzit, bekoelt de adoratie echter. Alsof hij alleen wordt bewonderd om zijn genialiteit, niet om zijn karakter. Falcao spreekt duidelijk op een andere manier tot de verbeelding.

De Zuid-Amerikaan krijgt een seintje. Nog heel even en hij mag het veld in. Assistent Frans Hoek, zoals altijd lang van stof, vormt de laatste versperring. Falcao krijgt tot in detail te horen waar hij moet gaan staan en wie hij moet dekken bij standaardsituaties. Manchester United mag dan met 2-0 voor staan tegen Hull City, de technische staf laat niets aan het toeval over.

Het onderonsje geeft Van Persie net voldoende tijd om zijn gram te halen. Als Ander Herrera een counter onderschept, komt hij in een halve tel uit buitenspelpositie terug. In plaats van achter de twee centrale verdedigers staat hij er nu voor. De Spanjaard kijkt op, ziet de hand van Van Persie wijzen naar zijn schoen en trapt de bal precies op de door de spits aangegeven plek.

Van Persie tikt de bal met een lichte beroering van zijn voet opzij, langs het been van de laatste man van Hull, die in zijn rug gekropen is. Het biedt hem de ruimte om met een diagonaal wreefschot de linkerbovenhoek te zoeken. Doelman Alan McGregor van Hull zweeft nog door de lucht als de Stretford End begint te juichen. Van Persie lacht en balt zijn vuist naar de beruchte tribune.

Ondanks het magische moment besluit Van Gaal toch om Van Persie naar de kant te halen. Even later houdt de vierde official een digitaal bord met nummer 20 erop omhoog. Van Persies aftocht doet denken aan andere tijden. Het applaus is bedoeld voor hem, niet voor de gereedstaande Falcao. Zijn klasse maakt hem weer even de held van Manchester United.

'Om heel eerlijk te zijn: ik kon dat doelpunt wel gebruiken,' reageert Van Persie, die ook nog een treffer van Wayne Rooney voorbereidde, na afloop tegenover een tv-verslaggever. Hij weet dat niet alleen het geduld van de fans met hem langzaam opraakt, maar ook dat van Van Gaal. Veel te mopperen heeft de manager vandaag niet. In de kleedkamer zegt hij Uniteds beste optreden van het seizoen te hebben gezien.

Van Persie heeft geen dwingende ogen nodig. Zijn eerzucht en perfectionisme houden hem wel bij de les. De sport beleeft hij ook anders dan de gemiddelde professional. Als Van Persie praat over voetbal, klinkt in zijn stem het enthousiasme van een kind door. Zijn beleving als dertiger verschilt niet veel van die van vroeger, toen hij op een Rotterdams pleintje stond te pielen met kameraden uit de buurt.

Deze puurheid komt op subtiele wijze naar voren in zijn

kledingkeuze. Van Persie is de enige speler op Old Trafford met gitzwarte voetbalschoenen. 'Dat is het mooist,' gaf hij enkele weken eerder aan tijdens een gesprek met een afvaardiging van de Nederlandse media. 'Een beetje retro, *old school*, zoals het vroeger was.' De achterliggende reden mag minder romantisch zijn – hij zit momenteel zonder schoenencontract – maar de intentie is oprecht.

'Ik ben niet verplicht met Adidas of wat voor merk dan ook te spelen,' legde hij uit. 'Daarin sta ik vrij.' Van Persie nam een paar schoenen uit de kast en ging ermee aan de slag. 'Mijn ouders zijn kunstenaars. Dus ik dacht: laat ik ook maar een keer gaan knippen en plakken. Eerst maakte ik een deel zwart, maar was nog niet helemaal tevreden. De achterkant stak er een beetje bij af. Toen heb ik de hele schoen zwart gemaakt. De materiaalman heeft ook meegeholpen. Ik heb er behoorlijk veel werk aan gehad.'

Zijn eigen ontwerp bevalt goed. 'Ik vind Adidas een prachtig merk, hoor, maar ik wachtte altijd met spanning af welke kleuren mijn kant opkwamen. Als je zo'n commitment aangaat, moet je ook meegaan in het verhaal. Nu kan ik het zelf bepalen. Misschien duurt het nog even, misschien niet. Maar tot die tijd vind ik dit ook wel prima. Nu speel ik lekker op zwart.'

Met zijn voorkeur voor de traditionele zwarte schoen lijkt van Persie op zijn trainer. In zijn Ajax-tijd riep hij Martijn Reuser tot de orde. 'Wat denk jij dat je gaat doen op die witte schoenen? Je moet opvallen met je prestaties.' Jaren later gaf hij aan dat gekleurde kiksen meer iets voor vrouwen zijn. Daarbij vond hij ze gewoon 'lelijk'.

Extravagante schoenen pasten niet bij zijn ideeën over orde en discipline. Daarin is hij bijgedraaid. Hij accepteert de macht van sponsors. Uitvallen tegen spelers gebeurt nog wel. Wie te laat aanschuift voor de lunch, krijgt een uitbrander en een boete. Op z'n tijd laat Van Gaal ook zijn zachte kant zien. Daley Blind mag om die reden een weekje vrijaf nemen.

'*I gave him a holiday*,' vertelde Van Gaal. 'De eerste week van het herstel van zo'n blessure – zijn knie – staat vooral in het teken van rusten. Hij had al niet veel vrij gehad vanwege de *World Champion*. Dat herinneren jullie je wellicht nog wel. Nederland bleef tot het einde.' In de kleedkamer zul je geen scheve gezichten zien. Blind wacht een zwaar programma. 'Geblesseerde spelers moeten meer trainen dan de fitte. Elke dag. Maandag meldt hij zich weer.'

GLÜHWEIN

Albert Square, 6 december 2014

Muzikanten haasten zich naar hun plek op de kerstmarkten in Manchester om in de openlucht te spelen. Ze slepen met gitaren, violen, drums, keyboards, versterkers, aggregaten en koffers volgepropt met stekkers en de laatste elektronische snufjes. Medelijden hoeft niemand met ze te hebben. Anders dan de gebruikelijke zwervers of studenten met een akoestische gitaar in de schuur zijn dit bijna zonder uitzondering professionals.

Ze gaan niet zomaar op een straathoek staan in de hoop wat kleingeld op te halen. De goede bands regelen ruim van tevoren een vergunning om op een bepaalde plaats hun nummers ten gehore te brengen. Kwaliteit betaalt zich uit. Terwijl de amateurs, meestal dronkaards met een belabberd repertoire, blij mogen zijn met vijftig pond, slepen zij in een paar uur minimaal het tienvoudige binnen.

Paolo Fuschi, een United-fan met een stevige mening, is een van hen. Met zijn hoedje, rossige baard en lengte – hij meet bijna twee meter – is hij eenvoudig te herkennen. Dit helpt om op Albert Square nog voor zijn instrument uit de koffer komt een flinke groep mensen te trekken. Fuschi is een van de meest getalenteerde gitaristen in de wijde omtrek. In Manchester weten vele liefhebbers van funk, jazz en reggae wie hij is.

Twee tot drie keer in de week treedt Fuschi op in het Northern Quarter. The Whiskey Jar en Matt & Phreds boeken hem zo vaak als mogelijk. Zijn verlegen inborst stond een doorbraak lange tijd in de weg. Geluk had hij evenmin. Een producer investeerde in hem en zijn band, maar verkwistte het aanzienlijke budget aan randzaken. Toen het album klaar was, ontbraken de financiën voor een pr-campagne.

Fuschi, zo geeft hij toe, was wat goedgelovig. 'Ik ben een immigrant,' vertelt hij. 'En muziek maken kon ik. In de zakelijke kant heb ik me moeten verdiepen.' Twaalf jaar geleden verruilde hij Sicilië voor Manchester, geïnspireerd door Madchester, de scene waarvan bands als Oasis en Happy Mondays deel uitmaakten. 'In Palermo heb ik op het conservatorium gezeten. In Manchester heb ik muziekkunde gestudeerd.'

De kelders van de kroegen met hun houten vloeren, de veelal verlichte podia en de weerbarstige akoestiek maken hem nog steeds enthousiast. 'Een beetje bluesmuzikant ziet af,' zegt hij. Daarbij gingen wereldberoemde acts als Elbow en The Smiths hem voor. Lange tijd praatte hij zelfs als een Manc, totdat hij zijn vriendin ontmoette. 'Een Italiaanse.' Nu klinkt zijn Engels meer als het hare, zangerig en gekruid met extra klinkers. *How are you?* klinkt dan meer als *houwuh aaruh you-uh?*

Met hulp van een Europese beurs voor 'achtergestelde' gebieden kreeg zijn vriendin de kans te promoveren aan de universiteit van Manchester. Ze haalde haar doctorsgraad, maar zit nu op zwart zaad. Haar baantje als onderzoekster en docent aan de universiteit stopte na een semester. Fuschi helpt haar nu de eindjes aan elkaar te knopen.

Voor hem is dat geen last. Hij ziet de filosofische kant ervan. Italianen trokken anderhalve eeuw geleden massaal naar Manchester om de economische crisis in eigen land te ontvluchten. Het merendeel streek neer in Ancoats, de eerste industriewijk ter wereld en, toevallig of niet, op nog geen vijfhonderd meter afstand van de flat van zijn meisje. In Little Italy klitten ze samen, verkochten ijs, openden delicatessenzaken en hielpen elkaar waar mogelijk.

Fuschi vormt de eerste loot van een nieuwe generatie Italianen. Kort na zijn vertrek kwam zijn hele familie over. Zijn ouders verkopen geïmporteerd fruit en lekkernijen uit Sicilië op de markt. Zijn zus studeerde in Manchester en werkt inmiddels voor de gemeente Oldham. De problemen van Fuschi's vriendin – 'tijdelijk, ze is ambitieus' – kunnen er ook nog wel bij. Knipogend: 'Italianen steunen elkaar.'

Zelf gaat het hem nu redelijk voor de wind. Zijn nieuwe band Buffalo Brothers heeft in korte tijd naam gemaakt. De funky klanken veroverden eerst het Northern Quarter. Inmiddels spelen de heren ook in Londen. Fuschi hoeft, als het zo doorgaat, geen trouwerijen meer af te lopen om de huur te kunnen betalen. 'De kerstmarkten doe ik nu alleen omdat ik het zo leuk vind.'

Zijn artistieke inborst zorgt binnen de familie voor lichte frictie. Fuschi en zijn vader zijn na hun emigratie supporter van Manchester United geworden. 'Hij wil met mij naar het stadion,' vertelt hij. 'Ik wil ook wel, maar het komt er steeds niet van. Weet je, ik kan die commercialisering moeilijk velen.' Fuschi, politiek links georiënteerd, trekt een vies gezicht als hij Old Trafford uitspreekt. 'Dat heeft weinig met voetbal te maken.'

Louis van Gaal geldt in zijn kringen niet bepaald als een figuur om tegen op te kijken. 'In Italië noemen we zo iemand een dictator,' stelt zijn vriend Raffaele, onderzoeker aan de universiteit van Lancaster en voormalig lid van een skaband. 'Of, dat klinkt wat vriendelijker, George W. Bush. Als je het niet met hem eens bent, lig je eruit. Kijk naar het ongelukkige gezicht van Falcao. Nee, niet mijn type.'

Fuschi, minder stellig, stoort zich meer aan zijn gebrekkige aanpassingsvermogen. 'Ik had heel veel moeite met de winters hier,' zegt hij. 'Niet alleen de kou, maar ook het gebrek aan licht. Ik werd er somber van. Nu kan ik ertegen, al ligt het weer in Sicilië me beter. Het hoort erbij. Van Gaal is hier net en hij begint te mopperen over het speelschema in december... Hij noemt zich flexibel. Dat is hij dus niet.'

Van Gaal zei: 'Ik ben het er niet mee eens, omdat ik denk dat mijn spelers niet twee keer in twee dagen in actie kunnen komen. In december gebeurt dat wel. We hebben ook families. Ik heb ook een vrouw en kinderen en kleinkinderen. En ik kan hen niet zien tijdens de kerst. Maar ik wil werken in de Premier League, ik moet me aanpassen en zal me aanpassen. Maar ik denk dat het goed is voor de spelers noch hun families.'

Zijn nuance gaat verloren. Morrelen aan of zeuren over voetbal tijdens de feestdagen is als de kerstmarkt op Albert Square ter discussie stellen. Politici en werknemers van het stadhuis weten dat boven de ingang een reusachtige kerstman komt te hangen en het plein vol komt te staan met houten kramen, waaruit glühwein en poffertjes worden geserveerd. Erover klagen halen ze niet in hun hoofd.

Falcao weet inmiddels ook dat op zeuren geen prijs wordt gesteld. Zijn invalbeurt tegen Hull City (3-0 winst) werd uit noodzaak geboren. Op meer speeltijd, om zo ritme te krijgen en zijn vorm terug te vinden – iets wat de fans graag willen –, hoefde hij daarom niet te rekenen. 'Dat interesseert me niet,' vertelde Van Gaal. 'Hij moet mijn filosofie volgen. Begrijp je dat? Ja? Ik ben om die reden hier.'

Een gedetailleerde uitleg volgde. Falcao, net terug van een kuitblessure, miste inhoud. Enkele groepstrainingen hadden hem die in elk geval niet bezorgd, zeker omdat één daarvan de *box exercise* was. Deze oefening, kort pass- en loopwerk in een vak met een relatief lage intensiteit, telt niet. 'Dat is geen training,' stelt Van Gaal. Om domme vragen te voorkomen legt hij zijn beslissing om hem toch te selecteren uit.

Eigenlijk, zo geeft hij aan, had Falcao minuten moeten maken in het tweede elftal. Dat ging niet. Kwetsuren bij de andere spitsen dwongen hem de Colombiaan op de bank te zetten. 'Ik moet mijn keuzes aanpassen aan wat het team nodig heeft. Daarom haalde ik hem bij de groep, hoewel hij maar twintig minuten voluit kon spelen. Het tempo in de Premier League is het hoogst van alle competities.'

HUURLING

Boundary Park, 6 december 2014

Als de metro na een rit van een klein halfuur in Oldham stilhoudt, stapt bijna niemand uit. De straten in het centrum zijn zogoed als verlaten. De enkeling met een boodschappentas in de hand gunt zich niet de tijd rustig te wandelen. Niemand wekt de indruk graag in deze spookstad te zijn. Wie in het weekeinde iets wil ondernemen, gaat naar Manchester, een paar kilometer verderop.

Op weg naar Boundary Park, het stadion van Oldham Athletic, valt goed te begrijpen waarom de stad tijdens de industriele revolutie als een baken van hoop gold. Veel vrolijker dan nu was het er een paar eeuwen geleden niet. Rivieren ontbraken. De grond was onvruchtbaar. Desondanks groeide de puist ten westen van Manchester uit tot een textielcentrum. De onwaarschijnlijke groei gaf inwoners van de rottigste dorpen in Engeland houvast.

Maar de voorspoed hield geen stand. Met de sluiting van de kolenmijnen en het verdwijnen van de katoenindustrie verloor Oldham zijn glans. De werkstad werd een slaapstad. Restanten van de katoenfabrieken en pakhuizen geven de gemeente nog enig karakter, maar een toeristische attractie is Oldham bepaald niet, zeker niet op een zaterdagmiddag in december. Waterkou en een ongure wind maken het extra grimmig.

Oldham mag dan geen lust voor het oog zijn, het kan wel bogen op een rijke historie vol kleurrijke types. Winston Churchill begon zijn politieke carrière hier, na een ontsnapping uit een tot gevangenis omgebouwde school in Pretoria tijdens de Tweede Boerenoorlog (1899-1902). Hij glipte ongezien een goederentrein in en reisde zo naar Mozambique om van daaruit via Durban terug te keren naar het front.

De school, of eigenlijk een voortzetting daarvan, kwam afgelopen jaar indirect in het nieuws. De paralympische atleet Oscar Pistorius, veroordeeld voor het doden van zijn vriendin Reeva Steenkamp, geldt als een van de beroemdste alumni van de Pretoria Boys High School, die verder vele internationals van het Zuid-Afrikaanse rugbyteam een plek bood.

Churchill bleef niet lang in zuidelijk Afrika. De strijd tegen de Boeren was voor hem alleen maar een manier om de tijd te doden. In 1899 lukte het hem niet in Oldham de zetel van een overleden parlementslid te krijgen. In afwachting van een tweede kans vertrok hij als oorlogscorrespondent voor *The Morning Post* naar de oorlog, waarin hoofdzakelijk de goud- en diamantmijnen van de Boeren de inzet vormden.

Acht maanden later was Churchill terug in Oldham voor de landelijke verkiezingen. Ditmaal won hij wel. Zijn reputatie als 'held' in de Boerenoorlog hielp. In het huidige Oldham, net als Manchester een Labour-bolwerk, had de conservatieve politicus geen kans gemaakt. Niettemin zijn de inwoners trots op hun verleden met Churchill, die anders dan de omgeving zelf wel tot de verbeelding spreekt.

Boundary Park doet dat ook, zij het met name door de gedateerde staat van het stadion. Het is klein en knus, de architectuur van het complex en de authentieke lichtmasten zorgen voor een vooroorlogse sfeer. De fans zingen vooral om warm te blijven. Wind en regen hebben vrij spel. Ook de North Stand, die een opknapbeurt ondergaat, zal na de oplevering geen begin van de moderne tijd betekenen.

De tweede ronde van de FA Cup, tegen Doncaster Rovers, zorgt voor een behoorlijke toeloop. Doncaster, net als Oldham Athletic een middenmoter in League One, twee treden onder de Premier League, lijkt geen onklopbare tegenstander. Aangezien clubs uit de Premier League in de derde ronde instromen, maakt dat de inzet extra groot. Met een beetje geluk wacht straks een tegenstander van formaat.

Het enthousiasme onder de supporters heeft geen uitwerking op de prestaties op het veld. Het voetbal lijkt in zwart-wit te worden gespeeld. Het spelpeil is zo laag dat een radioverslaggever van BBC Sheffield zijn geduld verliest. 'Een afgrijselijke aanname van Doncasters Bennett,' tettert hij door de microfoon. 'Als een balcontact dit duel zou moeten samenvatten, dan volstaat deze wanhopige poging van Bennett.'

De man voorziet een replay, iets waarnaar hij niet uitkijkt, getuige het geschud met zijn hoofd. Dan ineens vliegt de bal toch het doel in. Genséric Kusunga van Oldham Athletic schiet per ongeluk in eigen goal. Doncaster Rovers bekert verder (1-0). De ploeg uit het graafschap Yorkshire dankt deze prestatie vooral aan Sam Johnstone, de eenentwintigjarige keeper.

Johnstone steekt ver boven zijn teamgenoten uit. Zijn reflexen, strakke uittrappen en kalme houding horen niet bij deze verzameling van ongepolijste voetballers. Doncaster bezit hem dan ook niet. Johnstone wordt tot 31 januari gehuurd van Manchester United, waar hij de jeugdopleiding doorliep. Louis van Gaal nam hem mee naar de VS, maar bevond hem te licht.

'Het was lastig om die boodschap van de manager te krijgen,' vertelt hij naast het kleedhok op Boundary Park. 'Hij zei: "Je moet aan spelen toekomen." Zoals ik vorig seizoen deed. Op huurbasis ergens anders.' Johnstone treurt niet. 'David de Gea heeft de vorm van zijn leven te pakken. Ik ben oprecht blij dat ik in de Football League aan het werk kan.'

Van Gaal zag in Johnstone zijn vierde keeper, achter De Gea, Anders Lindegaard en Ben Amos. Hoewel hij de twee reserves voorbijgestreefd lijkt te zijn, rekent hij niet op een wonder. Víctor Valdés, ex-doelman van Barcelona, mag op Carrington verder werken aan zijn herstel van een gescheurde kruisband. Dat is diplomatieke taal voor: als er geen gekke dingen gebeuren, krijgt de Spanjaard een contract.

Johnstone kijkt niettemin tevreden terug op zijn korte periode onder de Nederlandse trainer en zijn staf, Frans Hoek in het bijzonder. 'Met hem werken was geweldig,' stelt hij. 'Hij heeft een andere visie, legt andere accenten. Hoek leerde me veel. Als je naar De Gea kijkt, zie je dat zijn methode werkt. Ik mocht blijven, maar wilde spelen. En mijn contract loopt nog een paar jaar door...'

De droom om ooit op Old Trafford te spelen, heeft plaatsgemaakt voor realisme. Hij hoopt daarom dat Doncaster in de volgende ronde van de FA Cup United ontloopt. 'Ik mag anders zeker niet spelen,' vertelt hij. 'Daarover staat iets in de huurovereenkomst.' Johnstone denkt aan zichzelf. De boodschap van Van Gaal is overgekomen. Bij United heeft hij geen toekomst meer.

Wat Johnstone nog niet weet, is dat Preston North End zich in januari bij Manchester United zal melden. De club uit zijn geboorteplaats krijgt toestemming hem tot het einde van het seizoen te huren. Aan de overstap kleeft slechts één nadeel. Preston loot in de vijfde ronde van de FA Cup Manchester United. Johnstone mag niet meedoen. Zonder hem wordt het duel, gespeeld in februari, verloren (1-3).

In Preston zal hij verder een goede indruk achterlaten. De club haalt de finale van de play-offs om promotie naar het Championship. Johnstone eindigt zo het seizoen op Wembley. Preston North End verslaat in het nationale stadion Swindon Town met 4-0. Johnstone, die zevenendertig kaartjes voor de finale kocht om vrienden en familie mee te laten genieten, doet wat hij in Oldham al van zichzelf eiste. 'Ik wil de "nul" houden.'

Dankzij het korte, maar openhartige gesprek met Van Gaal hoeft het hoogtepunt van zijn carrière – 'dit steekt er echt bovenuit' – niet te eindigen met een terugkeer naar Manchester in afwachting van een volgende uitleenbeurt. Preston North End heeft laten doorschemeren hem graag nog een seizoen te huren en indien mogelijk te kopen. United wil meewerken.

De vooruitgang van Johnstone ontgaat Van Gaal echter niet. Als Valdés, die inderdaad wordt vastgelegd, in onmin raakt met de trainer door een keer te weigeren in actie te komen met de reserves en te horen krijgt na een halfjaar alweer te mogen vertrekken, wacht Johnstone een nieuwe kans. Hij mag in de zomer mee op trainingskamp en speelt veel. In de gang van Boundary Park lag dit nog ver in de toekomst. Johnstone kwam op een koude winterdag uit voor het weinig glamoureuze Doncaster Rovers, niet voor Preston, noch voor United. Alleen over de reden van zijn sterk ontwikkelde spel kon hij stellig zijn. Van Gaal schudde hem wakker. 'Al was dat best moeilijk.'

Deze directheid valt ook op bij spelers die wel voldoen. 'Hij gaat fantastisch met de spelers om,' vertelt Wayne Rooney. 'Hij is eerlijk tegen je, of je nou speelt of niet, en dat is heel fijn.' Van Gaals uitstraling en zelfvertrouwen maken indruk. 'Iedereen kan zien dat hij iets speciaals heeft. Hij heeft veel ervaring.' Dit hielp tijdens de moeizame start. 'Hij raakte niet in paniek en bleef kalm, omdat hij het allemaal al een keer heeft meegemaakt.'

PROOST

Radisson Blu Edwardian, 7 december 2014

Zweetdruppels parelen op het voorhoofd van de barman van het café op de begane grond van het Radisson Blu Edwardian, een hotel in het hart van Manchester. De groep journalisten voor zijn neus neemt met de minuut in omvang toe. Ze gedragen zich keurig, zijn kwistig met het geven van fooien, maar bestellen sneller dan hij bier kan pompen. Net als hij hulp krijgt, verlaat iedereen de ruimte.

De eregasten, die allemaal rond het hetzelfde tijdstip arriveren, zijn verantwoordelijk voor de plotselinge uittocht richting een hogergelegen zaal. Daarin staan een podium, een scherm, een lange *top table* en een tiental ronde tafels. Als iedereen zijn plaats heeft gevonden, kan de avond beginnen. Ondertussen voorzien kortgerokte dames de genodigden van uitleg over het menu.

De noordelijke tak van de Football Writers' Association organiseert het evenement. In de informele setting krijgen managers uit Noord-Engeland een trofee voor hun prestaties in het vorige seizoen. Manuel Pellegrini van landskampioen Manchester City behoort tot de gelukkigen, evenals Sean Dyche van Burnley en een vijftal andere succesvolle maar minder bekende coaches.

Louis van Gaal ontbreekt logischerwijs. De Nederlander werkte voor de zomer nog niet in Engeland. De honneurs waarnemen voor zijn voorganger hoeft hij evenmin. Op het Community Shield, de seizoensopener tussen de kampioen en de bekerwinnaar, na won David Moyes niets. Manchester United stuurt uit beleefdheid John Allen, de jongste bediende van de persafdeling. Hij schudt handen, babbelt wat, maar houdt zich op de achtergrond.

Ondanks zijn afwezigheid gaat Van Gaal over de tong. Hij heeft een uitnodiging van de belangrijkste volgers van United naast zich neergelegd. Niet voor vanavond, maar voor een diner kort voor Kerstmis. De jaarlijkse traditie om in een ongedwongen sfeer elkaar wat beter te leren kennen, ziet hij niet zitten. 'Ik heb me nooit ingelaten met de media,' zegt hij. 'En ik ben niet van plan daar nu mee te beginnen.'

Met landgenoten gaat hij even kil om. Nederlandse kranten krijgen net als de Engelse geen enkele medewerking. Van Gaal geeft nog altijd geen interviews. Persvoorlichtster Karen Shotbolt bracht de boodschap over. 'Hij zei: "Geen Nederlandse media. Ik ben nu in Engeland,"' vertelde ze afgemeten. 'Hij legt alle verzoeken naast zich neer. Hij doet alleen wat hij contractueel verplicht is.'

De sfeer in het hotel lijdt niet onder Van Gaals onwil. Een quiz, fraai gemonteerde fragmenten van de winnaars en losse speeches halen het formele laagje van de avond af; de dresscode *smart casual* betekent in Engeland nog altijd: een pak, een stropdas en nette schoenen. De managers ontspannen snel. Ze strekken de benen, lachen hard om grappen en laten zich glimlachend fêteren.

Het verschil tussen de tabloids en de chiquere kranten openbaart zich snel. Waar de nettere media beschaafd nippen van een glas wijn laat de boulevardpers de ene na de andere fles aanrukken. Rood, wit, alles door elkaar. Ondanks de overvloed aan drank blijven ze professioneel. Overhemden blijven in de broek, de haren in model en trainers worden keurig met twee woorden aangesproken.

Aan één tafel krijgt John Gwynne iedereen stil met zijn anekdotes. Hij praat zacht, waardoor zijn tafelgenoten zich naar hem toe buigen. Gwynne (69), geboren in Denton (Greater Manchester), gold decennialang als de stem van het darten. Trots als de man is, stopte hij abrupt met het verslaan van de kroegsport toen Sky hem in 2013 niet meer als vanzelfsprekend voor grote toernooien inzette.

Gwynne werkt er niet minder hard door. Hij organiseert darttoernooien in de omgeving van Manchester, geeft voor het tv-programma *Soccer Saturday* op locatie live hoogtepunten van voetbalwedstrijden door en rijdt de hele week stad en land af voor een 'klus' of een bezoek aan plekken waar corpulente mannen pijltjes richting een bord gooien. Onder de sporters is hij net zo geliefd als onder het publiek.

Phil 'The Power' Taylor, de beste darter ooit, is een vriend. Michael van Gerwen en Raymond van Barneveld zitten geregeld bij hem in de auto. 'Aardige jongens,' vertelt Gwynne over de Nederlanders. 'Totaal geen kapsones. Daarom geef ik hun graag een lift als het zo uitkomt.' Spelers zien hem meer als een collega dan als een reporter. Hij begrijpt het circus en maakt er min of meer zelf deel van uit.

Als *mastercaller*, de persoon die op het podium de scores bijhoudt voor de mensen in de zaal, schnabbelt hij veelvuldig bij. Door zijn humor, fabelachtige geheugen en karakteristieke stemgeluid treedt Gwynne eveneens op als *after dinner speaker* of gastheer van bijeenkomsten waarvan de opbrengst naar een goed doel gaat. In die laatste rol heeft hij zo nu en dan met Manchester United te maken.

Gwynne vertelt eind september bij een avond van de Association of Former Manchester United Players te zijn geweest.

Van Gaal, zo geeft hij aan, was ook van de partij. 'Die man bleef het podium maar op komen,' vertelt hij. 'En toen hij eenmaal iets moest zeggen – een lofrede op Ryan Giggs – kwam hij er ook niet meer af. Het ging maar door. Dat mag, maar je moet je publiek kennen.'

Het pijnlijke was, volgens Gwynne, dat velen zich stoorden aan het gedrag van de manager. 'Hij hing de getapte jongen uit. Natuurlijk kreeg hij reacties vanuit de zaal – wat wil je, het is thuispubliek – maar hij leek niet te beseffen dat het niet om hem draaide. Dat zorgde voor ergernis. Vooral bij de oude garde. Niemand is voor hen groter dan de club. Hij had zich beter wat bescheidener kunnen opstellen.'

Pellegrini ontlokt in het Radisson Blu Edwardian geen blikken van afkeuring. Als hij het podium op loopt om zijn dankwoord uit te spreken, verheft de Chileen zijn stem niet. Hij praat kalm, feliciteert de andere prijswinnaars en houdt het kort. Saai maar veilig. De journalisten klappen voor hem en wensen hem succes. Hij heeft het nodig. Zijn toekomst in Manchester hangt aan een zijden draadje.

City speelt over drie dagen in het Stadio Olimpico het laatste groepsduel in de Champions League. Bij winst op AS Roma gaat de ploeg door naar de knock-outfase. Dat City daarop nog kans maakt, is al een wonder op zich. Na de nederlaag tegen CSKA Moskou stond de ploeg op de laatste plaats in de poule. Een onverwachte zege op Bayern München bracht Pellegrini terug in de race.

Anders dan voor Van Gaal, dankzij een zege op Stoke City (2-1) steviger op de vierde plaats, volstaat kwalificatie voor de Champions League niet. De eigenaren willen na de landstitel nu scoren in Europa. Pellegrini slaagt in zijn missie. City verslaat Roma, waardoor de manager een lastig gesprek met zijn bazen bespaard blijft. De druk moet immens zijn, maar tijdens het galadiner laat hij daar weinig van merken.

CITROENEN

Southampton, 8 december 2014

Een veertiger vraagt zijn twee zoons in de lobby van een hotel in Southampton, eentje uit het lagere segment, op te schieten. Hij wil op tijd in het vak voor United-fans zitten. 'Over een halfuur hier, oké?' zegt hij in een onmiskenbaar Mancunian accent als ze de krakende lift in stappen. De jongens, beiden niet ouder dan een jaar of veertien, knikken gehoorzaam. 'Douchen en klaar,' roept de oudste als de deuren langzaam dichtschuiven.

De man zucht. Hij probeert zo onopvallend mogelijk onder zijn oksels te ruiken. Als de walm zijn neus bereikt, wendt hij zijn hoofd snel af. De rit van ruim vijf uur heeft zijn sporen achtergelaten. Hij wil zich het liefst ook even opfrissen, maar heeft de pech dat de komst van de computer aan de dame achter de rommelige balie voorbij is gegaan.

Dat weet ze zelf ook. De jongens krijgen daarom alvast de sleutel van de kamer, als goedmakertje voor haar onhandigheid. Ze verontschuldigt zich nogmaals als ze met één wijsvinger de gegevens intypt, worstelt met de muis en moeite heeft de kleine lettertjes op het scherm te ontcijferen. Voor dat laatste probleem ligt de oplossing naast het toetsenbord. De leesbril raakt ze echter niet aan.

Hoofdschuddend loopt de vader naar de automaat achter hem. Het assortiment – bier, cider en chips – doet zijn humeur iets opklaren. Hij gooit wat kleingeld in de machine, toetst een cijfercode in en grijpt een blik Carling uit de bak. 'Dat scheelt weer,' zegt hij tegen niemand in het bijzonder. Als hij zich omdraait, lacht de vrouw naar hem. 'U hoeft alleen nog te betalen, meneer.'

Nu sputtert het draadloze betaalapparaat tegen. Na vijf pogingen komt de verbinding met de bank eindelijk tot stand.

Het blik bier is dan bijna leeg. Als een wachtende in de inmiddels aanzienlijke rij hem vraagt of hij soms naar het voetbal gaat, reageert hij achterdochtig. 'Hoezo?' Hij observeert de andere gast, een paar centimeter langer, van top tot teen.

Zijn stemvolume neemt enkele decibellen toe. 'Omdat ik hier met mijn jongens ben? Is dat een probleem? Mag dat niet?' De baliedame schiet te hulp. 'Maakt u zich geen zorgen. Deze meneer is geen leerplichtambtenaar. Toch?' Een knikje van de andere gast volgt. 'Ziet u wel? Een fijn verblijf toegewenst.' De vrouw mag weinig van computers afweten, met haar mensenkennis zit het wel snor.

De man excuseert zich, met horten en stoten. '*Sorry mate*. Ik dacht even... Ze wilden dit duel voor geen goud missen. U weet hoe lastig het is om kaartjes te krijgen. Komt u ook voor United of... Ja? Gelukkig maar. Ik denk dat we met 3-0 winnen.' Dan gaan de liftdeuren open. Zijn zoons. Door de wedstrijdzenuwen kwam douchen er niet van. 'Kunnen we gaan, pa? Wat doe je met dat blik bier in je hand?'

Hij weet zich even geen houding te geven. Om tijd te winnen leegt hij het blikje, knijpt het fijn en propt het in een prullenbak naast de automaat. 'Weet je al hoe we bij het stadion moeten komen?' vraagt de langste van het stel. Wederom schiet de vrouw achter de balie hem te hulp. 'Zal ik een taxi bellen? St. Mary's toch? Veel plezier en succes. Maar niet te veel. Wij zijn hier voor Southampton, als u het niet erg vindt.'

Het drietal besluit in hun auto, een glimmende middenklasser, te wachten. De vader laat de motor stationair draaien, zodat de verwarming hen warm kan houden, en pakt een krant van de achterbank, een van het schreeuwerige soort. Na wat geblader houdt hij stil bij een spread. Op de linkerzijde instrueert Louis van Gaal een niet-afgebeelde speler. Ronald Koeman doet hetzelfde aan de rechterkant.

De kop 'Oranges... No Lemons' maakt nieuwsgierig, al doorbreekt die gelijktijdig de spanningsboog. De trainers van Manchester United en Southampton – Nederlanders en dus sinaasappels – laten zich voor de onderlinge confrontatie niet zurig – als een citroen – over elkaar uit. Het maakt niets uit. De media pakken in de aanloop naar het duel met een dagelijks bulletin uit over hun conflict uit een grijs verleden.

Het vergrootglas ligt op elk detail van een schermutseling uit 2004. Na zijn ontslag bij Barcelona werd Van Gaal technisch directeur bij Ajax. Koeman, destijds de trainer in Amsterdam, voelde hoe zijn autoriteit door hem steeds meer werd aangetast. De ex-international, in Catalonië enige tijd de assistent van Van Gaal, waande zich plotseling weer een scholier in de onderbouw. De bovenmeester volgde en beoordeelde elke handeling, zo was zijn gevoel.

Van Gaal dacht volledig in zijn recht te staan. 'Heel diplomatiek gaf ik hem dan soms advies,' zei hij over de kwestie in zijn autobiografie met gevoel voor understatement. Koeman zag dat anders en werkte hem met behulp van de directie en de pers de deur uit. Van Gaal, hevig in zijn wiek geschoten, begreep de actie niet. Koeman had de selectie volgens hem niet onder controle, waardoor hij wel móest ingrijpen.

In de jaren die volgden haalden ze elkaar publiekelijk onderuit. Van onderling contact was geen sprake meer. Dat beiden in het Portugese Vale do Lobo naast elkaar een huis bezaten – dat van Van Gaal net iets groter – maakte de zaak extra smeuïg. Toen Van Gaal bondscoach werd, verdwenen de scherpe kantjes. Koeman, inmiddels onder dak bij Feyenoord, overlegde regelmatig met hem over het afstaan van zijn spelers.

Deze nuance gaat verloren in Engeland. Driftig blazen redacteuren de dikke laag stof van het vergeelde verhaal, tot ergernis van Van Gaal. 'Jullie lezen dat in de krant,' zei hij fel tegen een reporter. 'Maar nee, ik wil er niet over praten. Waarom vraag je er voor de vierde keer naar als ik een duidelijk antwoord heb gegeven? Waarom? Waarom? Omdat het alleen in jullie belang is.'

De aandacht voor de gebrouilleerde relatie wordt niet voor niets uitgemolken. Van Gaal en Koeman hebben de Premier League van nieuw elan voorzien. Van Gaal door zijn onalledaagse persoonlijkheid en volle prijzenkast. Koeman spreekt aan door zijn verleden als topvoetballer en wonderlijke prestaties met Southampton, dat derde staat op de ranglijst, één plek boven United.

Van Gaal heeft moeite de vragen over de kracht van Koemans elftal diplomatiek te beantwoorden. Hij vergelijkt Southampton, in de zomer kaalgeplukt, met PEC Zwolle dat zichzelf vrij recentelijk terugvond aan de kop van de Nederlandse eredivisie. Subtoppers roeren altijd hun staart om vervolgens af te zakken naar een minder prominente plek. Een compliment volgt, maar de dubbele bodem is zichtbaar.

Southampton kan volgens Van Gaal in de top vier blijven, mede dankzij Koeman. 'Als het klikt, kan hij dat aan,' vertelt hij. Ronald Koeman is volgens hem 'een heel goede coach'. De voorwaarde voor succes – geen muiterij – refereert aan hun gezamenlijke tijd bij Ajax. Er was destijds trammelant in de kleedkamer. Van Gaal greep in – hij verkocht Zlatan Ibrahimović – omdat Koeman dit naliet.

Van Gaal mag zich nog altijd de betere van de twee vinden, Koeman wordt meer op een voetstuk gezet. Arsenal-trainer Arsène Wenger complimenteerde hem, oud-spits Ian Wright gaf hem in een tussenrapport voor een tabloid een 10. De schouderklopjes blijven in de uren voor de wedstrijd ook niet uit. 'Hij laat de zon schijnen,' vertelt een lokale journalist. 'Ik word vrolijk zodra ik hem zie.'

Anders dan de meeste inwoners van Southampton heeft Koeman over de locatie van zijn woning niet te klagen. Vanuit zijn penthouse in Ocean Village kijkt hij uit over de haven, waar op 10 april 1912 de Titanic aan haar gedoemde reis begon. De rest van de stad kenmerkt zich door containerterminals, scheepskranen, stoplichten en grauw beton. De mensen hier kunnen een oppepper best gebruiken.

De werkomgeving van Koeman doorstaat de toets der kritiek eveneens. Staplewood, het trainingscomplex, kan zich meten met Carrington. Het Markus Liebherr Pavilion, vernoemd naar de overleden geldschieter van de club, geldt als de machinekamer. Geld noch moeite is gespaard om het houten gebouw van alle mogelijke technologie en apparatuur te voorzien.

Waar Van Gaal geen pottenkijkers uit Nederland duldt en zich niet laat interviewen, is Koeman minder gesloten, net als zijn broer (en assistent) Erwin. In de aanloop naar het duel met United gaan de poorten van Staplewood open. Hij praat vrijuit, voelt zich geen moment aangevallen en vertrouwt erop dat zijn woorden niet worden verdraaid. In dit opzicht is Big Ron een tegenpool van zijn oude leermeester.

Zijn openhartigheid valt ook op. Hij kan makkelijk zeggen geen seconde te hebben getwijfeld aan Graziano Pellè en Dušan Tadić, die hij beiden opviste uit de eredivisie, maar doet dat niet. Pellè scoort in de Premier League net zo makkelijk als voorheen in Nederland. Tadić geldt als een van de beste aangevers. Het duo heeft een aanzienlijk aandeel gehad in de flitsende start van Koeman.

'Die zekerheid had ik niet,' geeft hij ruiterlijk toe. 'Ik wist dat het goede spelers waren, maar ze misten de ervaring van de Premier League. Van tevoren kon ik niet goed inschatten of ze zich op dit niveau staande zouden houden.' Het had, zo erkent hij, voor beiden net zo kunnen eindigen als met Bryan Ruiz. De voormalige ster van FC Twente kon (bij Fulham) het tempo in Engeland niet bijbenen.

In het St. Mary's Stadium relativeert hij later op de dag minder makkelijk. United wint dankzij twee doelpunten van Robin van Persie met 2-1, tot grote teleurstelling van Koeman. Southampton speelt beter, maar verliest door individuele fouten. Dat Van Gaal kiest voor vijf verdedigers, diens huisstijl bij zijn vorige club Feyenoord, zit hem nog het meest dwars.

'Als iemand weet hoe je daartegen moet spelen, ben ik het wel,' foetert hij. 'We verloren niet van United, maar van onszelf.' Van Gaal doet geen moeite het tegendeel te bewijzen. 'Of we vreselijk hebben gemazzeld? Ja, ik denk het wel.' En: 'We waren slecht vandaag.' Hij meent het. Paddy McNair, de benjamin in de ploeg, moet voor de rust naar de kant om ongelukken te voorkomen.

Van Gaal wint meer dan de wedstrijd. De meegereisde fans, onder wie de argwanende vader en zijn twee zoons, scharen zich voor het eerst massaal achter hem. '*Louis van Gaal's Red and White Army*,' zingen ze vanuit het uitvak. Het raakt hem zichtbaar, al zegt het weinig. David Moyes viel een jaar geleden dezelfde eer te beurt. Indruk maakt het gebaar wel.

Manchester United klimt naar de derde plaats, terwijl Southampton zakt naar de vijfde positie. Koeman moppert, maar blijft een heer en nodigt Van Gaal uit iets te komen drinken. 'Ik heb hem een wijntje aangeboden,' vertelt hij. 'Nu nog afwachten of hij komt.' Dat doet hij niet. Van Gaal moet een 'vliegtuig' halen. De oorlog is voorbij, maar vrienden zullen ze nooit worden. Toch iets meer citroen dan sinaasappel.

KERST

Carrington, 23 december 2014

Als iedereen zit in de persruimte van trainingscomplex Carrington reikt Louis van Gaal naar een plastic glas met rode wijn dat voor hem staat. '*So, I'm alowed to toast with you, my friends of the media,*' begint hij. '*Merry Christmas, hè. I wish your family a lot of love also. Hè. That is also important. Health and happiness. Cheers.*' Hij neemt de tijd alle aanwezigen kort aan te kijken.

'*Not a bad wine,*' besluit hij. '*Our sponsor?*' Er wordt gelachen. Van Gaal laat even later weten af te wijken van een gewoonte in Engeland. De spelers krijgen eerste kerstdag vrij. Een dag voor de ontmoeting met Newcastle United hoeven ze zich niet op de club te melden. Ook de overnachting in het Lowry Hotel vervalt. De Britten in de selectie kunnen voor het eerst in hun leven kerst vieren in huiselijke kring.

'*I believe in a total human being,*' verklaart hij zijn besluit. '*So the environment is also important. I think they are more pleased to be with their wives and children.*' Zijn totalemensprincipe, een van zijn stokpaardjes, deelt hij nu met de Engelse pers. De selectie mag zich op *Boxing Day* (tweede kerstdag) om drie uur 's middags melden bij Old Trafford. '*I hope they shall give everything to beat the opponent then.*'

De voetballers kunnen wel een adempauze gebruiken. Van Gaal heeft niet alleen zijn psychologie meegenomen naar Manchester. De sjablonen van de trainingen zijn ook in de tas gegaan. Bij de Nederlander betekent dat vooral veel herhaling. Hij slijpt zijn ideeën in. Passen en trappen, spelpatronen, de afstand tussen de linies, vrije trappen, het verplaatsen van het spel. En alles in de hoogste versnelling.

Op het veld valt het resultaat van zijn methode nog niet helemaal terug te zien. De blessures zijn hier voor een deel schuldig aan. Net als het dreigt te gaan lopen, valt er weer iemand weg. Van Gaal heeft daarbij te maken met spelers die nog altijd moeite hebben met de materie. In voorspoed doen ze wat van hen wordt gevraagd. Zit het even tegen, dan vervallen ze in oude patronen.

Zelf twijfelt Van Gaal ook nog. Hij blijft schuiven met zijn formaties, op zoek naar balans, een woord dat hij vaak gebruikt. Zijn ideale samenstelling heeft hij nog niet gevonden. Misschien lukt hem dat ook wel niet. Te weinig spelers kunnen uitvoeren wat de trainer wil, laat staan op meerdere posities. En de winterse transferperiode laat hij het liefst aan zich voorbijgaan.

Van Gaal wil spelers kunnen kneden. Dat kan in Engeland door het ontbreken van een winterstop alleen in de zomer. De namen van onder anderen Kevin Strootman en Mats Hummels circuleren in de media als mogelijke aanwinsten, maar zelfs al zou het duo voor een overstap voelen, dan nog kan de manager het nauwelijks verkopen nog meer geld uit te geven.

Het zomerse transferbudget van 200 miljoen euro had United minimaal moeten laten glimmen. Dat is niet gelukt. Recordaankoop Ángel di Maria loopt na een sterk begin verloren rond in Manchester. Luke Shaw is continu geblesseerd. Marcos Rojo heeft moeite fit te blijven. Ander Herrera past zich trager aan dan verwacht. Daley Blind doet het aardig, terwijl de peperdure huurling Radamel Falcao zwaar tegenvalt.

Van Gaal zelf moet ook zichtbaar wennen. Het kost hem moeite te accepteren dat de Premier League met geen andere competitie te vergelijken valt. Getuige zijn tactische keuzes onderschat hij de weerstand van de mindere ploegen op de ranglijst. Het lukt United nauwelijks buiten Old Trafford te winnen. Buitenshuis wordt de ploeg telkens verrast door de energie en de fysieke kracht van de tegenstander.

Ondanks deze knelpunten boert United aardig in december. Van Gaal wint op Old Trafford de streekderby tegen Liverpool (3-0), de zesde zege op rij. De reeks stokt bij Aston Villa (1-1), maar Newcastle United wordt simpel opzijgezet (3-1). Tottenham Hotspur houdt United op White Hart Lane op een gelijkspel (0-0) in het laatste duel van 2014. Van Gaals ploeg besluit het jaar op de derde plek.

In de feestmaand blijft Van Gaal redelijk opgewekt. Phil Neville krijgt als enige een draai om zijn oren. De ex-speler van de club zei na de gewonnen wedstrijd tegen Koemans Southampton in een tv-studio dat United had gezwijnd. De uitdrukking '*they got away with murder*' ergert de Nederlander. Hij kent die niet en denkt bij 'moord' gelijk aan het ergste. Neville krijgt het advies beter op zijn woorden te letten.

Ceremoniemeester Rooney verzorgt ondertussen de uitjes voor de selectie. In The Place Aparthotel, vlak bij station Piccadilly, regelt hij een familieavond, waarbij de partners en de technische staf aanwezig zijn. Rooney, verzot op zingen, laat zich gaan achter de karaokemachine. Di Maria, geblesseerd, drinkt als enige geen alcohol en rijdt in zijn Lamborghini zelf naar huis. De rest maakt gretig gebruik van de bar.

Het tweede feestje in The Neighbourhood Bar, midden in het centrum, is alleen voor de voetballers bestemd. Robin van Persie en Daley Blind moeten vroeg afhaken. Het tweetal vliegt de volgende dag per privéjet naar Amsterdam om het Sportgala bij te wonen. Van Gaal is op 16 december in de RAI ook van de partij. Door de prestaties op het WK komt hij niet tevergeefs.

Het Nederlands elftal wordt verkozen tot Team van het Jaar. Arjen Robben mag zich Sportman van het Jaar noemen. De kopbal van Robin van Persie in het groepsduel met Spanje krijgt de vermelding Sportmoment van het Jaar. Van Gaal wordt Coach van het Jaar. 'U hebt gezien dat het team sterker was dan de individuele kwaliteit,' zegt hij in zijn dankwoord. Deze zin, waarmee hij op subtiele wijze de kracht van zijn filosofie benadrukt, kan hij in Manchester nog niet vol overtuiging uitspreken.

9

GLADIOLEN

Stoke-on-Trent, 1 januari 2015

Alcohol, energiedrank en sterkere middelen houden de diehards op de been. Voetbal is een sport voor doorzetters, zo blijkt op nieuwjaarsochtend. Een clubje United-fans op het station van Stoke heeft geen oog dichtgedaan. In de bar van een hotel, vijftig meter verderop, moet bier het moment van instorten uitstellen. Voor ze iets kunnen bestellen, schudt een enorme klap iedereen wakker.

Een bestuurder van een Renault schat een scherpe bocht verkeerd in, stuitert over een vluchtheuvel, neemt onderweg een verkeersbord mee en komt aan de andere kant van de weg op de stoep vlak voor een hek tot stilstand. De voorbanden zijn verdwenen. Een paar tellen later zwaait het portier open. Een laveloze kerel stapt uit, kijkt om zich heen en sprint weg. Althans, hij doet een dappere poging snelheid te maken.

Een drietal United-supporters rent naar de wagen. De rest blijft op een veilige afstand staan. Een lange man met een platte pet heeft zin in een verzetje. Druk gebarend zegt hij het 'schandalig te vinden'. 'Onder invloed rijden kan niet. Levensgevaarlijk. Die kerel moet de cel in. Laten we hem pakken.' Zijn metgezellen schudden hun hoofd. De politie is al gebeld. Die mag het verder uitzoeken.

Net als het groepje aanstalten maakt om terug te keren naar het hotel komt de dronkaard voorbijgewaggeld. Ze herkennen hem niet, maar voelen nattigheid als hij uit de auto spullen probeert te pakken. ‘Hé, dief,’ schreeuwt de lange man en zet hem klem. ‘Heb jij dit gedaan? Heb jij dit gedaan?’ Als een bevestiging volgt, neemt hij hem in de houdgreep. Een worsteling volgt.

Ongeveer twintig United-fans komen op het rumoer af. Een paar protesteren heftig. ‘Laat hem met rust.’ Het haalt niets uit. ‘Ik doe mijn plicht,’ verdedigt de druktemaker zich. ‘Dit is een burgerarrest.’ De brokkenpiloot zit even later opgesloten in het wrak, totdat twee vrouwelijke agenten hem bevrijden. Na een korte ondervraging – hij bekent direct schuld – moet hij mee naar het bureau.

De man met de pet heeft weinig recht van spreken. Om twee uur ’s nachts reed hij zijn twee kinderen naar huis. ‘Met drie wodka’s, cider en liters bier achter zijn kiezen,’ verklaart een (nuchtere) jongen. ‘Dat weet ik, omdat ik naast hem stond in de kroeg. En nu staat hij stijf van de coke. Dan ben je toch een hypocriet? Wat een stuk verdriet.’

Het Britannia Stadium, een paar kilometer verderop, ontwaakt kalmer. Een paar uur voor de aftrap (12.45 uur) geeft een gids een rondleiding door het stadion van Stoke City. Een moeder wil met haar baby op de foto in de perskamer. Ze mag op de stoel zitten waarop straks Louis van Gaal zijn verhaal mag doen. ‘Ik denk dat uit dat kind meer zinnigs komt dan uit Louis,’ grapt een verslaggever.

De opmerking komt niet uit de lucht vallen. United mag dan op de derde plaats staan, het spel is nog altijd niet om over naar huis te schrijven. Thuis en op de tribune zien de mensen dit. Vooral het gebrek aan spektakel valt op. Van Gaal ziet het echter telkens anders. In zijn ogen heeft United wel degelijk een paar keer zeer aantrekkelijk voetbal gespeeld. Vooral tegen Liverpool konden de fans hun vingers aflikken.

Van Gaal ziet vooruitgang. ‘*I think we are still in the process,*’ vertelt hij. '*I think everybody can see we are improving every week, in spite of a lot of injuries we are improving. And that is because of the philosophy. And I think the players understand the philosophy. And that is why we are improving, but we can improve more when we have all the players available.*'

Meer ergernis veroorzaakt zijn oproep aan voetbalbond FA het programma tijdens de feestdagen te veranderen. De opeenvolging van wedstrijden schaadt zijn spelers en het voetbal. 'Niemand kan binnen achtenveertig uur herstellen,' oreert hij. De FIFA en de UEFA hebben daar zelfs regels voor bedacht, gebaseerd op wetenschappelijk onderzoek. 'Maar het is de Engelse cultuur...'

Van Gaal heeft strikt genomen gelijk, maar strijkt wel het halve land tegen de haren in. Ook journalisten voelen zich beledigd. Nederlanders eten brood met hagelslag, in Engeland wordt er gevoetbald op tweede kerstdag en nieuwjaarsdag. Punt uit. De jongens van de tabloids spreken zich het luidst uit. Van Gaal moet snel stoppen met onzin te verkopen, anders komt hij 'aan de beurt'.

Ze moeten zich inhouden door de prestaties van United. Het spel mag niet sprankelen, Van Gaal heeft het elftal zelfvertrouwen gegeven en vechtlust bijgebracht. In theorie kan hij nog altijd landskampioen worden of een prijs winnen, net als hij deed in zijn debuutjaren bij Ajax, Barcelona, AZ en Barcelona. Zijn sprankelende cv beschermt hem tegen aanvallen in de rug. Maar niet voor eeuwig.

Veel indruk maakt Manchester United opnieuw niet. Peter Crouch, meer lantaarnpaal dan spits, kopt de bal bij een vrije trap in de loop van Ryan Shawcross, die met een korte voetbeweging scoort. De wedstrijd is nog geen twee minuten oud en Stoke drukt Van Gaal met zijn neus op de feiten. Zijn ploeg kan niet verdedigen. Radamel Falcao redt later een punt (1-1), een beloning die United niet toekomt.

Van Gaal schikt in. 'Ik denk dat zij de overwinning verdienden,' zegt hij gelaten. 'Wij waren niet het betere team vandaag.' De oorzaak van de tegengoal moet volgens hem niet worden gezocht in een gebrek aan talent. 'We zijn niet zo lang. Tegenstanders zijn altijd langer dan wij.' Niettemin wil hij niet op centimeters scouten. 'Nee, ik denk dat wij op een andere manier dan Stoke City willen spelen.'

Net als een verslaggever hem op de weeffout in deze redenatie wil wijzen – zijn elftal krijgt goals tegen uit standaardsituaties door een gebrek aan lengte, maar lange spelers passen niet in zijn filosofie – grijpt persvoorlichtster Karen Shotbolt in. De FA Cup-ontmoeting met Yeovil Town moet nog behandeld worden. United gaat drie dagen later op bezoek bij de club uit League One, het derde profniveau.

Van Gaal begint wat kribbig, als wordt gevraagd of hij van plan is spelers te gaan sparen. Het geeft hem munitie om zijn kruistocht tegen het speelschema voort te zetten. '*The cumulative lactid acid is higher than ever,*' stelt hij. Dit overtollige melkzuur is volgens hem verantwoordelijk voor het uitvallen van Ashley Young met een hamstringblessure. Waarom hij hem dan toch liet spelen, vertelt hij er niet bij.

De middag eindigt niet op een zurige toon. Bekervoetbal brengt het beste in hem naar boven. Hij is bovendien een kenner. Yeovil onderschatten doet hij daarom niet. '*No, no, I know that. Also in Ajax and Barça I have lost from a second division club. Not only in England it is like that. It is – how do you say that? – a gladiolus match. The dead of the gladiolus. Or you are dead or you receive the gladiolus flower.*'

Vingers blijven bewegingsloos boven toetsenborden hangen. Monden vallen open. Niemand begrijpt iets van wat Van Gaal zojuist heeft beweerd. '*Yeah, it is always like that in cup matches,*' gaat hij onverstoorbaar verder. '*It is always like that. You can win or you can lose.*' Het licht keert terug in de ogen van zijn toehoorders. In elk geval is nu duidelijk wat hij bedoelt.

Van Gaal scoorde in Duitsland al met zijn vertaling van de uitdrukking 'de dood of de gladiolen'. In Stoke komt de wielerspreuk een stuk minder naturel over. Getuige een blik van verstandhouding met Shotbolt was de actie voorbereid. Anders dan in zijn tijd bij Bayern München lacht niemand.

TELEFOONREKENING
Huish Park, 4 januari 2015

Nerveus drentelen bestuurders van Yeovil Town heen en weer. Sir Alex Ferguson kan elk moment per helikopter arriveren. Bij elk verdacht geluid dribbelen ze naar buiten. Een stuk of negen keer is het vals alarm, totdat het onmiskenbare geluid van wieken alles overstemt. Het toestel van de eregast landt op een nabijgelegen grasveld, op een paar honderd meter van Huish Park, het stadion van de club.

Ferguson kan de mensen geen groter plezier doen. Zijn aankomst in stijl maakt de dag nog specialer dan die al was. Het bezoek van de Schot geeft precies de charme van de FA Cup weer. De romantiek zit hem niet zozeer in het aangapen van de sterren, maar in de onderlinge verschillen. De multimiljonairs tegen dorpshelden met een bijbaantje bij de lokale slager. Dat werk.

Manager Gary Johnson begrijpt dit goed. 'Ik weet zeker dat de telefoonrekening van Louis van Gaal hoger is dan de salarissen van onze spelers bij elkaar opgeteld,' zegt hij voor de wedstrijd in de derde ronde van het bekertoernooi. 'Elke speler van United verdient twee keer zoveel als onze hele selectie in totaal.' Met hetzelfde gevoel voor theater legt hij zijn spelers een selfieverbod met United-spelers op.

Yeovil mag klein zijn, onbeduidend is het allerminst. Vorig seizoen speelde de club nog in het Championship, één niveau onder de Premier League. In de ploeg zitten geen schilders, stukadoors of automonteurs. De *Glovers* zijn allen full-profs, al is hun wereld lichtjaren verwijderd van die van Manchester United. Ángel di Maria rijdt in een Lamborghini, zij in een geleasede Mercedes.

Met geld strooien doen ze in het stadje in het graafschap Somerset sowieso niet. Het extraatje dat de promotie naar het Championship opleverde, ging nauwelijks op aan spelers. De club vond het schilderen van de dug-outs en het dichten van gaten in de oprijlaan belangrijker. De kleedkamers vallen op door hun eenvoud: kale bakstenen muren en een toilet zonder slot.

Historie heeft Yeovil ook, al trad het pas twaalf jaar geleden voor het eerst toe tot de Football League. De club trof United bijvoorbeeld al eens in 1949 in de FA Cup. Na een zege op Sunderland wachtte in de vierde ronde een ontmoeting op Maine Road, het oude stadion van City. Old Trafford, beschadigd door de bombardementen van de Duitsers in de Tweede Wereldoorlog, was nog niet speelklaar. United won met 8-0.

Dit verleden maakt de supporters trots, maar niet eenkennig. De meesten hebben naast Yeovil nog een andere club in hun hart gesloten. Ashley Phillips is een van hen. 'Mijn tweede club is Liverpool,' vertelt hij. Voor de gelegenheid draagt de medewerker van een supermarkt het groen-wit gestreepte shirt van Yeovil en een bijpassende muts. Op zijn handschoenen staat echter het logo van Liverpool.

'Ik heb ook Liverpool-tatoeages,' pocht hij. 'Die hou ik maar verborgen. Met de fans van United wil je geen ruzie krijgen.' Phillips heeft zielsverwanten, onder wie spits Kieffer Moore. Aanvoerder Joe Edwards steunt van jongs af aan United, net als het merendeel van de vaste bezoekers van Huish

Park. Als de bus het terrein op draait, krijgen Louis van Gaal en zijn spelers een heldenontvangst.

Omgekeerd koesteren de paar duizend meegereisde fans van United geen warme gevoelens voor Yeovil. Ze steken de draak met het regionale accent, overschreeuwen elke aanmoediging voor de thuisclub en kijken vervaarlijk naar het publiek naast zich. Eentje kan het niet laten en roept heel hard: 'Boe'. Als een schrikreactie uitblijft, zegt hij vriendelijk: 'We zijn slecht, hoor.'

Van Gaal zit niet lekker op de bank. Rafael da Silva breekt zijn jukbeen. Luke Shaw verzwikt zijn enkel. Paddy McNair moet na een botsing met een tulband verder. Een spelbreker is de manager niet. Voor zover mogelijk spelen zijn beste voetballers. Slechts een enkeling, onder wie Robin van Persie, krijgt rust. Hij stuurt geen B-team het veld op, tot genoegen van het publiek.

Yeovil doet wat van een underdog verwacht mag worden. Het schopt, glijdt en rent als een dolle. United weet zich geen raad met de tegenstander. Om gezichtsverlies te voorkomen wijzigt Van Gaal de tactiek en brengt hij Ángel di Maria en Juan Mata in. Moore, de populaire spits van Yeovil, heeft dan al een enorme kans gemist. Verder laat United het niet komen.

Van Gaal bekert verder dankzij schitterende goals van Ander Herrera en Di Maria (2-0). De Nederlander toont zich een gentleman door Yeovil de hemel in te prijzen. 'Ik heb enorm veel respect voor de manager en de spelers van Yeovil,' stelt hij. 'In de eerste helft gaven ze ons geen ruimte en joegen ze ons af. Dat is fantastisch. Na rust was dat anders, maar of dat door ons kwam of door hun vermoeidheid, weet ik niet.'

In Yeovil kan Van Gaal de komende decennia niet meer stuk. Als het aan hem ligt, gebeurt hetzelfde in Manchester. 'We hebben in de feestmaand een punt teruggepakt op Chelsea en we zitten in de vierde ronde van de FA Cup. Wat kan een manager nog meer wensen? Ik hoorde van mijn geweldige assistent [Ryan Giggs], dat United de beker al tien jaar niet meer gewonnen heeft. Misschien lukt het dit seizoen wel.'

Johnson, fier op de complimenten van zijn collega, probeert eventjes de bedroefde trainer te spelen, maar barst in lachen uit als een oorverdovend lawaai spreken onmogelijk maakt. 'Sir Alex,' zegt hij, wijzend naar de lucht. Het is inderdaad de helikopter van Ferguson. De Schot, invloedrijk en vaak op de tribune, zweeft nu niet alleen figuurlijk maar ook letterlijk boven het hoofd van Van Gaal.

Om hem op afstand te houden is een zege op Yeovil niet voldoende. Afgaande op Paul Scholes en Gary Neville, zijn luitenants, kan hij onmogelijk tevreden te zijn. Het duo deelt al twee decennia lang dezelfde voetbalvisie als hij. Op de televisie halen ze geregeld uit naar United, dat volgens hen afdrijft van de oorsprong. Ferguson, nog in dienst van de club, kan zelf niet openlijk kritiek uiten op de speelwijze.

SERIEMOORDENAAR

Manchester, 12 januari 2015

Het lawaai, de vervuiling en het vrijwel ontbreken van groen maken Manchester niet tot een natuurreservaat. Mussen en andere vogels laten zich amper zien. Zelfs duiven en meeuwen laten het centrum grotendeels links liggen. Afbeeldingen van bijen op prullenbakken, muurschilderingen en het wapen van de stad doen vermoeden dat dit ooit anders was.

Het insect refereert echter niet aan een periode waarin de economie dreef op de productie van honing in een lommerrijk gebied. De keuze om de bij tot symbool van Manchester te maken werd gemaakt ten tijde van de industriële revolutie.

De inwoners stonden bekend als harde werkers. De stad vormde het kloppend hart van de economie in Noord-Engeland. Van echte bijen in een korf was nooit sprake.

Door de renovatie en ontwikkeling van Manchester in de laatste twintig jaar ligt deze achtergrond niet meer zo voor de hand. De fabriekspijpen en pakhuizen bepalen niet langer de skyline. Reusachtige hotels, kantoorpanden, warenhuizen en flats zetten ze letterlijk in hun schaduw. Arbeiders met besmeurde gezichten, holle ogen en stof in het haar zijn al veel langer uit beeld verdwenen.

Het 'oude' Manchester bestaat nog wel. Een voettocht over de smalle paadjes langs de grachten brengt het verleden tot leven. Een paar meter onder straatniveau dringt het lawaai van trams, auto's en sirenes nauwelijks door. Vanuit dit perspectief is de hoogbouw niet waarneembaar. Aan weerszijden van het water bepalen de (vervallen) katoenfabrieken en pakhuizen het uitzicht.

Iedereen heeft toegang tot de jaagpaden waarover vroeger paarden boten met kolen of katoen voorttrokken. Enkele sluizen fungeren als bruggen. Om de veiligheid van de wandelaars te waarborgen zijn daarop hekken aangebracht. Erg druk is het er nooit, ondanks het gebruiksgemak. Met name de weg langs het Rochdale Canal, die dwars door het centrum kronkelt, staat bekend als onveilig.

Tot de gracht onder station Piccadilly door gaat, valt van enig gevaar niets te merken. Daarna begint een andere wereld. Naalden, condoomverpakkingen, wietzakjes, lege drankflessen en etensresten liggen overal verspreid. Een slijmlaag op het water, kerkerachtige ruimtes en handafdrukken op de muren geven het geheel overdag al een spookachtig karakter. Wat er zich 's nachts afspeelt, is nog veel schimmiger.

In de laatste zes jaar viste de politie eenenzestig lijken uit de grachten en kanalen rond de stad. Onderzoek op de lichamen bracht weinig verdachts aan het licht. Slechts in een paar gevallen leek sprake van kwade opzet. De doodsoorzaak van de rest werd toegeschreven aan pech tijdens een met drugs en alcohol overgoten stapavond. Dat de slachtoffers klaarblijkelijk alleen waren toen ze verdronken, zorgde niet voor twijfel.

Professor Craig Jackson vindt dit onbegrijpelijk. Het hoofd van de faculteit Psychologie van de universiteit van Birmingham bestudeert op verzoek van een krant de dossiers. 'Het is zeer onwaarschijnlijk dat zo'n hoog aantal sterfgevallen in Manchester alleen het gevolg is van ongelukken of zelfmoord,' luidt de conclusie van de man die zich onder meer gespecialiseerd heeft tot profiler.

Manchester moet volgens hem serieus rekening houden met de aanwezigheid van een ronddolende seriemoordenaar. Water, zo geeft hij aan, wist DNA-sporen van de dader uit. Dat het merendeel van de lijken amper geïdentificeerd kon worden, maakt het extra verdacht. Drank en drugs alleen kunnen het dodenaantal niet verklaren. In Birmingham, dat meer grachten herbergt dan Venetië, verdrinken minder mensen.

Het bericht krijgt wereldwijde aandacht en gaat als een lopend vuurtje door de stad. De mogelijke seriemoordenaar krijgt op social media onmiddellijk een bijnaam: The Pusher, aangezien hij zijn slachtoffers in het water moet hebben geduwd. De politie doet Jacksons analyse af als stemmingmakerij. Zonder bewijs kan hij beter zijn mond houden.

Het verhaal over The Pusher bereikt ook Manchester United. Ryan Giggs, die met Gary Neville een voetbalhotel naast Old Trafford – en aan een gracht – laat bouwen, grapt erover als hij de bouwplaats bezoekt. 'Ik hoop niet dat die seriemoordenaar hier ook iets van plan is,' zegt hij tegen een bevriende ondernemer. 'Dat kan ons een hoop klandizie schelen.'

Louis van Gaal heeft andere zorgen. Een dag eerder verloor

United op eigen veld van Southampton (0-1). Ronald Koeman was hem na de nederlaag in december ditmaal wel de baas. Vriendschap werd niet gesloten. 'Louis zei tegen me: "Je glas wijn staat klaar. Ik kom er zo aan,"' vertelde Koeman. 'Ik wachtte een kwartier, maar klaarblijkelijk had hij het druk met de media. Dus ik zei: "Doe Louis de groeten van me." Ik liep al naar de bus toen Louis tevoorschijn kwam. "Hoe zit het met de wijn?" vroeg hij. "Ik moet gaan, Louis," antwoordde ik. "Net als jij die keer in St. Mary's."'

Door het verlies heeft Van Gaal exact evenveel punten (37) als David Moyes een jaar eerder na eenentwintig speelronden verzamelde. Aan dit feit wordt hij liever niet herinnerd. 'Dus jij hebt net zo lang gewacht tot je deze vraag kon stellen?' snauwt hij een verslaggever af. '*That I didn't have made it better?*'

Zijn echt grimmige kant krijgt Radamel Falcao te zien. Hij zit niet bij de selectie, een aanwijzing dat Van Gaal niet van plan is de gehuurde Colombiaan in de zomer voor 55 miljoen euro te kopen van Monaco. Op Old Trafford geeft hij een andere verklaring. 'Ik wilde van speelstijl kunnen veranderen, zoals ik met het inbrengen van Fellaini deed. Daarom had ik geen behoefte aan een tweede spits [op de bank].'

De 'snelheid' van James Wilson, de enige aanvaller in de dug-out, paste beter in het plan van Van Gaal. Hij wilde pasklare wissels voorhanden hebben voor de net van blessures herstelde Di Maria, Shaw en Blind, die het duel uitspeelde. Wilson, zo was vooraf bedacht, zou invallen voor Di Maria, maar Van Gaal koos voor Fellaini toen Southampton op voorsprong kwam. De tiener kon zijn trainingspak aanhouden.

Van Gaals verweer mist logica. Als de 'compositie' van het elftal de doorslag gaf om Falcao op de tribune te zetten, dan spreekt de selectie van drie centrale verdedigers dit tegen; Blackett valt in, Evans en McNair niet. Onzin, vindt Van Gaal.

‘*I have explained. You don’t believe me? Okay.*’ Zijn poging Falcao niet publiekelijk af te vallen faalt.

Falcao, nog geen kwart van de voetballer van voor zijn knieblessure, valt ook niet te verdedigen. Víctor Valdés is wel volledig hersteld van een gescheurde kruisband. Zo goed zelfs dat Van Gaal de ex-doelman van Barcelona voor het weekeinde een contract voor achttien maanden heeft gegeven. Hij doorstond de zware trainingen zonder problemen en zat daarom op de bank. Falcao, hooguit half fit, niet.

Robin van Persie verzwikt zijn enkel en moet zich laten vervangen, net nu het wat beter gaat. De tijd begint te dringen om de groeiende twijfel over zijn vorm en belastbaarheid weg te nemen. Hij komt maar niet over een dood punt heen. Het geduld van Van Gaal raakt een keer op, zeker nu de beslissende fase van het seizoen nadert. Voor het eerst in zijn carrière dreigt Van Persie zijn basisplaats te gaan verliezen.

AANVALLEN

Loftus Road, 17 januari 2015

‘*Attack! Attack! Attack!*’ schreeuwen Manchester United-fans in het uitvak van Loftus Road, het stadion van Queens Park Rangers. Afgewisseld met: ‘*Four-four-two.*’ De ergernis over Louis van Gaals voorkeur voor een systeem met vijf verdedigers komt op de tribunes in Londen vlak voor de rust naar buiten. Lang hielden ze zich in, maar nu besluit een groot deel een niet te missen statement af te geven.

Door de aanmoediging ‘Louis van Gaal’s Red and White Army’ te zingen – het rood-witte leger staat voor United – maken ze duidelijk niet van hem af te willen. De roep om meer avontuurlijk voetbal dient meer om hem wakker te schudden. Ze begrijpen dat hij vaak kiest voor een 5-3-2-formatie.

Net als bij Oranje op het WK wil hij zo de rotte plekken in het elftal bedekken. Maar bij Manchester United werkt het niet.

De titel is uit zicht verdwenen en het spel is niet om aan te zien. Op Loftus Road zorgt plaatsvervangende schaamte voor de kleine opstand. Queens Park Rangers, de armoedigste ploeg uit de Premier League, toont meer lef en flair dan United. De supporters kunnen het niet langer aanzien. Hun protest valt in het niet bij het hellevuur op Twitter, al zegt dat niets. De reacties op het miniblog verschieten bij elk balcontact van kleur.

Het uitpubliek mort bijna nooit. Als onder hen onvrede opborrelt, is het serieus. Van Gaal lijkt dat te beseffen. United gaat in de tweede helft anders spelen: 4-4-2. Eerst komt Fellaini, daarna Wilson. Beiden scoren, iets wat Falcao nalaat. De Colombiaan keert door de afwezigheid van Van Persie (vanwege zijn enkel) onverwacht terug in de basis en mist vier kansen. United wint met 2-0.

Van Gaal maakt na afloop een ontspannen indruk. Hij krijgt een beker koffie voor zijn neus neergezet, grinnikt om het grote formaat ervan en gooit dan het hoge woord eruit. Nee, hij luisterde niet naar de fans. De beslissing kwam op een andere manier tot stand. '*I have to look at the players and I have to communicate with the players and observe the players,*' stelt hij ietwat omslachtig.

Van Gaal geeft hiermee aan in te zien dat United minder goed overweg kan met zijn WK-systeem dan Oranje. De spelers voelen zich er niet prettig bij. Meer tijd om op de ommezwaai in te gaan krijgt hij niet van persvoorlichtster Karen Shotbolt. Buiten wacht de bus. De ploeg moet door het drukke stadsverkeer naar station Euston, waar de hogesnelheidstrein naar Manchester wacht.

Voor hij instapt, gaat hij op de foto met Max Christern, auteur van het boek *De keeperswissel*, waarin hoogtepunten uit zijn carrière worden gebruikt om managers uit het bedrijfsleven te inspireren. Het 'ultieme symbool van het succes' van zijn visie is volgens Christern het besluit in de kwartfinale van het WK om reservedoelman Tim Krul in te brengen voor de strafschoppenserie.

Een halfjaar geleden zou het boek in Engeland mogelijk een bestseller zijn geworden. De magie van de wissel tegen Costa Rica is grotendeels verdwenen. Een journalist van *The Times* geeft de nieuwe realiteit scherp weer. Wie langs de aura van Van Gaal kijkt, ziet dat United net zo slecht speelt als onder David Moyes. Hij maakt een vergelijking met het sprookje *De nieuwe kleren van de keizer*.

De mensen willen geloven in zijn 'filosofie' en menen zijn tovenaarskunsten te zien. Zoals de onderdanen van de keizer klappen voor diens nieuwe gewaad dat alleen door slimme mensen gezien kan worden. Totdat een kind de zeepbel doorprikt door te zeggen: 'Maar hij loopt in z'n blootje.' Dit paginagrote stuk gaat wat ver, maar stipt wel iets belangrijks aan. De pers trekt de handschoenen voorzichtig uit.

De supporters in het uitvak van Loftus Road zijn een stuk minder hard. Van cynisme valt niets te merken. Dat wordt duidelijk als de hogesnelheidstrein stopt bij Stockport, vlak bij Manchester. United, dat in een aparte wagon zit, stapt hier uit. Fans vliegen het perron op om in de sneeuw met de spelers en de trainer op de foto te gaan. Van Gaal is hun grote held.

Dit stelt United nog niet helemaal gerust. De club nodigt vier dagen later twee invloedrijke Engelse kranten uit om te komen praten met Daley Blind, tot hun eigen verbazing. Maandenlang hadden ze interviewverzoeken ingediend – voor andere spelers – en telkens werden die afgewezen. Nu Van Gaal kritiek krijgt, gaan de poorten van trainingscomplex Carrington open.

Achter de keuze Blind naar voren te schuiven zit Van Gaal. Zonder zijn toestemming krijgt niemand toegang tot de spelers. Het is overduidelijk een strategische zet. De international presteert goed, formuleert helder, kent de manager al langer en is loyaal. Blind verdedigt zijn filosofie met verve, roemt zijn werkwijze en maant tot rust. 'De spelers voelen zich thuis in dit [5-3-2-]systeem.'

Van Gaal nuanceert deze opmerking een dag later, iets meer dan vierentwintig uur voor het duel met Cambridge United, in de vierde ronde van de FA Cup. Hij erkent, net als op Loftus Road, dat zijn elftal moeite heeft om met vijf verdedigers te spelen. Maar, zo stelt hij, een ruit op het middenveld (4-4-2) maakt hem nerveus. United creëert meer kansen, maar is gelijktijdig erg kwetsbaar. Tegen Queens Park Rangers was dat niet anders.

'*I said to my players I was squeezing my ass, but it was the wrong expression. I have twitched my ass on the bench because we were out of balance*,' zegt hij. Billenknijpen laat zich dankzij sir Alex Ferguson sinds enkele jaren wel in het Engels vertalen. Hij introduceerde de uitdrukking '*squeeky-bum time*'.

Van Gaal geeft ook toe dat zijn methode hortend overkomt. 'Ze – de spelers – voelen zich nog steeds niet prettig. Het is heel belangrijk dat ze zich prettig voelen. Ik zou graag willen dat ze zich meer op hun gemak voelen.' Hij neigt ernaar, zo lijkt het, net als op Loftus Road, te willen luisteren naar het team. *Four-four-two* is een optie.

Op Abbey Road kiest hij inderdaad voor 4-4-2, maar succes blijft uit. Cambridge United houdt United op een gelijkspel (0-0). De club uit League Two – op papier de zwakst overgebleven deelnemer in de FA Cup – dwingt een replay af. De 'U's' mogen zelfs mopperen over de uitslag. Tom Elliott krijgt geen strafschop mee, een scrimmage voor het doel van David de Gea levert op miraculeuze wijze geen goal op.

'He's twitching his ass,' sarren de fans van Cambridge United in het stadionnetje in de universiteitsstad, waar voetbal niet eens een bijzaak is. De replay op Old Trafford kan daar een einde aan maken. Cambridge United kan een deel van de recettes en het tv-geld tegemoetzien. Dit bedrag, iets meer dan twee miljoen euro, staat voor de club gelijk aan het winnen van de loterij.

Voor Van Gaal tellen deze sentimenten niet. De romantiek van de FA Cup kan hem even gestolen worden. In het perszaaltje, pal naast een sjofele fitnessruimte, plaatst hij zich in een slachtofferrol. Niets deugt. *'Every aspect of the match is against us,'* stelt hij. *'We have to come here, the pitch is not so good.'* Hij trekt een vies gezicht. Die grasmat zit hem hoog.

'But that can influence also that you play in another playstyle,' gaat hij verder. Met deze zin bedoelt hij te zeggen dat United slecht uit de voeten kon op dat veld, wat het spel nadelig beïnvloedde. *'And the opponents are always giving a lot more than normally and defending is always easier than attacking. And then you have seen the referee. It's always the same.'*

Van Gaal verheft zijn stem niet, maar zijn tirade doet de gevoelstemperatuur enkele graden dalen. Als het een truc is om de aandacht van zijn spelers af te leiden, dan mislukt die opzet. Het beeld van multimiljonairs die zich in de regen en de kou geen raad weten met semiprofessionals, laat zich niet uitwissen. Het geklaag van Van Gaal geeft het plaatje extra reliëf.

BLOEMEN

Old Trafford, 6 februari 2015

Het plein voor de Munich Tunnel vult zich druppelsgewijs met mensen. De meesten lopen rechtstreeks naar een gedenkteken schuin onder de 'Munich Clock'. Ze houden daar even stil, lezen de namen van de slachtoffers en buigen uit het respect het hoofd even. Sommigen leggen een sjaal of bloemen neer. Allen zijn stemmig gekleed. Grijs en zwart overheersen.

Als de drukte een piek bereikt, komt Louis van Gaal via een zijdeur van Old Trafford naar buiten. Geflankeerd door Karen Shotbolt en enkele beveiligers baant hij zich een weg door de menigte. Namens Manchester United legt hij een krans neer om vervolgens vooraan te gaan staan. Om exact 15.04 uur neemt hij, met en tussen de fans, een minuut stilte in acht.

Op dit tijdstip had precies 57 jaar geleden de Munich Air Disaster plaats. Vlucht 609 van British European Airways denderde op 6 februari 1958 van de startbaan van een vliegveld bij München tijdens een poging op te stijgen in noodweer. Eenentwintig van de vierenveertig passagiers kwamen direct om het leven. Twee bezweken later aan hun verwondingen in een Duits ziekenhuis.

Aan boord zaten The Busby Babes, een door manager Matt Busby geleid team van Manchester United. Acht spelers stierven. Onder hen bevond zich Duncan Edwards, gezien als het grootste Engelse talent. Twee andere leden van de ploeg moesten hun carrière beëindigen. Busby verkeerde in levensgevaar, maar herstelde en keerde terug in de dug-out. Onder zijn leiding won United tien jaar later de Europa Cup 1.

De overige slachtoffers bestonden uit gewone reizigers, staf van United, crewleden en journalisten die de ploeg een dag eerder in Belgrado aan het werk hadden gezien. United plaatste zich in Joegoslavië ten koste van Rode Ster voor de halve finales van de voorloper van de Champions League. De wedstrijd was geëindigd in 3-3, maar door een 2-1-zege op Old Trafford ging United een ronde verder.

De terugvlucht verliep in etappes. Het toestel, een Airspeed Ambassador, moest een tussenlanding maken om bij te tanken. Gekozen werd voor München, in West-Duitsland. De gezagvoerder brak de eerste twee pogingen om op te stijgen af, omdat de linkermotor vreemd deed. De passagiers gingen van boord. Ondertussen was het begonnen te sneeuwen. Een vertraging van een halve dag dreigde.

Ondanks het mankement en het noodweer besloot de piloot het nogmaals te proberen. Hij dacht met een handigheidje het technische probleem te kunnen omzeilen. De truc werkte, totdat het einde van de startbaan in zicht kwam. Gesmolten sneeuw verhinderde dat het toestel voldoende snelheid kon maken om op te stijgen. Het raakte van de baan, reed door een hek en kwam tot stilstand tegen een huis.

Het ongeval dompelde heel Manchester, niet alleen de fans van United, in diepe rouw. De stad verkeerde in shock. De meeste aanwezigen bij de plechtigheid kunnen precies beschrijven waar zij, hun ouders of grootouders waren toen het nieuws naar buiten kwam. Zanger Pete Martin, voorganger van de herdenking, kwam net uit school. Zijn moeder vertelde iets 'vreemds' op de radio te hebben gehoord.

Martin vertelt over zijn herinneringen na twee liedjes te hebben gezongen. 'The Pride of Football' schreef hij zelf. 'The Flowers of Manchester' kwam in het jaar van de ramp uit de pen van de inmiddels overleden Eric Winter. Van Gaal wordt geraakt door de tekst van Martin. Twee regels ervan citeert hij zelfs tijdens zijn persconferentie om de boodschap met de wereld te delen.

'*You are the strength and inspiration, for those who play your roles today,*' leest Van Gaal voor. '*We look for flair and pace and passion, to play the game United's way. That's me and the players they are talking about. So I was happy I was there today and maybe because of the impression that people give to me. Out of respect for the players and for Sir Matt Busby and what they left.*'

Martin, die de woorden niet hoort, schreef de tekst niet voor Van Gaal. Hij zette zijn emoties ruim tien jaar geleden op papier. Alles is hem bijgebleven. Het wachten op het radionieuws, de verslagenheid in de klas. 'Volwassen mannen lieten hun tranen de vrije loop,' vertelt hij. 'Toen de auto's met de kisten voorbijkwamen, jankte iedereen. Echt heel verschrikkelijk.'

De muzikant noemt de Munich Air Disaster vooral een menselijke tragedie. Hij mag een United-fan zijn, voetbal vormt slechts een bijzaak voor hem. 'Wat moet iemand als Bobby Charlton – een van de overlevenden – hebben gedacht? Hij zat op zijn stoel en *bang*, ineens was hij acht van zijn vrienden kwijt. Ze zeggen dat hij er zonder kleurscheuren van afkwam. Maar niemand weet wat zich in zijn hoofd afspeelt.'

Charlton is niet bij de plechtigheid aanwezig. De clubambassadeur zit in München om in de Allianz Arena een tentoonstelling over de ramp bij te wonen. Uit respect voor Bayern, dat sinds het ongeluk een speciaal plekje in zijn hart heeft. Martin heeft veel ontzag voor Charlton, al is hij ook onder de indruk van Van Gaal. 'Hij hoefde niet te komen. Ik zie zijn geste als een groot pluspunt.'

Over zijn vorderingen is hij minder tevreden. Martin, die op Old Trafford een plekje achter de dug-out heeft, blijft diplomatiek. 'Dat we derde staan, is een wonder. Stel je eens voor wat er gebeurt als we goed gaan voetballen? Dat doen we nu niet bepaald. Het is slecht. Ik kan me niet voorstellen dat hij de boel niet op de rails krijgt. Hij heeft vaker met dit bijltje gehakt. Maar United is de grootste club uit zijn loopbaan...'

Martins twijfel wordt breed gedragen. Achtereenvolgende zeges op Leicester City (3-1) en Cambridge United (3-0) – de replay in de FA Cup – maakten weinig indruk. Ondanks (schitterende) goals van onder anderen Van Persie swingt de ploeg niet. En als het loopt, maakt Van Gaal daar een eind aan door tijdens een wedstrijd van systeem te wisselen. Om het duel te 'killen'. De verveling op de tribunes slaat toe.

De erfenis van Alex Ferguson laat zich voelen. De Schot nam risico om spektakel te bieden. Van Gaal wil het toeval juist uitsluiten. Zelfs als hij United tot favoriet voor het winnen van de FA Cup bestempelt, komt zijn calculerende aard naar voren. '*I am not a casino man*,' nuanceert hij. United staat het hoogst op de ranglijst van de overgebleven teams en maakt daarom de meeste kans. Zijn berekendheid schuurt.

UPTON PARK

Carrington, 10 februari 2015

Louis van Gaal komt met pretoogjes de perszaal van Carrington binnen gewandeld. Zijn gezicht blijft in de plooi, al trillen zijn mondhoeken af en toe lichtjes. Hij spitst zijn oren als de eerste vraag komt. Die gaat over Paddy McNair. De tiener heeft net zijn contract verlengd. Van alle spelers uit de academie, zo stelt Van Gaal machinaal, heeft de verdediger zich het meest ontwikkeld.

Bij de tweede vraag veert hij op. Een verslaggever wil weten hoe hij denkt over een opmerking van Sam Allardyce, de manager van West Ham United. Op Upton Park hield United dankzij een doelpunt in blessuretijd van Daley Blind een punt over aan de ontmoeting (1-1). West Ham liet een reuzenkans glippen om United op eigen veld te verslaan.

Het inbrengen van Marouane Fellaini voor Adnan Januzaj in de tweeënzeventigste minuut maakte het verschil. De lange en fysiek sterke Belg ging in de spits staan. Alle ballen gingen rechtstreeks naar hem. Ouderwets kick-and-rush. 'We konden uiteindelijk niet omgaan met *Long-ball United*,' sneerde Allardyce. 'Zo zie je United eigenlijk nooit spelen, maar het leverde de ploeg wel een goal op.'

Big Sam, zoals zijn bijnaam luidt, sprak schertsend. Supporters van West Ham wilden vorig seizoen van hem af, omdat hij in hun ogen te veel de lange bal hanteerde. 'Je zou Louis van Gaal net zo kunnen bekritiseren voor het spelen van *long balls* net zoals ik soms word bekritiseerd voor het kiezen voor een peer naar voren,' zei hij. 'Het leverde hun een resultaat op, dus kun je er weinig van zeggen.'

Van Gaal, de kritiek op zijn tactiek beu, kent deze achtergrond niet, is het Engels onvoldoende machtig om die eruit te herleiden en bereidt een tegenaanval voor. De vragensteller is de klos. '*What do you think?*' begint hij. '*What is your opinion?*' De man antwoordt dat zijn mening niet ter zake doet. '*And that is enough? You have seen the match. You have your opinion.*' Een besmuikt lachje verschijnt op zijn gezicht.

'*When a colleague of me is saying these kind of things then you have to see the data and you have to put the data in the right context,*' gaat hij verder. '*I believe. And I think media is also coming to the match and you have a lot of opinion about me or about the game or about the players and now you say: "I don't have any opinion."*' Hij geniet zichtbaar.

Van Gaal betoogt dat United zestig procent balbezit had. Dat kan in zijn visie niet als zijn elftal alle ballen recht naar voren knalde. Om dit te duiden heeft hij een data-analyse laten uitwerken. '*And then I have to say: That is not good interpretation of Big Sam. It's not so difficult to read that.*' Hij grijpt naar een stapel A4'tjes met diagrammen erop en legt uit hoe ze gelezen moeten worden.

'*I give you this, you can see that also, the blue ones*' – blauwe lijnen – *are the good ones, because long balls are mostly very difficult.*' Hij bedoelt: de kans om de bal in de ploeg te houden is dan klein. '*That's why I began with the explanation of ball possession. When you have 60 per cent ball possession you cannot play long balls only.*' Nadat Van Gaal nog wat andere cijfers ter tafel heeft gebracht, komt hij overeind.

'And I give it to you and you can copy it and then you go to Big Sam and then maybe he can give a good interpretation.' Zijn stem breekt eventjes. De zenuwen, die hem op Upton Park ook parten speelden, worden hem even te veel. Dan herpakt hij zich om zijn lage dunk van de media te ventileren als iemand (terecht) stelt dat United vaker ervoor kiest de bal naar voren te peren, iets wat Van Gaal op Upton Park beaamde.

'It is not true what you are saying. But because of Big Sam you are talking him in behind. But it is not like that. That is why I asked this gentleman' – de man die vroeg naar zijn reactie op Allardyce – *"'What is your opinion?"'* Journalisten nemen foto's van de A4'tjes, maar kijken alsof ze op een familiefeest een dronken oom zichzelf voor gek hebben zien zetten.

Zijn gezwaai met papieren krijgt in Manchester de toevoeging 'bizarre', een bijvoeglijk naamwoord dat in het Noorden steevast wordt gebruikt om aan te geven dat iemand iets eigenaardigs doet. Het is geen waardeoordeel, meer een constatering. De fans vinden de tik op de vingers van Allardyce vooral onnodig. West Ham United verdient niet zoveel aandacht.

Londenaren, geraffineerder in hun taalgebruik, zouden de benaming Upton Park op Van Gaal hebben geplakt. De uitdrukking slaat niet op het stadion van West Ham United, maar op het gelijknamige metrostation. Upton Park ligt twee haltes voor Barking, straattaal voor 'zo gek als een deur'. Wie Upton Park is, valt nog te redden, maar zorgt net als Van Gaal wel voor verontruste blikken.

SABBAT

Salford, 14 februari 2015

Op een heuvel tegenover de hoofdtribune van Moor Lane, het complex van Salford City op een dik halfuur lopen van het centrum van Manchester, tuurt Phil Neville geconcentreerd naar het veld. Zijn vader Neville Neville en zoon Harvey staan naast hem. Paul Scholes kijkt minder serieus. Hij knoopt een sjaal voor zijn gezicht om zich te weren tegen de kou en lacht om zoon Arron die dolt met een vriend. Een oudere heer en een dikkige kerel completeren het gezelschap.

Het groepje sjokt in de rust naar een keet waar ze naast een verwarming koffiedrinken. Tienermeisjes met rozen in hun hand – het is Valentijn – staren hen na, maar vragen niet om een foto. Neville en Scholes komen bijna elke week. Samen met ex-ploeggenoten Nicky Butt, Ryan Giggs en Gary Neville zijn ze sinds de zomer eigenaar van de amateurclub in de noordelijke voorstad van Manchester.

De Class of '92 – minus David Beckham – heeft in korte tijd veel voor elkaar gekregen. De oranje clubkleuren veranderden in het rood van Manchester United. De traditionele leeuw in het logo maakte plaats voor een modernere variant. De tribune kreeg een lik verf, de faciliteiten werden uitgebreid. De bezoekersaantallen stegen, al is het op Moor Lane nog altijd niet druk.

Het vijftal bezat aanvankelijk alle aandelen. Na een paar maanden besloten ze de helft te verkopen aan Peter Lim, de eigenaar van Valencia. De ambitie om binnen vijftien jaar van de Northern Premier League (Division One North) op te klimmen naar het Championship krijgt daarmee gewicht. Ze nemen hun investering serieus. Zo serieus dat ze de manager al snel vervingen.

De ex-profs willen bovenal iets betekenen voor Salford, een achtergestelde stad vol sociale problemen. Allen kwamen er jarenlang dagelijks. The Cliff, de voorloper van trainingscomplex Carrington, ligt om de hoek. Scholes groeide er op en geldt daarom als het boegbeeld. Hij praat en denkt hetzelfde als de toeschouwers. Zijn opmerkingen over Louis van Gaal zorgen dan ook niet voor gefronste wenkbrauwen.

Scholes, columnist en tv-analist, zegt na de midweekse zege op Burnley (3-1) pijn in zijn ogen te krijgen van United. Vooral de eindeloze balletjes breed storen hem. 'Als ik vroeger de bal niet meer naar voren speelde of niet meer loerde naar een opening om een risicovolle steekpass te geven, dan waren de consequenties duidelijk. Dan stelde de manager me niet meer op.'

Van Gaals behoudende tactiek zint hem niet. 'De historie van United is gestoeld op aanvallend voetbal, wat niet betekent dat je altijd de "nul" houdt of geen kansen weggeeft. Waarom denk je dat United in de loop der jaren een paar van 's werelds beste keepers heeft gehad? Die waren nodig, omdat zoveel spelers van de ploeg zich richtten op de aanval.'

Op Moor Lane voelt Scholes zich op zijn gemak. Als iemand hem al aanschiet, dan is het een bekende van vroeger. Toch ontkomt hij er niet aan handtekeningen te zetten. Teammanager Peter Sheldon duwt hem stokoude voetbalplaatjes van hemzelf in zijn hand. Ze worden voor £ 3,50 per stuk verkocht. De helft van de opbrengst gaat naar het Christie Trust, een in kanker gespecialiseerd ziekenhuis in West Didsbury.

Sheldon (75), die ook de fanshop runt, is Joods. Dat berust niet op toeval. Alleen in Londen wonen meer Joden dan in Salford. En een groot deel van hen is orthodox, met wortels in Oost-Europa. De mannen dragen hoeden, zwarte pakken en pijpenkrullen. Getrouwde vrouwen zijn kaalgeschoren. Volgens de wetten van hun religie moeten ze een pruik opdoen, maar in Salford volstaat een muts.

'Ik ben net zo Brits als ieder ander,' reageert Sheldon, zelf niet streng in de leer, ferm. Zijn achtergrond maakt hem wel bijzonder. Toen hij werd geboren, heette hij geen Sheldon maar Schulmann. Dat veranderde tijdens de Tweede Wereldoorlog. 'In het leger zeiden ze: "Met zo'n naam kan je geen troepen leiden. Veel te Duits." Zodoende ging onze familie verder door het leven als Sheldon.'

Hoe Brits hij zichzelf ook vindt, Joodse voetballers interesseren hem bovenmatig. 'Ik zoek uit waar ze spelen en als het even kan, probeer ik een handtekening van ze te krijgen,' zegt hij. Om niet als een opschepper gezien te worden, tovert hij gelijk een aas tevoorschijn. 'Daniël de Ridder speelde ooit voor Birmingham City. Een Joodse jongen, uit Amsterdam. Heel aardig en intelligent.'

Manchester United houdt hem, net als ongeveer 99 procent van de inwoners van Salford, meer bezig. Decennialang had hij een seizoenkaart. Sheldon, bijna blind en slecht ter been, besteedt zijn vrije tijd nu dichter bij huis. Bij Salford City en Bury, dat voor mensen als hij vervoer regelt. Hij volgt United nog wel op de voet. Via de tv en de radio. Van Gaal staat er niet goed bij hem op.

Sheldon verschiet van kleur. 'Die A4'tjes...' zegt hij geërgerd. 'Wat was dat voor gekkigheid? Wat stelt Sam Allardyce nu helemaal voor? Niets. Daarbij kraamt hij vaak onzin uit. Misschien heeft dat te maken met zijn gebrekkige Engels. Ik denk dat hij lang niet alle vragen goed begrijpt. Wij begrijpen hem zeker niet. Hij spreekt geen Engels, maar iets vreemds waaraan geen touw valt vast te knopen.'

'Hoe spreek je zijn naam trouwens uit? Van Haal of Van Gaal? Toch een harde g. Daar waren de meningen hier over verdeeld. Nou ja, de man zal het zelf het beste weten. Zoals hij alles beter weet.' Een oordeel over het spel laat hij vanwege zijn slechtziendheid achterwege. 'Ik ga af op anderen. Scholes is milder dan de meesten hier, maar heeft er echt verstand van. Aardige jongen trouwens.'

10

BEHANGKONING
Liberty Stadium, 21 februari 2015

John van Zweden draagt het liefst trainingspakken van het merk Australian, maar heeft zich voor de gelegenheid in een grijs pak gehesen. United komt straks op bezoek in het Liberty Stadium. Als medeaandeelhouder van Swansea City moet hij zich op wedstrijddagen houden aan de etiquette. Hij mag zich graag voordoen als een ongecompliceerde volksjongen, maar wie gasten als Bobby Charlton welkom wil heten kan dat niet doen in het uniform van hooligans en liefhebbers van hardcoremuziek.

De Hagenaar, rijk geworden door de verkoop van behang, redde de club uit Wales in 2002 met een stel vermogende fans van de ondergang. De investeerders vormden het nieuwe bestuur. Saai is het sindsdien niet meer geweest. Swansea klom vanuit de krochten van het Engelse profvoetbal omhoog naar de Premier League, betrok een nieuw stadion, won de League Cup en speelde Europees voetbal.

Voor geen goud wil Van Zweden afstand doen van zijn aandelen. Het pakket, destijds gekocht voor 75.000 euro, is miljoenen waard – al kan hij dat alleen aan mensen binnen de club verkopen – maar een vette winst weegt voor hem niet op tegen een leven vol avonturen. De stropdas knelt soms een beetje. Hij juicht, vloekt, tiert en heeft zijn hart op de tong. Zonder na te denken geeft hij mensen een draai om de oren. Vandaag is Louis van Gaal aan de beurt.

Van Zweden ergert zich aan een opmerking van de Amsterdammer. In de aanloop van het duel met Swansea doorbrak Van Gaal de negatieve teneur door te wijzen op de cijfers. Gerekend over de laatste vijftien duels was United het best presterende team in de Premier League. Zo slecht kon het dus allemaal niet zijn. Van Zweden vliegt niettemin in de gordijnen.

'Van Gaal zegt: "Wij zijn de beste club van Engeland,"' vertelt de man die door het leven gaat als de behangkoning. 'Waar haalt hij die idioterie vandaan? Dan ben je in mijn ogen gewoon een arrogante klootzak. Ook een sufferd. Dan kun en moet je maar op je platte bek gaan. Dat zijn de dingen waarom ik niet van dat soort clubs hou. Weet je, dat klinkt heel vervelend, maar ik heb daar niets mee.'

Een voor Van Zweden onprettige kennismaking met Van Gaal op Old Trafford op de eerste speeldag verklaart zijn aversie tegen de manager. De ontvangst in Manchester was volgens hem 'verschrikkelijk slecht'. 'Normaal is die fantastisch,' legt hij uit. 'Er lopen daar geweldige mensen rond. Alleen al het feit dat je sir Bobby Charlton kunt ontmoeten is al uniek.

In de bestuurskamer stonden vier tafels. Eentje voor gasten van United, een voor sir Bobby Charlton en zijn vrouw, eentje voor het bestuur van United en een tafel met acht plaatsen voor mensen van Swansea. Een uur en een kwartier voor de aftrap komt Louis binnen lopen. Voor hem was het ook vreemd. Het was zijn eerste wedstrijd. Daar had ik begrip voor.

Hij liep naar Bobby Charlton, langs de gasten en naar de tafel van Manchester United, maar ons liep hij gewoon voorbij zonder ons ook maar een blik waardig te gunnen. En toen heb ik op z'n Haags geroepen: "Lowietje, je vindt het toch niet erg, pik, dat ik die puntjes mee naar Den Haag neem, *mafferd.*" Toen draaide hij zich om en zei: "Joh, ik zie je na afloop van de wedstrijd wel, kijken of je dan nog zoveel babbels hebt." Na afloop van de wedstrijd heb ik hem niet meer gezien. Dat is, laat ik het zo zeggen, niet mijn ding.

Manchester United en dat soort clubs denken dat ze boven de wereld leven. Prima joh. Als je hoog staat, kun je ook van die hoogte op je bek gaan. Laat hem maar op zijn bek gaan vandaag. Laat hem maar uit een boom donderen.' Alleen maar ellende is het ook niet. 'Ik heb respect voor wat die man heeft neergezet. Daar gaat het helemaal niet om. Maar ik heb meer respect voor mensen die met minder geld iets neerzetten. Zoals bij mijn club.'

Voor Charlton maakt hij een uitzondering. De clubambassadeur en legende van United kan niets verkeerds doen. 'Ik ga zo dadelijk op de foto met sir Bobby omdat ik hem een prachtmens vind. Een uniek mens. Ik laat ook altijd mijn programmaboekje door hem signeren. Sommige mensen zijn helemaal gek van Robbie Williams of Blondie, ik van zo'n man. Omdat ik een liefhebber van Engels voetbal ben.'

Van Zweden houdt van aanraakbare helden. Charlton, die hij een 'knuffelbeer' noemt, past in die categorie. 'Sterren als hij zijn altijd normaal gebleven, ondanks al hun successen. Dat kan ik van Van Gaal niet zeggen.' Mensen die zich storen aan zijn geintjes en grote mond krijgen de volle laag. Van Gaal doet dat en heeft Van Zweden, gevoeliger dan hij wil doen voorkomen, daarmee gekrenkt.

Vandaag telt Van Zweden mee. Een cameraploeg uit Nederland volgt hem voor, tijdens en na de ontmoeting met United. De interviewer, bekend als Jakhals in het programma *De Wereld Draait Door*, doet tevergeefs een poging Van Gaal en Van Zweden met elkaar te laten praten. Van Gaal werkt niet mee. 'Daar heb ik geen behoefte aan,' zegt hij. 'Die man praat alleen maar onzin.'

De verslaggever kiest geen handig moment uit. Zijn opgewonden toon helpt ook niet om Van Gaal milder te stemmen. United heeft net verloren met 2-1. De kans om het feestje van Van Zweden – '"De behangkoning verslaat Van Gaal" zou geen slechte kop zijn' – op te luisteren en in Haags dialect te worden beledigd, laat hij schieten. Hij heeft ook belangrijker zaken aan zijn hoofd. Enkele topspelers presteerden ondermaats.

Ángel di Maria maakte de meest hulpeloze indruk. De Argentijn zakt steeds verder weg. Een inbraak in zijn huis, eind januari, heeft hem dieper geraakt dan verwacht. En het liep voor die tijd al niet zo lekker. Robin van Persie stelde ook hevig teleur. Niets lukte. Tot overmaat van ramp blesseerde hij zich aan zijn enkel toen Van Gaal al drie keer had gewisseld. Het kan zo niet langer.

Van Gaal gaf eerder al een stevige hint. Eerder in het seizoen oordeelde hij dat Van Persie en Falcao betere spitsen waren dan Wayne Rooney. Zijn aanvoerder moest zich daarom schikken in een andere rol. Van dat standpunt is hij afgestapt. Van Gaal ziet nu in Rooney zijn beste afmaker. Dat hij desondanks regelmatig op het middenveld staat, heeft een andere oorzaak. Het ontbreekt hem aan spelverdelers.

Van Persie begon half geblesseerd aan het WK, kreeg langer vakantie dan Van Gaal voor ogen had, werd uit de wind gehouden en behield ondanks zijn roestige voorkomen zijn basisplaats. Terwijl ploeggenoten als Fellaini en Young steeds beter werden, bleef hij traag en vermoeid ogen. Zijn efficiëntie keerde niet terug. Tegen Swansea miste hij drie kansen.

Van Gaal moet een zakelijke beslissing nemen. Een dure kracht op leeftijd voor wie de trainingen een te zware belasting gaan vormen valt niet te handhaven. Niets wijst erop dat Van Persie slechts een moeizame periode doormaakt en dat het vanzelf weer goed komt. Sinds het afscheid van Ferguson, bijna twee jaar geleden, heeft hij zijn topniveau niet meer gehaald. Van Gaal moet 'doorselecteren', iets wat hij zijn hele carrière al meedogenloos doet.

Harteloos is hij niet, zoals ook zijn behandeling van Darren Fletcher laat zien. De Schot begon het seizoen als viceaanvoerder, hoewel stagiairs uit de academie hem aan alle kanten voorbijliepen. Hij kreeg een eerlijke kans om te laten zien volledig te zijn hersteld van een ingrijpende darmoperatie. Fletcher kon het tempo niet bijbenen. Eind januari vertrok hij naar West Bromwich Albion. Door de voordeur.

Het geworstel van Van Persie ontgaat niemand. Fans mopperen, analisten op televisie sabelen hem neer. De mening van ploeggenoten weegt veel zwaarder. Ook voor hen is duidelijk dat de voorhoede schuttert. Zonder namen te noemen geeft Daley Blind dat aan. Na de wedstrijd tegen Swansea zegt hij een stijgende lijn in het spel van United te zien. Een gebrek aan goals kostte de ploeg minimaal een punt.

'De nederlaag van vandaag moet je als een ongelukje zien,' zegt hij. 'We zitten op de goede weg. We laten onszelf steeds van onze goede kant zien, hebben meer rust in de ploeg, creëren kansen, maar elke wedstrijd... We zullen vooral wat meer goals moeten maken. Ik denk dat vooral dát het punt is.' Aan het teamspel ligt het volgens Blind niet. 'De laatste pass is goed. We maken het alleen niet af. Dat is zuur.'

Anders dan Van Persie geniet Blind wel het vertrouwen van de fans. Mensen konden stemmen welke aankoop van Van Gaal op hen de meeste indruk had gemaakt. Blind eindigt bovenaan. 'Dat doet me wel goed, ja,' reageert hij. 'Ik probeer gewoon mijn uiterste best te doen, te laten zien wat ik in me heb en hard te werken. Dat laatste wordt altijd gewaardeerd.'

De analisten zijn met de fans meegegroeid. Zijn 'risicoloze spel' en 'balletjes breed' kregen commentaar. Dat is gestopt. 'Als dat een paar keer op tv wordt geroepen, neemt iedereen dat klakkeloos over,' zegt Blind. 'Ik ben ook wel een speler die vaak het risico afweegt. Soms leg ik de bal af, soms zoek ik zelf naar de oplossing vooruit. Dat hoort bij mijn positie.' De fans en de pundits zien dit nu ook. 'Dat maakt me wel trots.'

Van Gaal moet de opinie nog keren. Dat kan makkelijk. United heeft zich eerder ten koste van Preston North End (3-1) geplaatst voor de kwartfinale van de FA Cup. Die wordt gespeeld op Old Trafford tegen Arsenal. In de Premier League bedraagt het gat met koploper Chelsea dertien punten. De landstitel is vrijwel uit zicht verdwenen, maar een topnotering behoort nog tot de mogelijkheden.

In de trein van Swansea naar Manchester laten fans subtiel merken niet te geloven in een ommekeer. Vijf uur achtereen zingen ze hoe de Noor Ole Solskjær in 1999 in blessuretijd United de Champions League bezorgde in de finale tegen Bayern München. De goede, oude tijd zorgt voor vermaak. Over de huidige ploeg zwijgen ze in alle talen. Wie toch een poging waagt, wordt afgekapt.

VERSTANDSHUWELIJK
St. James' Park, 4 maart 2015

Uit de luidsprekers van St. James' Park klinkt 'Blitzkrieg Bop' van The Ramones. Een kleine twintigduizend supporters van Newcastle United zingen synchroon en op volle sterkte '*He, ho, let's go*' mee. Het creëert een spanningsveld dat normaal gesproken ontstaat bij Europese wedstrijden. *The Magpies* mogen al jarenlang niet meer meetellen in de Premier League, de club straalt nog altijd de kracht van een grootmacht uit.

Eén man op de perstribune heeft tranen in zijn ogen. Hij is geen journalist, maar de vader van een ballenjongen. De tiener zat in de jeugdopleiding van Sunderland. Een ziekte aan zijn gewrichten en pezen maakte een einde aan zijn droom om prof te worden. Zelfs gymmen lukt niet meer. 'Hij is helemaal gek van United,' zegt zijn pa. 'Vorig jaar ging hij met Mata op de foto. Nu met Van Gaal.'

Na wat gepriegel op zijn telefoon wordt het plaatje zichtbaar. Van Gaal staat met de middelbare scholier op de foto. De manager lacht en heeft een arm om zijn schouders geslagen. 'Mata was vorig jaar net binnen bij de club,' legt de man uit. 'Mijn zoon wilde liever met een ander op de foto, maar het kwam zo uit. Ditmaal ging het een stuk makkelijker. Hij vroeg om Van Gaal, die meteen kwam.'

Buiten het zicht van de camera's doet Van Gaal meer van zulke dingen. Hij schreef in januari een brief aan de ouders van Charlie Holden. De vijftienjarige United-fan uit Alkrington, vlak bij Manchester, stierf onverwachts aan hartfalen in bad. Van Gaal betuigde zijn medeleven op indringende wijze. Het maakte zoveel indruk dat Holdens vader de inhoud deelde met de buitenwereld: 'Het is altijd lastig om te bedenken, wat je moet zeggen in zulke omstandigheden. Ik weet hoe vreselijk moeilijk het moet zijn voor jullie beiden en voor jullie dochter, Millie, die ook al jullie hulp en steun nodigt heeft in deze enorm verdrietige tijd. Ik weet zeker dat jullie ervoor zullen zorgen dat de herinnering aan Charlie blijft voortleven en dat jullie altijd de tijd die jullie met jullie geweldige zoon mochten doorbrengen zullen koesteren. Mijn gedachten zijn bij jullie en jullie familie in deze zware periode.'

De bijzondere avond voor de ballenjongen is slechts een voetnoot in een veel groter geheel. Het 'project-Van Gaal' staat voor het eerst sinds zijn komst serieus ter discussie. Door de nederlaag tegen Swansea City komt de vierde plaats in gevaar. Een zege op Sunderland (2-0) zorgde amper voor verlichting; de concurrentie won ook. Het spel was zo zwak dat Van Gaals voornaamste bondgenoot begon te keten.

De Stretford End floot centrale verdediger Jonny Evans uit toen hij de bal terugspeelde op doelman David de Gea. De fans hadden het niet zozeer op de Noord-Ier gemunt, maar op de tactiek van Van Gaal. Zijn *ball possession game* leidde tot niets. United beschikte bijna continu over de bal, kansen kwamen er nauwelijks. Met meer geluk dan wijsheid werd uiteindelijk op Old Trafford gewonnen van Sunderland.

Dit statement, heviger dan de miniopstand bij Queens Park Rangers, verbaasde Van Gaal niet. Hij maande de fans achter de ploeg te blijven staan, maar erkende zelf ook niet tevreden te zijn met de uitvoering. Evans mocht irritatie opwekken door zijn gebrek aan durf en inzicht, Falcao en Di Maria brachten United meer in de problemen. Van Gaal wisselde beiden, Di Maria zelfs al in de rust.

Het briesje tegenwind heeft plaatsgemaakt voor een storm. De resultaten in de komende weken bepalen of het seizoen geslaagd mag worden genoemd. Arsenal wacht in de FA Cup. Daarna moet United het kort achter na elkaar opnemen tegen Tottenham Hotspur, Liverpool, City en Chelsea. Tottenham, Liverpool en Southampton staan zo dicht achter United dat Van Gaal bijna alles moet winnen om in elk geval als vierde te eindigen.

Van Gaal doopte dit minitoernooi om tot een 'ratrace'. Zelf straalt hij vertrouwen uit. Zijn spelers doen dat niet. Enkelen lijken onder stroom te staan. Het avondduel met Newcastle United, op papier niet meer dan een laf voorafje, krijgt zodoende de status van een midweekse finale. Het publiek, fanatieke Geordies, zorgen voor de finishing touch. Er zit onweer in de lucht.

Bij Evans slaat als eerste de bliksem in. De verdediger spuwt in het gezicht van Papiss Cissé bij een opstootje. De Senegalees spuugt direct terug. Het ontgaat de arbiter, maar de beelden van het incident circuleren direct op internet. De vader van de ballenjongen heeft het filmpje binnen een minuut op het scherm van zijn telefoon. Er is geen twijfel over mogelijk. Evans en Cissé wachten een lange schorsing.

De rest van het elftal beschikt evenmin over stalen zenuwen. Newcastle, niet zonder reden vechtend tegen degradatie, is minstens gelijkwaardig aan United. Dankzij keeper David de Gea blijft het in elk geval 0-0. Aan de andere kant laat doelman Tim Krul zich niet passeren. De Hagenaar, de troef van Van Gaal op het WK in de penaltyreeks tegen Costa Rica, zit de voormalige bondscoach nu dwars.

Totdat Krul ineens blundert. Met nog één minuut te spelen schiet hij de bal pardoes in de voeten van Ashley Young: 1-0. Young, linkerspits vandaag, redt United. Door zijn goal komt Liverpool niet op gelijke hoogte en blijft Southampton op vier punten staan. Van Gaal veert op, balt zijn vuist en juicht uitgelaten, net als de rest van de bank. Alleen Ryan Giggs staart voor zich uit alsof zijn moeder net is overleden.

Van Gaal geeft na afloop iedereen een hand. Blind krijgt een vuist op zijn borst. De Gea wordt bedankt voor zijn *great safe*. Hij omhelst Rooney. Young neemt hij even apart. Ze lachen. Het onderonsje gaat duidelijk over een eerdere flater. Young miste voor open doel. Daryl Janmaat van Newcastle, ook met Oranje op het WK, feliciteert Van Gaal. Krul stormt langs hem heen. Hij is boos: op zichzelf, zijn ploeg en de hele wereld.

De reactie van Giggs ontgaat echter niemand. Paul Scholes, zijn maatje, stond voor het duel op het veld als analist voor een tv-zender. Hij zei te twijfelen of Giggsy het geduld kon bewaren om assistent te blijven. Uit de omgeving van United kwamen geluiden van onvrede al eerder naar buiten. Giggs en Van Gaal zouden elkaar tolereren, zolang dat noodzakelijk was. Een verstandshuwelijk, geen liefdesrelatie.

Een insider, met connecties in de kleedkamer, zegt: 'Ze hebben elkaar nodig en prijzen elkaar daarom opzichtig in het openbaar. Maar ze liggen elkaar niet. Van Gaal vaart blind op zijn eigen mensen. Giggs hangt er voor zijn gevoel een beetje bij. De tactiek van Van Gaal is de zijne niet. Maar een breuk, nee. Giggs leert veel van Van Gaal en weet dat hij nog niet ver genoeg is om op eigen benen te staan.'

Van Gaal reageert de volgende dag weinig geamuseerd als iemand vraagt naar hun band. 'Dit irriteert me,' zegt hij. 'Ik neem passende maatregelen tegen de media. Ik ben niet blij met de vraagstelling.' Zijn goede luim is één klap verdwenen. Hij voelt zich in de rug aangevallen. 'Iedereen kan zien dat onze relatie prima is en dat we hard werken.' Op Carrington schetsen sommige mensen een ander beeld.

ROOD
Old Trafford, 9 maart 2015

De vermoeide blik is weg. De kin staat omhoog. De schouders hangen niet meer. Zijn schoenen raken het gras amper aan. Ángel di Maria schrijdt over het veld. De benen zitten niet meer vol lood. De Argentijn ontwaakt op het juiste moment. Manchester United heeft in de kwartfinale van de FA Cup tegen Arsenal dringend behoefte aan een speler van wereldklasse.

De dribbelaar kan meer dan een mannetje uitspelen. Als hij zich goed voelt, zoals vanavond, ontgaat hem weinig. Dan ziet hij in een woud van benen zeventig meter verderop een ploeggenoot zich losmaken van een verdediger. De bal die met een touwtje aan zijn linkervoet lijkt te hangen, vliegt dan met een sierlijke boog, met precies de juiste snelheid, in diens loop. Tegen Arsenal blijft dit talent niet verborgen.

Het engelengeduld van Louis van Gaal met Di Maria betaalt zich eindelijk uit. Na het spuugincident van Jonny Evans tegen Newcastle United, dat hem een schorsing van zes wedstrijden oplevert, heeft de Nederlander behoefte aan iets positiefs. Een magische actie van de Zuid-Amerikaan kan de druk op de schouders bij de rest wegnemen. Di Maria staat op.

De verdediging, de laatste weken redelijk op dreef, zwabbert. Luke Shaw worstelt. De tiener wordt aan alle kanten voorbijgelopen. Valencia, een gemaakte back, speelt niet veel beter. Marcos Rojo en Chris Smalling, die samen het centrum vormen, maken een nerveuze indruk. Het kwartet vormt een kwetsbare prooi voor het team van Arsène Wenger, dat sinds de vorige ontmoeting grote stappen heeft gemaakt.

Alex Oxlade-Chamberlain slalomt ongehinderd door het hart van de defensie van United. Daley Blind timet onderweg een tackle verkeerd. De paniek is zo groot dat niemand let op Nacho Monreal. Als de back de bal krijgt, heeft hij alle tijd om af te ronden (1-0). De spanning van de laatste weken openbaart zich in een aanval van nog geen vijftien seconden.

Di Maria onttrekt zich hieraan. Valencia speelt hem aan op de rechtervleugel. Met een klein tikje duwt hij de bal vooruit. Hij kijkt even omhoog. Een effectvolle pass volgt, precies op het voorhoofd van Wayne Rooney (1-1). Het is millimeterwerk, maar alles past perfect. Het publiek, dat het geloof in Di Maria bijna had verloren, juicht vreselijk hard. Mensen bedekken hun oren.

Van Gaal geniet in stilte. Zo moet voetbal in zijn visie worden gespeeld. In de actie zit alles wat hij graag wil zien. De bal gaat net zo lang rond totdat er een gaatje ontstaat. Niet toevallig komt dan juist de man met een fijne trap aan zet. Inzicht, geduld, snelheid en een superieure uitvoering. Zijn filosofie, regelmatig door het slijk gehaald, werkt, zo kan iedereen zien.

Valencia, de vleugelback, besmeurt de herinnering aan dit moment. Een simpele bal tikt hij te kort terug op doelman David de Gea. De Ecuadoriaan trapt niet, maar gebruikt zijn voet als een golfclub: stijf en zonder gevoel. Danny Welbeck, in augustus door Van Gaal verkocht aan Arsenal, onderschept de pass, loopt om De Gea heen en scoort (2-1). Alle ogen richten zich op Di Maria.

Als hij naar binnen dribbelt en langs Aaron Ramsey snelt, houden de fans hun adem in. Di Maria wordt onderweg lichtjes vastgepakt en valt net iets te theatraal. Hij krijgt een gele kaart. Di Maria spuwt vuur. Medespelers proberen hem tevergeefs te kalmeren. Met een wild gebaar trekt hij aan het shirt van arbiter Michael Oliver. Een tel later kan Di Maria met rood van het veld. Alles is verloren.

Bekerhouder Arsenal gaat door naar de halve finale, gespeeld op Wembley. De droogte voor United houdt aan. De laatste winst van de FA Cup dateert uit 2004, alweer elf jaar geleden. Voor het eerst in zijn carrière zal Van Gaal geen prijs winnen in zijn eerste seizoen bij een club. In theorie kan hij nog landskampioen worden, maar de kans daarop is nu te verwaarlozen.

Eindigen op de vierde plek, noodzakelijk om volgend seizoen Champions League te kunnen spelen, lijkt al een onmogelijke opgave. De populariteit van Van Gaal bereikt een dieptepunt. Op straat twijfelen mensen openlijk aan zijn houdbaarheid. Als United niet in de top vier eindigt, zo klinkt het, verdient hij eenzelfde lot als Moyes. Di Maria, de duurste speler uit de Premier League, haalt zich heel wat op de hals.

MOEDERDAG
Manchester, 15 maart 2015

Een bejaarde vrouw uit Hull wipt zenuwachtig op haar stoel in de Stadium Suite van Hotel Football. Haar zoon, een bebrilde dertiger, kijkt bezorgd. Hij dacht zijn broers en zussen te hebben afgetroefd door haar voor Moederdag te trakteren op een bezoek aan haar favoriete club en een meergangendiner tegenover Old Trafford. De middag kan, zo blijkt, toch nog in het honderd lopen.

'Ik ben een enorme fan van Ryan Giggs,' zegt de dame terwijl ze roomboter op een broodje smeert. 'Als United vandaag wint van Tottenham Hotspur, komt hij na afloop hiernaartoe om ons te ontmoeten. Na de wedstrijd tegen Arsenal geloof ik daar niet zo in... Voetbal heb ik in mijn leven genoeg gezien. Ik kom hier uit de buurt, ging als tiener vaak naar het stadion. Maar Giggs de hand schudden zou heel speciaal zijn.'

De assistent van Louis van Gaal is mede-eigenaar van Hotel Football. Samen met Gary Neville en Paul Scholes vormt hij de drijvende kracht achter de publiekstrekker. Nicky Butt en Phil Neville, twee andere leden van de Class of '92, legden ook geld in, maar bemoeien zich minder met de dagelijkse gang van zaken. Giggs kan logischerwijs niet de joviale gastheer spelen als United zich in een crisis bevindt.

Gary Neville, die in elk geval langskomt, liet enkele jaren geleden zijn oog vallen op een stuk braakliggend grond naast het stadion: een modderpoel met wat los schroot. Meer stelde het niet voor. De voormalige verdediger vond de plek een ideale locatie om een supporterskroeg neer te zetten. Veel om het lijf hoefde het niet te hebben. Zo zou hij wat terug kunnen doen voor de fans.

Manchester United legde hem geen strobreed in de weg. Als hij naast de smerige gracht iets wilde beginnen kon hij zijn gang gaan. Neville kocht het land voor een prikkie van de eigenaar. Met de papieren in zijn hand veranderde hij radicaal van strategie. Een bar met shirts uit zijn privécollectie aan de muur was aardig, maar haalde het niet bij een voetbalhotel.

Neville, als voetballer al onderschat, verraste United. De club schrok en probeerde het project uit alle macht tegen te houden. De veelvoudig international mocht een legende zijn, de directie wilde dergelijke lucratieve projecten liever zelf uitvoeren. Er werd via een bezwaarschrift geprobeerd de bouw tegen te houden. Een hotel zou het 'iconische karakter' van Old Trafford verpesten.

Hotel Football is geen *eyesore*, zoals de Engelsen een foeilelijk gebouw noemen. Er zijn overal verwijzingen naar de stad terug te vinden. Lokale bands als Oasis, The Stone Roses en Happy Mondays staan in de playlist. Ierse folkmuziek herinnert aan de immigratiegolf van een eeuw geleden. Het interieur van Café Football – zoals de lounge en het eetcafé op straatniveau samen heten – heeft de look van het Northern Quarter, uitvalsbasis van hipsters en bohemiens.

Net als de wijk aan de rand van het centrum biedt het hotel vermaak voor meerdere doelgroepen. Op de onderste etage zit een bruine kroeg, de Old Trafford Supporters Bar. Aan de wanden hangen schermen, boven de meterslange bar enkele tv's. Achterin staan pooltafels. Als United thuis speelt, moeten bezoekers in het bezit zijn van een ticket voor een United-vak om opstootjes met fans van de tegenpartij te vermijden.

Sinds de opening loopt het storm. Alle 133 kamers – vol met accessoires die verwijzen naar de eigenaars – worden bevolkt door fetisjisten van over de hele wereld. De voertaal in de Players Lounge, een hogergelegen vergaderzaal met een eigen bar, is tot nader orde op speeldagen Noors. De Scandinavische supportersclub, in het bezit van 450 seizoenkaarten, heeft de ruimte geboekt tot het einde van het seizoen.

Het dak, Football Heaven, vormt in meerdere opzichten het hoogtepunt. Onder een glazen panoramisch schuifdak ligt een veldje (met doelen) dat als barbecueplaats kan dienen. Het uitzicht is fenomenaal. De Beetham Tower, MediaCityUK en het Imperial War Museum North aan de ene zijde fungeren als amuse voor de hoofdmaaltijd aan de andere kant: Old Trafford.

Een bezoek aan de Stadium Suite, een etage lager, is het kostbaarst. Een select gezelschap wordt voor en na een wedstrijd in de watten gelegd. Het menu mag gewoon aandoen, de gerechten zijn 'ontworpen' door tweesterrenkoks. Elitair is de sfeer er niet. Niemand komt voor de onbeperkte drank of een praatje met de *general manager*. Alles draait om de meet-and-greet met Neville, Giggs en soms Scholes.

Zijn moeder, en met haar ruim 75 duizend toeschouwers, krijgt een onverwacht cadeau. United speelt tegen Tottenham Hotspur de beste wedstrijd van het seizoen (3-0). Louis van Gaal, enkele dagen eerder nog beschimpt, heeft de ploeg ineens aan het voetballen gekregen. Spurs, de club die hem zo graag wilde inlijven, kan geen vuist maken. United vertrapt de ploeg uit Noord-Londen als een teer bloempje.

Van Gaal heeft, eindelijk, de juiste mix gevonden. Rooney vormt met Young en Mata, weer eens in de basis, een driemansvoorhoede. Op het middenveld staan Carrick, Herrera en Fellaini. Het kwartet Blind (linksback), Jones, Smalling en Valencia is het slot op de deur. United speelt 4-3-3. Aanvallend, flitsend en fris. Van stress of paniek is geen sprake.

De doelpunten zijn fraai. Fellaini, de diepste middenvelder, rondt een aanval waarin Blind een aandeel heeft knap af. Carrick maakt beheerst de tweede. Rooney zorgt voor het beetje show, dat zo lang niet meer op Old Trafford te zien was. De aanvoerder krijgt de bal van een verdediger van Tottenham in de voeten gespeeld, dribbelt langs drie man en schiet in de hoek. Mooi, maar wat volgt is nog beter.

Rooney neemt na de treffer een bokshouding aan, deelt enkele schijnklappen uit en laat zich vervolgens met gesloten ogen achterovervallen. Hij refereert aan een filmpje dat in het bezit van een tabloid is gekomen. Bij hem thuis in Cheshire, vrouw Colleen was op vakantie, bokste hij met Phil Bardsley, een bevriende voetballer van Stoke City. Rooney leek na enkele klappen knock-out te gaan.

De aanvoerder, die roze handschoenen droeg, is boos. Kennelijk heeft een vriend het filmpje verpatst. Rooney, een redelijke amateurvechter, ging volgens eigen zeggen niet van zijn stokje. Het betrof een geintje. Het was toneel. Meer niet. Tegen Spurs laat hij tot groot enthousiasme van de fans zien inderdaad te kunnen acteren. Een betere reactie kan hij niet geven.

De mevrouw uit Hull straalt een klein uur na afloop in de Stadium Suite als Neville en Giggs naar binnen komen. Met haar zoon gaat ze vooraan zitten als het duo wat vragen beantwoordt. Beiden gaan met de beroemde ex-voetballers op de foto. Ze houden het netter dan een voluptueuze blondine, die erop staat een zoen van Giggs te krijgen. Giggs, niet de moeilijkste, stemt toe. Moederdag is geslaagd.

Een week later speelt United op Anfield Road tegen Liverpool. De kroeg van Hotel Football is wederom tjokvol. Opgewonden mensen staan, de meer bedeesde fans zitten op stoelen of in fauteuils. Een enkeling lijkt afkomstig van de set van *The Royle Family*, een serie over een disfunctioneel gezin uit Manchester met een tv-verslaving. De sfeer is opperbest.

Van Gaal heeft voor dezelfde opstelling gekozen als tegen Tottenham Hotspur. Ook tegen Liverpool werkt de formule. Binnen een kwartier opent Juan Mata de score. Via Fellaini en Herrera komt de bal bij de Spanjaard. Die schiet diagonaal binnen (1-0). De voorbereiding en de afronding zijn van een hoog niveau. United vliegt over het gras van Anfield.

Steven Gerrard maakt de stemming in Hotel Football nog beter. De captain, verafgood in Liverpool, valt na de rust in. Een minuut later zit hij alweer in de kleedkamer. In een vlaag van verstandsverbijstering stampt hij op de kuit van Herrera. Gerrard krijgt rood. De middenvelder, een geliefd onderwerp van spot bij rivaal Manchester, helpt United in een zetel.

De wissels van Van Gaal pakken beter uit. Invaller Di Maria lepelt de bal richting Mata, die met een acrobatische actie vervolgens scoort (2-0). De balans, de zuiverheid van het schot en de perfecte landing getuigen van klasse. Mata, lang niet meer dan een reserve, blijkt de vedette naar wie United snakte. Dat Rooney een stafschop mist en Sturridge nog 2-1 maakt, doet niet meer ter zake.

Met nog acht wedstrijden te spelen heeft Van Gaal een belangrijke stap gezet om met United een ticket voor de Champions League te verdienen. United staat vierde, maar kan nummer twee City inhalen. Het verschil bedraagt nog maar twee punten. De Nederlander heeft het team eindelijk aan de praat gekregen. Hij wint niet alleen, maar doet dat ook op stijlvolle wijze. De ommekeer had geen tel later moeten komen.

Niet alles verloopt goed. Van Gaal leest Di Maria na de wedstrijd de les. Ondanks zijn knappe pass op Mata loopt hij de kantjes ervan af. De aanvaller vindt het niet nodig mee te verdedigen en lijdt veel onnodig balverlies. Van Gaal beschermde hem lang, maar lijkt nu klaar met hem te zijn. Di Maria was dat al langer met United. Hij wil weg en heeft in Van Gaal nu mogelijk een voorstander van een afscheid gevonden.

TROTSE VADER
Lowry Hotel, 12 april 2015

In de lobby van het Lowry Hotel, even buiten het centrum, drentelen mensen heen en weer. Fans en gasten wachten op het moment dat de spelers van Manchester United zich in de hal melden. Het elftal overnacht voor thuisduels altijd in het vijfsterrenhotel. Voor de derby tegen City, die over drie uur begint, is dat niet anders. Het personeel, gewend geraakt aan de opgewonden sfeer, blijft stoïcijns doorwerken.

Danny Blind raakt ook niet in de war. In het restaurant drinkt hij rustig koffie met een zestal vrienden. Als oud-aanvoerder van het grote Ajax van de jaren negentig weet hij hoe het werkt. Beroemde voetballers trekken overal ter wereld aandacht. Vroeger stonden voor hem honderden supporters in de rij. Nu is het de beurt aan zoon Daley, sinds acht maanden speler van United.

'Het is wel de eerste Manchester-derby die ik live ga zien,' vertelt hij. 'Voor dit soort wedstrijden voel ik geen spanning meer. Het is alleen maar fun en leuk. De eerste paar keer dat je zoon speelt, denk je wel: als het maar goed gaat. Maar ja, hij is er aardig doorheen gekomen. Ik ben in principe ook niet zo met hem bezig, zeg hem niet hoe hij dingen moet doen. Hij moet het zelf ervaren.'

Bijzonder blijft het wel. 'We zaten hier gisteren, toen Daley even vijf minuutjes langskwam. Dan is het mooi als je vrienden zeggen: "Jeetje, wat is dit prachtig. Dit is een droom." Zo ervaar ik dat ook, maar ik knijp mezelf niet in mijn arm. Hij heeft dit zelf verwezenlijkt. Maar in relatie tot Ajax is United groter dan groot. Onvergelijkbaar qua populariteit. En Ajax is al immens populair.'

Blind had zelf een trainingspak van United kunnen dragen. 'Ik kon mee met Louis,' vertelt hij. 'Al in een heel vroeg stadium gaf hij aan mij heel graag te willen meenemen naar een eventuele nieuwe club. Alleen toen de KNVB mij in januari een voorstel deed, had hij nog geen club. Pas in april of mei, niet ver voor het WK in elk geval, werd de interesse van United concreet. Toen had ik mijn keuze al gemaakt.'

Spijt van deze beslissing heeft hij niet. 'Ik had hier kunnen zitten. Dat was zeker leuk geweest. Ik heb een uitstekende relatie met Louis, een vakman, en ik deel zijn filosofie. Alleen de KNVB vroeg me of ik na het EK (van 2016 in Frankrijk) bondscoach wilde worden. Iets hogers is er volgens mij niet. Dan zeg je "ja". Dat heeft me doen besluiten niet naar United te gaan.'

Blind is om die reden, net als eerder onder Van Gaal, assistent-bondscoach. Hij mag straks in de skybox van Daley zitten, hij is in functie. 'Ik scout hem namens de KNVB, maar ik neem geen blocnote mee. Dat doe ik alleen als ik meerdere spelers tegelijk moet bekijken, zoals bij een duel van PSV. Een analyse van één speler kan ik wel onthouden.'

Vanmiddag verwacht hij geen gekke dingen te zien. 'Daley draait een heel constant seizoen, is een van de weinige spelers die steeds zijn niveau haalt.' Dat zijn zoon in de 4-3-3-formatie niet meer op het middenveld speelt maar als linksback fungeert, verbaast hem niet. 'De laatste vijf weken draait het team steeds beter. Juist in die periode raakte Shaw, die daar ook kan staan, geblesseerd. Dan laat een trainer een elftal vaak staan.'

Zijn reputatie van 'gewone jongen' in Manchester bevalt hem. Hij grinnikt als ter sprake komt hoe zijn zoon in zijn gewone kloffie afreisde en, anders dan de meeste spelers, geen koptelefoon op had. 'Iedere ouder probeert zijn kinderen iets mee te geven qua opvoeding. Dat ze weten hoe het hoort. Het is altijd afwachten hoe het uitpakt. Ik durf in het geval van Daley te zeggen dat het ons best aardig gelukt is.'

Over zijn werkvriend Van Gaal maakt hij zich geen zorgen. 'Nooit. Natuurlijk denk je wel: verdorie, nu moet het een keer gaan lopen. Het ging met vallen en opstaan. Dat is bekend van hem. Zijn aanpak, zijn manier van werken is anders. Die vraagt tijd en aanpassing. Maar van de laatste weken kun je niets anders zeggen dan dat er goed tot zeer goed wordt gevoetbald. Ze koersen af op plaatsing voor de Champions League.'

Blind, die bondscoach Guus Hiddink al in augustus zal opvolgen, kan zonder gêne een uitmuntend rapport over zijn zoon maken. United vernedert City (4-2). Daley, bij bijna alle goals betrokken, behoort tot de smaakmakers. Alleen Young, Fellaini en Herrera, een week eerder de grote man tegen Aston Villa (3-1), spelen nog beter. Van Gaals missie is bijna geslaagd. United, nu derde, kan een plek in de top vier nauwelijks meer ontgaan.

CORONATION STREET
Granada Studios, 7 mei 2015

Een taxi stopt pal voor het hek van de oude Granada Studios. De chauffeur stapt uit, pakt een rolstoel uit de achterbak, zet het ding met enkele snelle bewegingen in elkaar en helpt een hoogbejaarde vrouw uitstappen. Haar zoon, een corpulente vijftiger, duwt haar haastig richting het vertrekpunt van de Coronation Street Tour, een rondleiding over de set van de langlopende soap.

Het tweetal komt uit Canada. De moeder kon de lange reis naar Groot-Brittannië nog net aan. Als jongvolwassene emigreerde ze vanuit Schotland naar Noord-Amerika. Ze heeft geen banden met Manchester, behalve haar verslaving aan de soap. Haar zoon, die liever naar ijshockey en American football kijkt, streek zijn hand over zijn hart. Hij wilde haar, tussen familiebezoeken in Edinburgh in, best begeleiden.

De Granada Studios liggen midden in het centrum, vlak bij Deansgate en het Palace Theatre. De acteurs liepen vroeger na de opnames van de serie in de stad. De komst van MediaCityUK maakte daar een eind aan. Vorig jaar verhuisde Coronation Street naar Salford Quays. De beroemde straat met de pub Rovers Return Inn werd opnieuw gebouwd. Het origineel kan door toeristen tot eind 2015 worden bekeken.

Voor fans voelt lopen over kinderhoofdjes als een bezoek aan een bedevaartsoord. Niet-gelovigen hebben er weinig te zoeken. De gidsen, zonder uitzondering Mancunians, spreken over de personages alsof het familieleden zijn. Elk detail kunnen ze dromen. Het zijn geen fanatici die van hun hobby hun beroep hebben gemaakt, maar acteurs die gevraagd zijn zich in te leven in de verhaallijnen.

Even voor halfelf valt een toergids uit zijn rol. Midden in een uitleg over een jurk trilt zijn telefoon. Hij tuurt naar het scherm en begint te stralen. 'Memphis Depay komt naar Manchester United,' zegt hij uitgelaten. 'Fantastisch nieuws, al weet ik eigenlijk niets van hem.' De Canadese vrouw kijkt haar zoon verbaasd aan. Hij schudt zijn hoofd. Nee, dit hoort niet bij de toer.

De man is niet alleen gids van de Coronation Street Tour. 'In het weekeinde geef ik rondleidingen op Old Trafford. Dit doe ik erbij. Ik heb ook een seizoenkaart. Je mag me dus wel een supporter noemen, al kwam ik ook heel vaak bij City. Mijn neef Ellis Plummer speelt daar. Dit seizoen is hij uitgeleend aan St. Mirren. Helaas is onze Ellis geblesseerd teruggekeerd.'

De overstap van Depay van PSV naar United voor ongeveer dertig miljoen euro domineert in Manchester de rest van de dag de journaals. Zijn transfer krijgt een gelijke status als de landelijke verkiezingen, die vandaag plaatshebben. Wie iets wil weten over Labour of de Tory's, kan beter de landelijke kranten en radiostations raadplegen. Voetbal krijgt op de lokale platforms voorrang.

Louis van Gaal kan onder de United-supporters niet meer stuk. Depay mogen ze amper kennen, dat Liverpool hem ook wilde maar naar Manchester zag gaan, maakt alles goed. Na een paar uur, als beelden van de voetballer op YouTube zijn bekeken, groeit het enthousiasme nog meer. Depay doet in veel opzichten denken aan de jonge Cristiano Ronaldo. Technisch, sterk en flamboyant. Een typische United-speler.

Het enthousiasme over de komst van de Nederlander die onder Van Gaal meedeed aan het WK, verdrijft het chagrijn van de laatste weken. Na de prachtige reeks tegen Spurs, Liverpool, Aston Villa en City verdween het elan. Van Chelsea (1-0), Everton (3-0) en West Bromwich Albion (1-0) werd achtereenvolgens verloren. United wekt de indruk uit te bollen richting de zomer.

Van Gaal heeft ondertussen laten merken definitief geen prijs meer te stellen op Robin van Persie, net hersteld van zijn enkelblessure. De aanvaller toonde zijn goede wil door te vragen mee te mogen doen bij de reserves. Het hielp hem niets. Tegen Chelsea kreeg hij geen speeltijd. Bij Everton mocht hij twee minuten invallen. Tegen West Brom kreeg hij, zo blijkt later, zijn laatste kans in de basis. Hij onderscheidde zich niet.

De grootste vernedering moet nog komen. Twee dagen na de nieuwsflits over Depay reist United naar Londen voor een ontmoeting met Crystal Palace. In het hotel krijgt Van Persie te horen niet bij de wedstrijdselectie te zitten. Falcao, die ook weg mag, wel. Alle toeschouwers kunnen zien waarom United geen gebruikmaakt van de optie de Colombiaanse huurling voor 43,5 miljoen pond over te nemen van Monaco.

Als hij zich opmaakt om in te vallen, lukt het de spits tijdens een rekoefening niet zich in evenwicht te houden op zijn linkerbeen waarvan hij een jaar eerder de kruisband afscheurde. In het veld wint hij vrijwel geen duel. United wint wel van Crystal Palace (2-1), zij het met grote moeite, en weet zich daarmee officieus verzekerd van de vierde plek, goed voor de play-offs om een plek in de Champions League.

Van Persie mag nog één keer opdraven. Tegen Arsenal (1-1), het voorlaatste duel, vervangt hij Falcao, die de fans een laatste groet brengt. De Nederlander heeft geluk dat Rooney geblesseerd is. Anders had hij mogelijk niet meer op Old Trafford gespeeld. Van Gaal toont zijn harde kant. Er moet ruimte komen voor nieuwe spelers. Hij weet dat Van Persie het liefst blijft. Daarom kiest hij voor een hardhandige aanpak.

Vriendelijker is hij voor keeper David de Gea. De Spanjaard overlaadt hij met complimenten. Van Gaal speelt in op zijn gevoel nu Real Madrid hem wil overnemen. Víctor Valdés, aangetrokken als reserve, hoeft niet te rekenen op steun. Als hij invalt voor De Gea, die tegen Arsenal uitvalt met rugklachten, is Van Gaal kritisch. Valdés, zo blijkt later, weigerde een keer mee te doen met het belofte-elftal. Deze overtreding van de huisregels heeft verstrekkende gevolgen. Valdés, nog geen halfjaar in dienst, moet vertrekken.

Het duel met Arsenal, de laatste thuiswedstrijd van het seizoen, wordt besloten met een ereronde langs de tribunes. De fans scanderen de naam van David de Gea. Ze willen dat de doelman, de belangrijkste speler van de ploeg, blijft. De feestsfeer komt vreemd over. Bij winst had United zich nog rechtstreeks kunnen plaatsen voor de Champions League. Door het gelijkspel is de derde plek, nu voor Arsenal, niet meer haalbaar.

De toergids van Coronation Street heeft daar nog geen weet van, maar lijkt er niet wakker van te gaan liggen. 'Ik heb een grenzeloos vertrouwen in Louis van Gaal. Als hij het ziet zitten in Depay, dan doe ik dat ook. Al ben ik hard toe aan een prijs.' Over de wijze van afscheid nemen van ongewenste spelers haalt hij zijn schouders op. Zijn neef Ellis Plummer wacht bij City eenzelfde lot. 'Dan moet je maar beter zijn.'

GEORGE BEST

Hull, 24 mei 2015

Als de laatste passagier instapt bij de verzamelplaats bij China Town in Manchester klappen de deuren van de dubbeldekker dicht. De trip naar Hull, die twee uur in beslag neemt, kan beginnen. De reizigers zijn allemaal supporters van Manchester United. Ze horen bij de gelukkigen. Kaarten voor uitduels zijn schaars. De vraag is tien keer groter dan het aanbod.

De zon schijnt, de drank vloeit rijkelijk. Een man met dreadlocks slaagt erin een fles rum in zijn eentje soldaat te maken binnen een halfuur. Hij kijkt even sip, maar gaat dan weer over tot de orde van de dag. De bus oefent het nieuwste tribunelied, een eerbetoon aan George Best, in Manchester en ver daarbuiten bekend als de vijfde Beatle. Het gezang gaat bijna onafgebroken door.

Het lied, op de wijs van Norman Greenbaums 'Spirit in the Sky' gaat als volgt: '*Going on up to the spirit in the sky, It's where I'm gonna go when I die, When I die and they lay me to rest, I'm gonna go on the piss with Georgie Best.*' Oftewel, als ze hun laatste adem hebben uitgeblazen, gaan ze aan de bar van de hemel een avondje doorhalen met de Noord-Ierse alcoholist.

Halverwege houdt het gezang even stil, als een kerel in een

rokje op hoge hakken door het gangpad paradeert. Een groepje stikt van het lachen. 'We hadden hem verteld, dat hij kans zou maken een kaartje voor de wedstrijd te winnen als hij zich in de bus als vrouw zou verkleden,' zegt een man. 'Hij heeft het niet gewonnen.' De travestiet, de enige aan boord zonder ticket, keert beteuterd terug naar zijn plek.

Met hetzelfde absurdisme bespreken ze Louis van Gaal. De manager wordt vergeleken met Peter Griffin, de vader in de tekenfilm *Family Guy*. In de aflevering *McStroke* kan Griffin door een hersenbloeding tijdelijk amper praten. Van Gaal, zo vinden ze, klonk hetzelfde toen hij op verzoek van een fan de leuze 'Louis van Gaal's Red and White Army' scandeerde. Op hun manier bedoelen ze het positief.

Van Gaal heeft enkele dagen eerder tijdens een galadiner van United een vlammende speech gehouden. Na afloop van de prijsuitreiking, waarbij onder meer de Speler van het Jaar bekend werd gemaakt (De Gea), betrad hij, ogenschijnlijk na het nuttigen van een paar drankjes, het podium om de selectie en de staf toe te spreken. Van Gaal liet zich op luide toon van een lossere kant zien. Het doet zijn imago goed.

Fans vraten zijn woorden en lagen gelijktijdig dubbel van het lachen. Hij besprak de valse start en het rotsvaste geloof in betere tijden. In de bus wordt het hoogtepunt feilloos nagedaan: '*I remember the meeting with the players. With the captain Wayne Rooney who's saying: "We go for the second position in the lèague," and I said:* YES. *We go for it!*'

Van Gaal gaf toe dat het volgend seizoen veel beter moet, maar zei: '*We are very close!*' Als United van Chelsea had gewonnen, zo rekende hij voor, en de laatste vijf duels geen punten had verspeeld, zou de ploeg mogelijk kampioen zijn geworden. Niet zozeer de inhoud maar de opluchting van Van Gaal over het veiligstellen van de vierde plaats maakt indruk op de fans. Van Gaal is van vlees en bloed.

Tegen Hull (0-0), dat met Burnley en Queens Park Rangers degradeert, speelt United weer ouderwets droevig. Robin van Persie valt niet in. Zijn tijd in Manchester zit erop. Hij zal in de zomer naar het Turkse Fenerbahçe vertrekken. De fans ontgaat het. Ze doen de polonaise en zingen over George Best, blij als ze zijn over hun terugkeer in de Champions League. Voor het gemak wordt vergeten, dat voor deelname eerst een play-offronde moet worden overleefd. Het valt hun evenmin op dat Ángel di Maria zich na drieëntwintig minuten laat wisselen met lichte spierklachten. De recordaankoop geeft er opzichtig de brui aan. Het rode shirt zal hij nooit meer dragen. Paris St. Germain wordt zijn volgende bestemming. De fuif op de tribunes gaat vrolijk voort. Alles is mooi vandaag. Het seizoen is voorbij, alles is voor even vergeven.

Van Gaal deed wat hij vooraf beloofde: United naar de vierde plek loodsen. Nu kan hij een zomer lang doorgaan voor een grappige, gerespecteerde manager. Daarna begint alles opnieuw, zonder fluwelen handschoenen. Blessures, mislukte aankopen, problemen met sterren, slecht voetbal en feestvieren zonder een prijs kunnen dan niet meer. De kennismakingsperiode duurde langer dan verwacht, maar is nu geëindigd.

Manchester houdt van hem en wil de manager niet kwijt. Maar de liefde is niet onvoorwaardelijk. United mag niet stranden in het voorportaal van de Champions League, moet in dat toernooi minimaal de kwartfinale halen en tot de laatste speeldag meedoen om de landstitel. Nu telt alleen nog het heden, niet meer het verleden. Het nieuwe seizoen draagt zijn stempel. De restanten van die van zijn voorganger zijn verdwenen. Van Gaal heeft alle touwtjes in handen.

Een ingekorte zomertour en het schrappen van het traditionele oefenduel voor het begin van de competitie bieden perspectief. Of het voldoende is, moet nog blijken. Als Van Gaal iets heeft gemerkt, is dat de stad, de fans, Manchester United en de Premier League met niets te vergelijken vallen. Vriendelijker en milder dan wat hij gewend was, maar met een geheel eigen gebruiksaanwijzing. Andere koek.

EPILOOG

Louis van Gaal kwalificeerde zich met Manchester United voor de Champions League. Club Brugge werd in een play-off tweemaal met ruime cijfers verslagen (3-1 en 4-0). De vreugde over de terugkeer in het Europese toernooi was groot, maar kreeg geen euforisch karakter. De start in de Premier League verliep stroef. Het transferbeleid riep vragen op. De media lieten meteen hun tanden zien.

In aanwinst Memphis Depay kreeg United een nieuwe held. De fans op Old Trafford sloten de Nederlander, die het shirt met nummer 7 van Ángel di Maria overnam, in de armen. Ook bij mindere optredens hield de adoratie stand. Bij Van Gaal, nog altijd goed geluimd, lag dit anders. Zijn opdracht en de verhoudingen waren duidelijk. Om te overleven moest hij een prijs pakken.

VERANTWOORDING

Vanuit een appartement naast Piccadilly Gardens en, later, een flat in de wijk Ancoats volgde ik tussen augustus 2014 en juni 2015 Manchester United, zowel in de stad als kriskras door Engeland. Ik maakte kennis met muzikanten, kantoorklerken, immigranten, markante inwoners, voetbalfans en collega's; met hun hulp ben ik in die periode vertrouwd gemaakt met mijn nieuwe leefomgeving en de club die werd geleid door Louis van Gaal.

Manchester United is qua omvang en impact met geen andere club te vergelijken, in Engeland noch daarbuiten. Zo voert de club ook een mediabeleid, zakelijk en afwerend, dat eerder zou passen bij een Formule 1-team dan bij een voetbalclub. Alles draait om het nakomen van verplichtingen met sponsors en zendgemachtigden. De schrijvende pers heeft geen prioriteit. Buitenlandse krantenjournalisten krijgen geen privileges.

De mixed zone op Old Trafford blijft voor hen gesloten, trainingscentrum Carrington is verboden terrein. De traditionele persconferenties voorafgaand aan een duel mogen alleen door Engelsen worden bijgewoond. Aan verzoeken voor exclusieve interviews met spelers of leden van de staf wordt (bijna) geen gehoor gegeven, wat overigens voor zowel de buitenlandse als de Britse journalisten geldt. Manchester United hoeft geen vrienden te maken.

Van Gaal heeft de macht uitzonderingen te maken, maar toch besloot hij landgenoten niet apart te woord te staan. De

Engelse pers kreeg die kans immers ook niet. Alleen aan contractueel vastgelegde afspraken werkte hij mee. Als een verrassing kwam dit niet. Van Gaal was nooit een liefhebber van interviews. Natuurlijk had ik graag in de beslotenheid van zijn werkkamer met hem van gedachten willen wisselen, maar zijn weigering om mee te werken weerhield me er niet van om hem en zijn team te volgen.

Wel kreeg ik, als verslaggever van De Persdienst, toegang tot alle wedstrijden en de persconferenties na afloop. Ik ben de communicatieafdeling van Manchester United, Leanne Bartram in het bijzonder, dankbaar voor het beschikbaar stellen van een van de schaarse plekken op de perstribune. Bij uitduels werden de muren minder hoog opgetrokken. Buiten Old Trafford konden de spelers, bij een goed resultaat, wel worden aangeschoten. Dat maakte veel goed.

Speciale dank ben ik verschuldigd aan Jaap van Essen, voormalig chef-sport van De Persdienst. Zonder zijn hulp, aansporing en bemiddeling was dit project nooit van de grond gekomen. Steun onderweg van Sallie Betlem, Daan Dekker, Paul Hetherington, Bart Hinke, Barry van der Hooft, Bob van Huët, Patrick van IJzendoorn, Stuart Mathieson, Sjoerd Mossou, de familie Murt, Ad Pertijs, Bill Rice en Rik Spekenbrink is eveneens onmisbaar geweest.

Mijn vriendin Rachel Murt spoorde me aan Leiden te verruilen voor Manchester. Haar wens om terug te keren naar haar geboorteland zette alles in gang. Al bleven we noodgedwongen tijdens het seizoen van elkaar gescheiden, haar logistieke hulp en steun op afstand zijn van grote waarde geweest. Mijn moeder, Cathrien Honnef, hielp me tijdens het schrijfproces door me een luisterend oor te bieden.

Ten slotte lazen Arend Hosman, Dennis Jansen en Chris Tempelman mee. Ze corrigeerden, stuurden en wezen streng op details. Hiervoor kan ik hen niet genoeg bedanken.

BRONVERMELDING

Ik maakte gebruik van de tijdschriften: *FourFourTwo*, *Red Issue*, *Red News*, *United We Stand*, *Voetbal International* en *When Saturday Comes*; van de kranten *Algemeen Dagblad*, *NRC Handelsblad*, *De Telegraaf*, *The Daily Mail*, *The Daily Mirror*, *The Guardian*, *The Manchester Evening News*, *The Observer*, *The Sun*, *The Telegraph*, *The Times* en van de websites manutd.com, rednews.co.uk, redissue.co.uk en uwsonline.com.

GERAADPLEEGDE BOEKEN

Borst, Hugo: *O, Louis*. Gouda, 2014.

Clayton, David: *Manchester Stories*. Ayr, 2013.

Christern, Max: *De keeperswissel – De 7 managementlessen van Louis van Gaal*. Amsterdam, 2014.

Ferdinand: Rio: *#2Sides: My Autobiography*. Dorking, 2014.

Ferguson, Alex: *My Autobiography – One Year On – Fully Updated Edition*. Londen, 2014.

Gaal, Louis van: *Biografie & Visie*. Amsterdam, 2009.

Keane, Roy: *The Second Half*. Londen, 2014.

Keoghan, Jim: *Punk Football: The Rise of Fan Ownership in English Football*. Durrington, 2014.

Kidd, Alan: *Manchester: A History*. Lancaster, 1993

Kolfschooten, Frank van: *Hoe simpel wil je het hebben? – Eigenzinnige lessen en spraakmakende anekdotes uit het topvoetbal van Raymond Verheijen*. Amsterdam, 2015.

Meijer, Maarten: *Louis van Gaal: De biografie*. Amsterdam, 2014.

Mitten, Andy: *Glory Glory!: Man Utd in the '90s – The Players' Stories*. Londen, 2009.

Taylor, Daniel: *This is the One: Sir Alex Ferguson: The Uncut Story of a Football Genius*. Londen, 2008.

White, Jim: *Manchester United: The Biography, Revised and Updated*. Londen, 2013.
Winkels, Edwin: 'De eenzame kampioen: Louis van Gaal alleen in Barcelona.' *Hard Gras* nr. 15. Amsterdam, 1998.

GERAADPLEEGDE FILMS EN DOCUMENTAIRES

Life of Ryan: Caretaker Manager. Londen, 2014.
The Class of '92. Groot-Brittannië, 2013.
The Imitation Game. Verenigde Staten, 2014.

Different Cook werd in de zomer van 2015, in opdracht van Uitgeverij Thomas Rap te Amsterdam, gedrukt bij Bariet te Steenwijk. Het omslag werd ontworpen door b'IJ Barbara, de typografie van het binnenwerk werd verzorgd door Adriaan de Jonge, Amsterdam. Het auteursportret is gemaakt door Trevor Smith. Het omslagbeeld is afkomstig van The Artworks, Penguin Random House UK.

ISBN 978 94 004 0421 2
NUR 491

www.thomasrap.nl